가상화 세상 속으로

가상화 세상 속으로

가상화 기본 개념부터
가상 머신 구축 및 관리까지

매튜 포트노이 지음 | 김기성 옮김

에이콘

나의 친구와 가족에게

지은이 소개

매튜 포트노이^{Matthew Portnoy}

30년 이상을 정보 기술 분야의 전문가로 활동해왔다. NCR과 스페리/유니시스^{Sperry/Unisys}, 스트라터스 컴퓨터^{Stratus Computer}, 오라클^{Oracle}에서 일했으며 현재는 VM웨어에서 근무하고 있다. 이 기간 동안 등장한 핵심 기술의 중심부에서 줄곧 일해왔는데, PC의 탄생을 비롯해 클라이언트-서버 컴퓨팅, 장애 감내, 가용성, 인터넷의 등장, 그리고 클라우드 컴퓨팅의 근본을 이루는 가상화가 그 기술 영역에 속한다. 프리세일즈와 포스트세일즈 분석가로서 많은 프로그래밍 언어와 운영체제, 애플리케이션 디자인 및 개발, 데이터베이스 운영, 네트워킹, 보안, 가용성, 가상화 등 다양한 컴퓨팅 분야의 지식을 갖고 일해왔다. 업계 최대 규모의 가상화 관련 학회인 VM월드^{VMworld}에서 연설했으며, 사용자 그룹 미팅에서도 연사로 활발히 활동 중이다. 2007년부터는 노스캐롤라이나 주의 웨이크 테크 커뮤니티 칼리지^{Wake Tech Community College}에서 겸임 교수로 강의하고 있다.

감사의 글

혼자 할 수 있는 프로젝트는 거의 없다. 마찬가지로, 이번에도 많은 사람들의 도움이 있었다. 길을 만들어주고 올바른 문까지 안내해준 스캇 로$^{Scott Lowe}$에게 감사한다. 이 '로켓'에 오를 수 있게 도와준 마크 밀로우$^{Mark Milow}$와 지식의 책을 항상 열어준 마이크 스즈프란스키$^{Mike Szfranski}$, 통찰력을 제공해준 닉 가마체$^{Nick Gamache}$, 항상 빠른 길로 인도해준 토니 다미아노$^{Tony Damiano}$에게 깊은 감사를 전한다.

사이벡스^{Sybex}의 가상화 팀에게도 진심 어린 감사의 마음을 전한다. 피트 가우한$^{Pete Gaughan}$과 데이비드 존슨$^{David Johnson}$, 반 반 노이$^{Van Van Noy}$, 크리스틴 오코너$^{Christine O'Connor}$, 캐시 그라이더 칼라일$^{Kathy Grider-Carlyle}$, 마리안 바르소로$^{Mariann Barsolo}$는 변함없이 나를 지지해주었으며 각 장을 개선해 내용을 명확하게 전달하는 데 도움을 줬다. 이 모든 일이 시작될 수 있게 해준 아가사 김$^{Agatha Kim}$에게도 매우 감사한다.

내가 읽고 쓰는 것을 좋아할 수 있도록, 그리고 지금 있는 이곳까지 올 수 있도록 이끌어주신 나의 부모님과 선생님 모두에게 감사한다. 내 일상을 웃음과 음악으로 채워주는 나의 아이들 루카스^{Lucas}와 노아^{Noah}에게 감사한다. 마지막으로 아내 엘리자베스^{Elizabeth}에게 따뜻한 마음을 전한다. 그녀는 내가 무엇을 쓰는지조차 모를 때도 한결같이 나를 격려해줬다. 사랑합니다!

옮긴이 소개

김기성 (kskim@bitnine.net)

서울대학교 응용화학부를 졸업하고, 서울대학교 컴퓨터공학부 대학원에서 박사 학위를 받았다. 2007년부터 2009년까지 티맥스소프트에서 근무하며 티베로 관계형 데이터베이스 개발에 참여했다. 박사 과정 동안에는 대용량 그래프 데이터를 처리하는 기법을 연구했고, 현재는 비트나인의 연구소장을 맡아 새로운 그래프 데이터베이스 엔진 개발에 몰두하고 있다. 에이콘출판사에서 펴낸 『HBase 클러스터 구축과 관리』(2013)와 『정보 스토리지와 관리』(2014)를 번역했다.

옮긴이의 말

최근 클라우드 기술이 발전하며 가상화에 대한 관심이 높아지고 있습니다. 인터넷 서비스가 생활의 필수가 된 요즘은 매일같이 가상화 기술을 사용한다고 해도 과언이 아닐 것입니다. 이 책은 이런 최근의 흐름에 맞게 가상화 기술에 대한 기초와 운영 지식을 제공합니다. 이 책의 저자는 가상화 기술의 선두 주자인 VM웨어에 근무 중이며 이 분야에서 오랜 경험과 경력을 쌓았습니다.

이 책은 가상화의 개념을 매우 쉽게 설명하며, 초보자도 큰 어려움 없이 가상 머신을 설치한 후 실습할 수 있도록 많은 예제를 제공합니다. 또한 가상 머신과 하이퍼바이저의 기본 개념에서부터 가상 머신의 관리, 고가용성을 위한 기법에 이르기까지 가상화와 관련된 폭넓은 내용을 다룹니다. 주로 VM웨어 기반의 예제를 제공하고 있지만, 이 책에서 살펴보는 기본 개념은 다른 가상 머신 솔루션에도 동일하게 적용될 수 있습니다. 또한 가상 머신에서 필요한 자원인 CPU, 메모리, 저장소를 관리하는 방법과 그 과정에서 고려해야 할 핵심 요소에 대해서도 친절하게 설명합니다. 이 책을 통해 더 많은 사람이 가상화 기술을 접하고 친숙해지기를 희망합니다.

차례

들어가며

우리는 매우 흥미로운 시대에 살고 있다. 정보가 폭발적으로 증가하고 있으며, 우리는 이 어마어마한 정보가 생성되는 즉시 액세스할 수 있다. 스마트폰과 태블릿 덕분에 스트리밍 비디오와 오디오 등 다양한 미디어 형태를 지구 어느 곳에서나 자유롭게 즐길 수 있게 됐다. 컴퓨터 사용에 능하지 않은 사람들조차 페이스북Facebook으로 친구들과 가족의 소식을 접하고, 구글Google을 이용해 레스토랑을 결정한 후 가는 길을 찾으며, 음식을 맛본 후 그들의 느낌을 트윗tweet한다. 이런 서비스를 제공하기 위한 인프라스트럭처 또한 폭발적으로 증가하고 있으며, 가상화는 이런 추세를 더 빠르게 촉진하고 있는 기술이다.

어느 한 측면에서 보면 가상화란 기존 리소스를 좀 더 효율적으로 사용하게 해 단기간에 큰 비용을 절감할 수 있는 기술이다. 다른 측면으로 보면 사용자의 기대 수준을 맞추기 위해 업타임을 높이는 새로운 애플리케이션 배치 모델과 새로운 서비스를 수 주가 아닌 수 분 내에 제공하기 위한 모듈 패키지, 자동 로드 벨런싱과 다운타임 없는 확장성, 자가 수리, 자가 공급의 진보된 기술과 비즈니스에 중요한 애플리케이션을 지원하기 위한 여러 가지 기능을 제공해 기존 아키텍처를 보강한다. 대기업은 이 기술을 5~10년간 사용해왔으나 중견 및 중소 기업은 이제 도입을 시작하고 있다. 어떤 기업은 이런 움직임을 전혀 쫓아가지 못하다가, 바로 다음 세대 애플리케이션 배치 방법인 클라우드 컴퓨팅으로 뛰어들기도 한다. 가상화는 클라우드 컴퓨팅의 기반 기술이기도 하다.

이런 비약적인 변화는 전기와 전화가 널리 퍼지며 우리의 일상생활을 바꿨던 시기와 비슷한 경향을 보인다. 그 시기에는 산업 전체가 새로 생겨났으며 고용이 증가했고 통찰력과 대담함을 갖춘 사람이 기회를 잡을 수 있었다. 그와 같은 분위기와 기회가 오늘날 우리의 눈앞에 정의되고 있는 이 영역에서 다시 펼쳐지고 있다. 가상화 벤더가 아니더라도 서버 및 네트워크 벤더, 스토리지 파트너, 서비스 제공 벤더들에게도 모두 해당되는 얘기다. 이런 애플리케이션과 인프라스트럭처를 모니터링하고 관리하는 툴을 만드는 써드파티도 있다. 클라우드 컴퓨팅이 애플리케이션 서비스를 개발하고 배치하고 유지하는 실제적인 모델이 돼 갈수록 이 영역은 점점 더 확대될 것이다.

가상화의 첫 세대는 그들의 필요에 의해 지식을 습득해나갔고, 데이터센터에 배치할 새로운 인프라스트럭처를 이해해야 했다. 이것과 함께 스토리지 어레이 array에 연결하기 위한 가상 네트워크와 스토리지 관련 지식, 그리고 애플리케이션 팀과 좀 더 잘 소통하기 위해 애플리케이션 지식까지 습득했다. 이런 모든 영역을 경험해본 사람은 거의 없다. 독자에게 가상화에 대한 경험이 있든 아예 없든 상관없이 이 책은 가상화가 무언인지 이해하기 위한 기반을 제공해줄 것이며, 가상화가 왜 현재와 미래의 정보 기술 인프라스트럭처에서 중요한 부분을 차지하는지 설명하고, 오늘날 가장 흥미로우면서 빠르게 성장하는 주제 중의 하나를 탐구 및 경험할 수 있는 기회를 제공할 것이다.

이 책이 많은 도움이 되길 바라며 즐겁게 가상화를 즐겨 보자!

대상 독자

이 책은 가상화 기술에 대해 사전 지식이 거의 없는 독자를 대상으로 쓰여졌다. 따라서 가상화에 대한 정보를 찾고 있는 IT 교육생이나 업무상 가상화 기술의 기본에 대해 이해해야 하는 IT 매니저에게 도움이 될 것이다. 또한 조직의 내부 강화를 위해 가상화나 클라우드 컴퓨팅에 대한 소개 자료를 찾고 있는 특정 분야(서버 관리, 네트워킹, 스토리지)의 IT 전문가에게도 흥미로울 것이다.

이 책에서는 독자들이 다음의 지식을 미리 갖췄다고 가정한다.

▶ PC에 대한 기본적인 이해와 사용 방법
▶ 운영체제의 개념과 역할에 대한 이해

▸ 컴퓨팅 리소스(CPU, 메모리, 스토리지, 네트워크)에 대한 개념

▸ 프로그램이 리소스를 어떻게 사용하는지에 대한 이해

이 책은 가상화 전문가나 가이드북 또는 레퍼런스를 찾는 독자에게는 적합하지 않을 수 있다.

준비 사항

이 책에 사용된 예제는 윈도우7 SP1을 사용하며, VM웨어 플레이어$^{\text{VMware Player}}$를 가상화 플랫폼으로 사용한다. 이 툴은 http://downloads.vmware.com/d/에서 무료로 다운로드할 수 있다. 2GB 이상의 메모리 사용을 권장하며, 툴을 설치하는 데는 150MB의 디스크 스토리지가 필요하다.

예제에서는 윈도우7과 레드햇 리눅스를 위한 두 개의 가상 머신을 만든다. 따라서 이 운영체제의 설치 미디어가 필요하다. 각 가상 머신마다 약 30GB의 디스크 공간을 사용할 것이다.

이 책에서 다루는 내용

각 장에서 다루는 내용은 다음과 같다.

1장: 가상화의 이해

메인프레임에서부터 시작된 컴퓨터 가상화의 기본 개념을 소개하고 오늘날까지 변화해온 컴퓨팅 기술 트렌드를 설명한다.

2장: 하이퍼바이저

가상화 레이어를 제공하는 소프트웨어인 하이퍼바이저를 다루고 현재 주요 제품들을 비교한다.

3장: 가상 머신의 이해

가상 머신의 구성에 대해 설명하고 가상 머신이 어떻게 하이퍼바이저와 상호작용하는지 설명하며 가상 머신 리소스 관리에 대한 개요를 제공한다.

4장: 가상 머신 만들기

기존의 물리적 서버를 가상 머신으로 전환하는 주제부터 시작해, 이 책에서 사용하는 가상화 플랫폼인 VM웨어 플레이어를 설치하는 과정과 가상 머신을 만드는 방법을 하나하나 살펴본다.

5장: 가상 머신에 윈도우 설치하기

만들어진 가상 머신에 마이크로소프트 윈도우를 로딩하는 방법을 설명하고, 설정 및 튜닝하는 방법을 살펴본다.

6장: 가상 머신에 리눅스 설치하기

가상 머신에 레드햇 리눅스를 로딩하는 방법을 설명하고 여러 가지 설정과 최적화 방법을 소개한다.

7장: 가상 머신의 CPU 관리

CPU 리소스를 어떻게 가상화하는지 설명하고 여러 가지 튜닝 및 최적화 방법을 소개한다. 하이퍼스레딩과 인텔 vs. AMD에 대한 내용도 다룬다.

8장: 가상 머신의 메모리 관리

가상 머신에서 메모리를 관리하고 설정하는 방법을 다룬다. 여러 가지 메모리 최적화 기술에 대해 논의하고 어떻게 동작하는지 설명한다.

9장: 가상 머신의 스토리지 관리

가상 머신이 스토리지 어레이에 액세스하는 방법과 더불어 여러 가지 연결 방법을 살펴본다. 가상 머신 스토리지 옵션과 중복 제거 등의 스토리지 최적화 기술도 알아본다.

10장: 가상 머신의 네트워킹 관리

가상 네트워킹에 대해 설명하고, 가상 머신이 가상 스위치를 사용해 서로 통신하는 방법과 외부로 통신하는 방법을 설명한다. 가상 네트워크 설정과 최적화 사례도 다룬다.

11장: 가상 머신 복사하기

가상 머신을 백업하고 클론과 템플릿 등의 기술을 사용해 공급하는 방법을 설명한다. 가상 머신의 상태를 저장하는 강력한 스냅샷 기능도 소개한다.

12장: 가상 머신의 디바이스 관리

벤더에서 가상 머신의 성능을 최적화하기 위해 제공하는 애플리케이션 패키지인 가상 머신 툴에 대해 실명하고, CD/DVD 드라이브와 USB 디바이스 같은 다른 주변 장치에 대한 가상화 지원을 다룬다.

13장: 가용성의 이해

가상화 환경에서 가용성이 지닌 중요성을 설명하고, 각 가상 머신과 가상 서버, 그리고 전체 데이터센터를 계획된 또는 비계획된 다운타임으로부터 보호하는 여러 가지 가용성 기술 소개한다.

14장: 가상 머신에서의 애플리케이션 이해

가상화 환경에서 애플리케이션을 배치하는 방법을 다룬다. 애플리케이션 성능과 리소스 풀의 사용, 가상 어플라이언스도 함께 설명한다.

부록: 연습 문제 해답

각 장의 마지막에 있는 연습 문제에 대한 모든 해답을 제공한다.

용어 사전

이 책에서 자주 사용한 단어에 대한 목록을 제공한다.

독자 의견

이 책에 대한 의견이나 앞으로 바라는 책에 대한 의견 모두 환영한다. 이 책의 저자에게는 mportnoyvm@gmail.com으로 이메일을 보내 연락을 취할 수 있다.

사이벡스Sybex는 독자에게 가장 최신의 툴과 정보를 제공하기 위해 노력하고 있다. 이 책의 웹사이트(http://www.sybex.com/go/virtualizationessentials)에 부가적인 콘텐츠를 올리고 필요시 보충 내용을 업데이트할 것이다.

또한 이 책의 한국어판에 대한 의견이나 질문, 오탈자가 있다면 이 책의 옮긴이나 에이콘출판사 편집팀(editor@acornpub.co.kr)으로 문의해주길 바란다. 정오표는 에이콘출판사 도서 정보 페이지 www.acornpub.co.kr/book/virtualization-essentials에서 찾을 수 있다.

가상화의 이해

컴퓨팅 서비스를 제공하는 방법이 변화하고 있다. 사용자는 휴대폰으로 웹서핑을 하며 GPS 디바이스를 사용해 방향을 찾고 클라우드의 스트리밍을 통해 영화와 음악을 제공받는다. 이런 서비스의 중심에 가상화^{virtualization}(물리적 서버를 가상 머신으로 추상화하는 기술)가 있다.

1장에서는 가상화의 기본 개념을 살펴보고, 가상화의 필요성과 컴퓨팅의 미래에 가상화가 중심 빌딩 블록인 이유에 대해 알아볼 것이다.

▶ 가상화란 무엇인가
▶ 가상화의 중요성
▶ 가상화 소프트웨어 운영의 이해

가상화란 무엇인가

지난 50년 동안 여러 가지 중요한 트렌드가 컴퓨팅 서비스를 제공하는 방법에 근본적인 변화를 만들어왔다. 메인프레임 프로세싱이 60년대와 70년대를 이끌었고, 80년대와 90년대에는 개인용 컴퓨터와 물리적 데스크톱의 디지털화, 클라이언트/서버 기술이 헤드라인을 장식했다. 지난 세기에는 인터넷의 붐이 일어 오늘날까지 계속되고 있다. 그러나 지금 또 다른 트렌드가 변화를 일으키고 있는데 그것은 바로 가상화다.

가상화는 물리적 컴퓨터를 다루고 서비스를 배포하고 예산을 할당하는 현재의 상황을 완전히 바꾸는 혁신적인 기술이다. 가상화가 어떻게 오늘날의 컴퓨팅 환경에 대해 근본적으로 영향을 미치는지 이해하기 위해서는 과거에 어떤 일이 있었는지에 대한 이해가 필요하다.

가상^{virtual}이라는 단어는 최근 몇 년간 변화를 겪어왔다. 물론 단어 자체가 변화했다는 것이 아니라 컴퓨팅의 확장, 특히 인터넷과 스마트폰의 사용과 함께 이 단어의 사용 폭이 넓어졌다. 온라인 애플리케이션을 이용해 가상 상점에서 쇼핑을 할 수 있으며 가상 여행을 통해 휴양지를 살펴볼 수 있고, 가상 도서관에 가상 도서를 보관할 수도 있다. 많은 사람들이 상당한 시간과 실제 돈을 사용해 누군가의 상상과 게임 서버에만 존재하는 세상을 탐험하고 있다.

컴퓨팅에서의 가상화는 물리적 컴포넌트를 논리적인 객체로 추상화하는 것을 말한다. 객체를 가상화하면 객체가 제공하는 리소스의 활용도를 높일 수 있다. 예를 들어, 가상 랜^{LAN}(지역 영역 네트워크) 또는 VLAN은 물리적 하드웨어에서 분리됨으로써 네트워크 성능을 향상시키고 더욱 쉽게 관리할 수 있다. 이와 마찬가지로 스토리지 영역 네트워크(SAN)는 물리적 디바이스를 좀 더 빠르고 쉽게 다룰 수 있는 논리적 객체로 추상화함으로써 스토리지 리소스를 유연하고 효율적으로 사용하며 가용성을 높여준다. 그러나 이 책에서는 컴퓨터의 가상화를 중점적으로 다룰 것이다.

▶

가상현실의 예로는 마이클 크라이튼(Michael Crichton)의 '폭로(Disclosure)'와 '매트릭스(The Matrix)'의 파일 검색 인터페이스와 '스타트렉: 넥스트 제너레이션(Star Trek: The Next Generation)'의 홀로덱(holodeck)이 있다.

컴퓨터 가상화에 익숙하지 않은 독자라면 가상현실을 떠올렸을 것이다. 가상현실은 정교한 비주얼 화면과 센서 피드백을 통해 인공의 환경에 실제로 있는 경험을 제공하는 기술을 말한다. 이것은 근본적으로 따지면 컴퓨터 가상화가 추구하는 바와 정확히 같다고 할 수 있다. 컴퓨터 가상화는 컴퓨터 애플리케이션이 창조된 환경을 경험하게 하는 것이다.

최초의 가상화는 1960년대에 IBM 메인프레임에서 시도됐고, 제랄드 포펙$_{Gerald\ J.\ Popek}$과 로버트 골드버그$^{Robert\ P.\ Goldberg}$가 컴퓨터 시스템이 가상화를 지원하기 위해 필요한 사항을 기술한 프레임워크를 만들었다. 이들이 작성한 1974

년의 논문인 '가상화 가능한 3세대 아키텍처의 정규 필요사항Formal Requirements for Virtualizable Third Generation Architectures'은 우리가 아직까지 사용하고 있는 가상 머신과 가상 머신 모니터의 역할 및 성질을 기술하고 있다. 이 논문은 http://dl.acm.org/citation.cfm?doid=361011.361073에서 대여하거나 구매할 수 있다. 그들의 정의에 따르면 가상 머신VM, virtual machine은 프로세서와 메모리, 스토리지, 네트워크 연결을 포함한 모든 하드웨어 리소스를 가상화할 수 있다. 오늘날 하이퍼바이저hypervisor라 불리는 가상 머신 모니터VMM, virtual machine monitor는 VM이 동작하는 환경을 제공한다. 그림 1.1은 VMM의 간단한 구조를 보여준다.

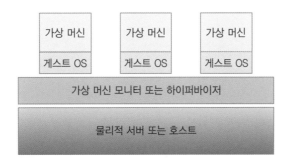

그림 1.1 기본적인 가상 머신 모니터(VMM)

포펙과 골드버그에 따르면 그들의 정의를 올바로 만족시키려면 VMM은 세 가지 성질을 가져야 한다.

정확성fidelity: VM을 위해 만든 환경은 본래의(하드웨어) 물리적 머신과 본질적으로 동일해야 한다.

고립isolation **또는 안전성**safety: VMM은 시스템 자원에 대한 완전한 제어권을 가져야 한다.

성능performance: VM과 물리적 환경 간에 성능 차이가 없어야 한다.

대부분의 VMM은 처음 두 가지 성질을 만족시키기 때문에 마지막 기준까지 만족시키는 VMM을 효율적인 VMM이라 한다. 2장, '하이퍼바이저'와 3장, '가상 머신의 이해'에서 하이퍼바이저와 가상 머신을 다루면서 이 성질을 좀 더 자세히 다룰 것이다.

다시 가상현실로 돌아가보자. 컴퓨터 프로그램에게 가상 세계를 제공하려는 이유는 무엇인가? 결국 필요했기 때문이다. 이를 설명하기 위해 역사를 잠시 살펴보자. 서버 기반의 컴퓨팅 진화 과정을 모두 다 설명하는 것은 이 책의 범위를 벗어난 것이므로, 여기서는 주요 사건들만 설명하도록 하겠다.

마이크로소프트 윈도우가 서버의 증가를 견인

▶

1970년대 후반부터 1980년대 중반까지 70개 이상의 개인용 컴퓨터 운영체제가 있었다.

마이크로소프트 윈도우는 1980년대에 개인용 컴퓨터 운영체제로 개발됐다. CPM과 OS/2 같은 다른 운영체제도 있었지만 윈도우가 결국 시장을 장악하고 오늘날까지 PC의 주요 운영체제로 쓰이고 있다. 같은 기간 동안 비즈니스 역시 컴퓨터를 더욱 많이 사용하게 됐다. 회사는 종이에서 벗어나 메인프레임이나 미니컴퓨터를 사용해 회계와 인적 자원 등에 관련된 산업용 애플리케이션을 사용하게 됐다. 이 컴퓨터는 보통 벤더 전용 운영체제를 사용했기 때문에 회사나 IT 전문가가 호환되지 않는 시스템 간에 정보를 전송하는 것이 어려웠다. 이로 인해 정보 교환에 대한 절차와 표준이 필요하게 됐다. 또한 같거나 유사한 운영체제와 프로그램을 서로 다른 벤더의 하드웨어에서 실행할 수 있어야 된다는 생각이 등장하게 됐다. 이것의 시초는 벨 연구소$^{Bell\ Laboratory}$의 상용 유닉스^{UNIX} 운영체제였다.

기업은 윈도우를 사용하는 PC와 다른 운영체제를 사용하는 시스템을 둘 다 가지고 있고 IT 스태프들은 이를 관리해야 했기 때문에 여러 플랫폼에 대해 교육을 시키는 것은 비용 면에서 효율적이지 않았다. 메모리가 증가하고 프로세서가 빨라지고 스토리지의 속도와 용량이 증가하면서 윈도우를 실행하는 하드웨어에서도 미니컴퓨터나 메인프레임에서 실행하던 강력한 애플리케이션을 운영할 수 있게 됐다. 이런 애플리케이션은 윈도우 서버로 마이그레이션되거나 윈도우 서버에서 실행하도록 디자인하게 됐다. 기업은 이미 윈도우 전문가를 갖고 있었고 IT 인프라스트럭처를 위해 여러 팀을 유지하지 않아도 됐기 때문에 이런 변화는 잘 진행됐다. 그러나 이는 여러 가지 문제점을 야기하기도 했다. 윈도우는 원래 단일 사용자 운영체제로 디자인됐기 때문에 하나의 윈도우 서버에서 한 개의 애플리케이션을 운영하는 것은 잘 됐지만, 다른 프로그램을 실행하려고 하면 각 프로그램의 요구사항이 여러 종류의 자원 경쟁을 발생시키고 심지어는 운영체제의 장애까지 발생시켰다. 이런 현상 때문에 많은 회사와 애플리케이션 설계자, 개발자, IT 전문가, 벤더들이 '하나의 서버에 한 개의 애플리케이션'이 좋다는 생각을 갖게 됐다. 따라서 배치된 모든 애플리케이션에 한 개 이상의 서버를 공급하고 관리해야 했다.

현재의 마이크로소프트 윈도우는 이전 버전보다 여러 애플리케이션을 동시에 더 잘 수행한다.

서버를 증가시킨 또 다른 요인은 사내 정치적인 요소였다. 한 기업에 있는 여러 조직들은 공통 인프라스트럭처를 공유하는 것을 원치 않았다. 인사부와 경리과에는 민감한 데이터가 있기 때문에 다른 그룹이 자신의 시스템을 사용하도록 할 수 없었다. 마케팅 부서와 자금 부서, 영업 부서는 그들의 자금 정보를 보호하기 위해 같은 생각이었다. 연구와 개발 부서도 그들의 지적 소유권을 보호하기 위해서는 전용 서버가 필요했다. 기업은 애플리케이션을 중복으로 갖거나 네 개 이상의 이메일 시스템을 갖게 되고, 성향에 따라서 다른 벤더의 시스템이기도 했다. 애플리케이션 인프라스트럭처를 단독으로 갖기를 요구함으로써 각 부서는 그들의 데이터에 대한 제어권을 갖게 됐지만 이로 인해 비용을 증가시켰다.

비즈니스 수요의 증가와 경쟁, 무어의 법칙, 서버와 스토리지 기술의 발달 등으로 인해 하드웨어의 가격이 급격히 떨어졌다. 이로 인해 각 부서는 자신의 IT 인프라스트럭처를 가질 수 있게 됐다. 수십만 달러에 구매할 수 있었던 스토리지와 프로세서를 윈도우 서버를 여러 대 구매하더라도 더 적은 비용으로 갖출 수 있게 됐다.

초기의 비즈니스 컴퓨터는 별도의 전용 공간을 필요로 했다. 이 컴퓨터 공간은 큰 사이즈의 박스이거나 기업의 인프라스트럭처를 보관하기 위해 특수하게 건축된 공간일 수도 있다. 이 공간의 바닥에는 케이블이나 온도 조절을 위한 공간이 있었고 컴퓨터와 네트워크 장비, 전화 장비 등을 보관했다. 또한 장비에 전원을 충분히 공급해야 했다. 이 모든 장비를 한 공간에 보관하기 때문에 열이 많이 발생하고 거대한 에어컨디셔닝 장비를 사용해 반드시 냉각해야 한다. 모든 장비를 연결하는 케이블과 화재 방지 시설, 그리고 공간 자체를 보호하기 위한 별도의 보안 시스템 등 현대 기업이 비즈니스를 하기 위해서는 상당히 많은 비용이 필요하게 됐다. 기업이 기술에 더욱 많이 의존할수록 이를 위해 더 많은 서버를 추가한다. 결국 이런 확장은 데이터센터를 만들게 했다. 데이터센터는 큰 컴퓨터 방이거나 빌딩의 층 전체, 또는 기업의 컴퓨팅 인프라스트럭처의 안전한 운용을 위해 별도로 건축된 전용 빌딩일 수도 있다. 전체 빌딩이 서버를 운용하기 위한 목적으로 존재했으며, 20세기 말에는 인터넷이 등장했다.

'E-비즈니스가 아니면 비즈니스를 하지 마라.'라는 말은 비즈니스가 새로운 온라인 세상에 자신의 영역을 만들기 시작하면서 나타난 외침이었다. 경쟁자와 경쟁하기 위해 좀 더 많은 고객에게 서비스를 할 수 있도록 이전의 애플리케이션을 웹 기반으로 바꾸며 기업은 더 많은 서버를 갖추게 됐다. 아마존^{Amazon}, 구글^{Google}과 같은 혁신적인 기업이 등장해 페타바이트(표 1.1)의 정보를 담고 있는 수백만 개의 웹 페이지를 공급하기 위한 서버 농장을 사용하는 혁신적인 비즈니스 모델이 만들어졌다. IT 인프라스트럭처는 급속히 커졌으며 상황은 더 안 좋아졌다. 새로운 고객 기반의 서비스는 기존의 온라인 채널뿐만 아니라 모바일 폰과 같은 새로운 장비를 통해서도 제공됐다. 2000년과 2006년 사이에 미국 환경 보건국$^{EPA, Environmental Protection Agency}$은 미국 데이터센터의 에너지 사용량이 두 배로 증가했으며 향후 5년간 또 두 배로 증가할 것이라고 보고했다. 미국 전력 생산량의 2%를 서버가 소비하고 있을 뿐만 아니라 서버를 냉각하기 위해서도 그만큼의 에너지를 더 소비하고 있다.

표 1.1 바이트 크기

이름	약어	크기
바이트(Byte)	B	8비트(단일 문자)
킬로바이트(Kilobyte)	KB	1,024B
메가바이트(Megabyte)	MB	1,024KB
기가바이트(Gigabyte)	GB	1,024MB
테라바이트(Terabyte)	TB	1,024GB
페타바이트(Petabyte)	PB	1,024TB
엑사바이트(Exabyte)	EB	1,024PB

　　데이터센터에 대해 좀 더 알아보자. 많은 데이터센터가 물리적 한계에 다다르고 있었고 서버를 보관할 공간이 부족해지면서 기업은 대안을 찾고 있었다. 데이터센터로 사용하는 빌딩은 전력이나 냉각 기능을 더 공급할 수 없게 됐다. 더 큰 빌딩을 짓거나 데이터센터를 추가하는 것은 어마어마한 비용이 드는 일이다. 공간 부족뿐만 아니라 사람이 관리할 수 있는 능력보다 더욱 빠르게 데이터센터가 증가하는 것도 문제였다. 이에 따라 서버를 잃게 되는 것은 드문 일이 아니었다(잃어버린 서버lost server란 서버가 운영되고 있지만 어떤 비즈니스 부서에서 사용하는지 무엇을 하는지 아무도 모르는 상황을 말한다). 이런 잃어버린 서버는 비즈니스의 중요 부분을 중단시킬 수 있는 염려 때문에 중단할 수도 없다. 어떤 데이터센터에서는 케이블이 너무 복잡해서 고장 난 케이블을 교체하거나 불필요하게 된 케이블이 있을 때에도 어떠한 위험이 발생할지 모르기 때문에 기존 케이블을 그냥 두기도 한다. 물론 이는 극단적인 예지만 대부분의 데이터센터는 이와 같은 문제를 어느 정도 갖고 있다.

무어의 법칙

지금까지 윈도우의 부상과 기업의 서버 기술에 대한 의존 증가, 인터넷과 콘텐트 기반 채널의 등장과 부흥 등의 사건이 모두 서버를 전 세계적으로 증가시킨 것을 살펴봤다. 2006년도에 수행된 한 연구에서는 2000년에 1,600만 개였던 서버의 수가 2005년에는 거의 3,000만 개로 증가했음을 보여주고 있다. 이런 현상은 오늘날에도 계속되고 있다. 정보를 얻을 수 있는 수많은 방법을 생각해보라. 컴퓨터와 모바일 장비, 게임 플랫폼, 텔레비전 셋톱박스는 일부일 뿐이다. 매일같이 새로운 방법이 등장하고 있다. 이들 각각은 서비스를 지원하기 위한 인프라스트럭처를 갖고 있다. 그러나 이는 빙산의 일각일 뿐이다. 컴퓨터의 성능도 엄청나게 발전하고 있다.

이 책을 기존의 컴퓨터나 스마트폰, 태블릿으로 읽고 있는 독자는 아마도 디바이스를 한 번은 교체해본 경험이 있을 것이다. 전화 회사는 고객이 계약을 연장한다는 조건 아래 고객의 오래된 스마트폰을 2년마다 최신 모델로 교체할 기회를 준다. 2000년에 구매한 컴퓨터는 아마 지난 3년에서 5년 사이에 교체했을 것이고 교체한 시기가 5년이 돼 간다면 아마 또 구매를 생각 중일 것이다. 요즘 최신 장비들이 그들의 수명보다 오래가도록 설계되는 일은 거의 없지만, 이는 노후화와는 관계없다. 이는 기술이 지속적으로 진화하고 더 작고 더 빠르게 더 많은 기능을 제공하기 때문이다. 예를 들어, 디지털 카메라는 처음에는 100만 픽셀보다 작은 이미지로 사진을 찍었지만 지금은 1,200만 픽셀 이상의 해상도로 사진을 찍는다. PC와 지금의 스마트폰은 처음에는 킬로바이트 단위의 메모리(RAM)를 가졌지만 지금은 기가바이트 단위이며 두 배 이상씩 증가하고 있다. 이런 빠른 증가를 지배하는 법칙이 있다. 이는 무어의 법칙[Moore's Law]이라고 하며 어떤 기술이 발전하는 속도를 다룬다(그림 1.2).

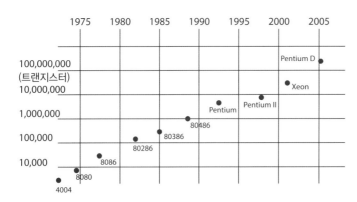

그림 1.2 무어의 법칙: 트랜지스터의 개수와 프로세서의 속도

    인텔의 창업자 중 한 사람인 고든 무어^{Gordon Moore}는 그의 이름을 딴 현상을 설명하고 인식한 공로를 인정받고 있다. 그의 생각은 1965년에 처음 공개됐으며, 몇 번의 개정을 거쳤지만 오늘날에도 적용되고 있다. 간단히 말하면 무어의 법칙은 18개월마다 프로세싱 파워가 두 배가 된다는 것이다. 무어의 법칙은 프로세싱 파워(컴퓨터 칩의 속도와 용량)에만 적용되는 것은 아니며 다른 관련 기술(메모리 용량과 디지털 카메라의 픽셀 수 등)에도 적용된다. 50년 후에는 아마도 기하급수적인 성장을 막을 기술적인 장애물이 생길 거라 생각할 수도 있다. 그러나 과학자들은 20년에서 1세기는 지속되리라고 믿는다. 그런데 이것이 데이터센터 및 서버의 증가와는 어떤 관련이 있는가?

    서버는 주기적으로 교체된다. 이것에 대한 두 가지 모델이 있다. 회사는 서버를 구매한 후 3년에서 5년 후 자산 가치가 떨어지면 새로운 모델을 구매한다. 다른 회사는 서버를 대여한다. 그리고 대여 기간이 끝나면 3년에서 5년 사이에 새로운 서버를 대여한다. 초기에 구매한 서버는 사용 목적에 따라 크기를 정했을 것이다. 다시 말해, 데이터베이스를 운영하기 위한 목적으로 서버를 구매한 경우를 예로 들 수 있다. 서버의 모델과 크기는 기업의 목적에 맞게 애플리케이션 벤더가 제안한 설정 구성에 기초해 결정한다. 이는 서버를 구매한 시점의 기업의 요구사항을 필요로 하지 않는다. 기업의 미래와 비상 상황에서의 필요에 기초해 구매하게 된다. 이런 여유 공간을 헤드룸^{headroom}이라고 한다. 서버를 3년에서 5년 정도 사용하려면 여유 공간을 정말 사용할지의 여부와는 상관없이 서버의 수명이 다할 때까지 계속 증가할 수 있을 정도로 충분히 커야 한다. 서버를 교체할 때에는 비슷한 구성을 가진 모델(같은 개수의 프로세서와 같거나 더 많은 메모리를 가진)로 교체하는 경우가 많지만 같은 서버로 교체하지는 않는다.

6년의 기간을 예로 무어의 법칙이 서버의 교체에 미치는 영향을 알아보자(표 1.2). 3년 모델을 사용하는 기업이 초기 서버를 두 번 교체했다(3년의 마지막 날과 6년의 마지막 날). 무어의 법칙에 따르면, 서버의 기능은 네 번 두 배로 증가했고 서버는 초기 컴퓨터보다 16배 더 강력해졌다. 5년 모델에서 서버를 한 번만 교체했다고 해도 처음 서버보다 여덟 배 좋은 성능을 가진 서버를 갖고 있다.

표 1.2 6년간 프로세서 속도의 증가

년도	2005	2006	2007	2008	2009	2010
프로세서 속도	1x	2x	4x	4x	8x	16x
3년 계획			구매			구매
5년 계획					구매	

빠른 CPU와 빠른 프로세싱 외에도 새 서버는 메모리도 많고 무어의 법칙의 영향을 받는 다른 구성 요소를 갖고 있다. 적어도 이전 서버보다 교체 서버가 훨씬 용량이 크고 강력한 서버이며 이전에 다루던 워크로드에 비해 규격이 더 뛰어나다.

여기서 이해해야 할 마지막 사항은 서버의 실제 워크로드는 서버 용량의 증가 속도만큼 증가하지 않는다는 것이다. 이는 서버의 헤드룸 또한 잠재적으로 증가하는 것을 의미한다. 여유 성능을 20~50%로 잡고 시작한 경우에 서버를 교체하면 90% 이상이 여유 성능이 될 수 있다. 데이터센터에서는 10~15%의 평균 활용도를 갖는 것이 흔한 일이며 몇몇 서버는 높은 활용도를 갖지만, 대부분의 서버는 5% 이하의 활용도를 갖기도 한다. 다시 말하면 대부분의 CPU는 95%의 시간 동안 유휴 상태인 것이다.

가상화의 중요성

여기에서 두 이야기가 만나게 된다. 서버로 가득 찬 데이터센터가 폭발적으로 증가했다. 그러나 시간이 지나며 무어의 법칙과 '하나의 서버에 한 개의 애플리케이션' 모델이 조합돼 이 서버들은 점점 더 적은 일을 하게 됐다. 다행히 가상화라는 해결책이 등장했다. 가상화라는 아이디어는 새로운 것이 아니었다. 1970년대 초반에 IBM 메인프레임에서 시작했으며 현대 컴퓨터 시스템에 맞게 고쳐진 것이다. 포펙과 골드버그의 정의에 따르면, 가상화는 여러 운영체제가 동시에 하나의 서버에서 실행할 수 있게 하며 각 가상 머신은 서로 기능적으로 독립적이다. x86 컴퓨터에서 사용할 수 있는 첫 상용 솔루션은 2001년도에 발표한 VM웨어다.

2년 후 젠^{Xen}이라는 병렬 오픈소스 솔루션이 등장했다. 이 솔루션은(VMM 또는 하이퍼바이저) 운영체제와 가상 머신(VM) 사이에 존재하는 소프트웨어 레이어의 형태를 갖거나 '베어메탈$^{bare-metal}$' 형태로 윈도우나 리눅스와 같은 기존의 운영체제처럼 하드웨어에 직접 설치할 수 있었다. 다음 장에서 하이퍼바이저에 대해 더 자세히 설명할 것이다.

활용도가 낮은 서버로 가득 찬 데이터센터에서 가상화는 여러 물리적 서버를 여러 개의 가상 머신을 실행하는 하나의 서버로 응집해 물리적 서버의 활용도를 높여줬다. 그림 1.3에서와 같이 서버를 합치는 것을 통합^{consolidation}이라고 한다. 통합에 대한 측정치로 통합 비율이 있으며 하나의 서버에 존재하는 VM의 개수로 계산한다. 예를 들어, 한 서버에 여덟 개의 VM이 있다면 통합 비율은 8:1이다. 서버 통합은 데이터센터와 운영 매니저가 직면한 여러 문제를 해결해줬다. 4:1 정도의 통합 비율 정도만 돼도 데이터센터의 서버를 1/3로 줄일 수 있다.

x86은 '86'으로 끝나는 인텔의 8086 CPU와 이후의 칩 세대에 기초한 프로세서 아키텍처를 가리킨다. 이제는 다른 벤더들도 이 아키텍처를 가진 프로세서를 만들고 있다.

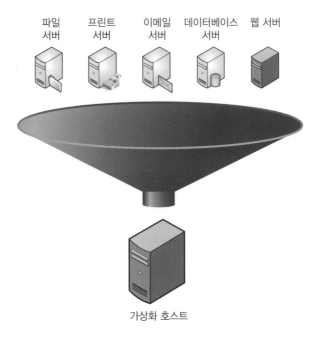

파일   프린트   이메일   데이터베이스   웹 서버
서버   서버   서버   서버

가상화 호스트

그림 1.3 서버 통합

수백 개, 수천 개의 서버가 있는 대규모 데이터센터에서 가상화는 서버를 줄일 수 있는 방법을 제공했다. 이는 데이터베이스 규모를 줄이고 전력과 냉각 기능을 줄이며 추가적인 데이터센터를 건설하지 않도록 해줬다. 더 나아가 더 적은 서버를 사용하기 때문에 회사의 하드웨어 유지 비용을 감소시키고 시스템 관리자가 일상 업무를 처리하는 데 걸리는 시간을 줄여줬다.

통합은 비용을 절감시킨다

여러 연구에서 각 서버의 3년 동안의 총 소유 비용이 서버 자체 가격의 3∼10배에 달한다고 분석한다. 다시 말해 서버의 가격이 5,000달러라면 매년 5,000달러의 유지 비용이 들어간다는 것이다. 그러면 3년 동안 각 서버당 2만 달러가 든다(처음 하드웨어 구매 비용과 3년간의 유지 비용의 합). 총 소유 비용에는 소프트웨어 구매 비용과 소프트웨어 및 하드웨어의 연간 유지 비용, 전력, 냉방, 케이블, 인건비 등이 포함된다. 따라서 이 예제에서 기업이 100대의 서버를 통합한다면 첫해부터 해마다 200만 달러를 절약할 수 있게 된다.

통합 외의 다른 장점도 있다. 회사가 가상화의 장점을 알게 되면 임대 기간이 끝나거나 서버를 소유한 경우 서버의 유지 보수 라이선스가 만료되어도 새로운 하드웨어를 구매하지 않게 된다. 대신 그들은 그 서버의 워크로드를 가상화한다. 이를 봉쇄^{containment}라고 한다. 봉쇄는 다양한 방법으로 회사에 이익을 제공한다. 회사는 더 이상 매년 많은 하드웨어를 갱신하지 않아도 된다. 따라서 서버를 관리하고 유지하는 모든 비용(전력과 냉방 등)을 절약할 수 있다. 가상화 기술이 상용화되기 전까지는 무어의 법칙이 기존의 애플리케이션/서버/데이터센터 모델에 안 좋게 작용했다. 가상화 기술을 적용하고 나서부터 무어의 법칙이 도움이 됐다. x86 하이퍼바이저의 첫 세대의 통합 비율은 5:1 정도였다. 시간이 지나며 더 강력한 칩과 용량이 큰 메모리가 더 높은 통합 비율을 가능하게 해 하나의 물리적 서버가 수십 개에서 수백 개의 VM을 호스트할 수 있게 됐다. 네 개의 서버에서 세 개를 제거하는 것이 아니라, 현재의 가상화는 열 개의 서버에서 아홉 개를 제거할 수 있다. 서버를 잘 설정하면 100개의 서버에서 99개를 줄일 수도 있다. 결과적으로 기업의 데이터센터는 가상화 이전에 사용할 수 없었던 많은 공간을 사용할 수 있게 됐다.

가상 서버가 물리적 서버보다 많아졌다

2009년 IDC에서는 물리적 서버보다 가상 서버가 더욱 많이 배치됐다고 보고했다. 그들은 향후 5년간 물리적 서버의 개수는 상대적으로 증가하지 않을 것이며 가상 머신의 배치는 물리적 서버의 배치의 두 배에 달할 것으로 예측했다.

오늘날의 트렌드

통합과 봉쇄는 앞으로 다루게 될 가상화의 여러 장점 중 일부일 뿐이다. 대부분의 분석에서는 이 장점이 자금적인 면에서 측정하기 쉽기 때문에 많이 다룬다(하드웨어 비용을 제거하거나 상당 부분 감소시키며 손익 계산에 직접적으로 영향을 줌). 이제 다른 예를 소개하고 이 책에서 계속해서 더 자세히 다룰 것이다.

　　조직이 가상화를 많이 채택하면서 가상화의 진행은 매우 예측 가능한 방향으로 진행한다. 초기 진입 거점은 인프라스트럭처 서비스와 오래된 서버로 서버 관리와 비용 이슈가 가장 심한 영역이다. 인프라스트럭처는 프린트 서비스와 파일 서버, 도메인 서비스의 형태로 조직의 기술 배관 역할을 한다. 이 서버는 일상 비즈니스에 매우 중요하지만 비즈니스를 이끄는 애플리케이션보다는 덜 안정적이고 저렴한 서버를 사용하는 경우가 많다. 오래된 서버도 골칫거리다. 데이터센터는 새로운 운영체제에서 실행되지 않는 애플리케이션을 호스트하는 경우가 있다. 예를 들어 7년이 된 윈도우NT 시스템에서 커스터마이징된 분석 시스템이 이전 하드웨어를 사용해 운영될 수 있고, 이 서버는 구식의 서버로 안정적이지도 않고 서비스 지원도 받을 수 없다. 관리 방법을 모르는 애플리케이션을 사용하는 기업도 있다(웃지 마시라. 진짜 벌어지는 일이다). 벤더의 사업이 망했거나 내부 담당자가 회사를 떠났을 수 있다. 그러나 애플리케이션을 운영하는 중이며 멈추지 않고 계속되기만을 바랄 뿐이다. 앞으로 살펴보겠지만 가상화는 이런 애플리케이션을 물리적 서버보다 더 적은 비용으로 더욱 가용성과 확장성이 있으며 더욱 관리하기 쉽게 만들어준다.

　　인프라스트럭처를 가상화하고 조직이 재정적인 이득을 보게 되면 다음 레벨로 이동하게 된다. 서버의 임대를 줄이면서 워크로드를 인프라스트럭처로 마이그레이션한다. 기업은 가상화 우선 정책을 채택한다. 이것은 새로운 프로젝트를 시작하며 서버가 필요할 때 새로운 서버를 구매하기보다는 가상 자원을 사용하는 것을 말한다. 가상 환경에서 요구 조건을 충족시키지 못할 때에만 실제 서버를 구매한다. 인프라스트럭처 서비스 뒤에는 테스트 및 개발 서버가 있다. 기업이 운영하는 모든 애플리케이션들은 그 애플리케이션을 지원하기 위해 두 배에서 10배 정도 많은 서버를 사용한다. 애플리케이션은 새로운 변경사항에 대한 테스트와 품질 테스트, 사용자 테스트, 문제 해결 환경, 성능 튜닝 등을 위해 많은 환경을 필요로 한다. 이런 시스템을 가상 인프라스트럭처로 옮기면 통합으로 인한 비용 절감 외에도 개발자와 애플리케이션 운영자가 좀 더 유연하게 그들의 프로세스를 관리할 수 있는 이점이 있다. 템플릿을 미리 설정해두면 이전에는 몇 주가 걸리던 서비스 배치 작업을 수 분 내로 처리할 수 있다.

이렇게 되면 기업의 인프라스트럭처는 윈도우와 리눅스 서버를 운영하는 x86 플랫폼을 50~75% 가상화할 것이다. 또한 가상화 기술에 대해 전문성과 확신을 갖게 되며 좀 더 많은 이득을 얻으려 한다. 이런 상황이 되면 기업은 여러 가지 방향으로 나아가게 된다.

큰 규모의 애플리케이션은 대규모 하드웨어와 전문 운영체제를 필요로 한다. 예를 들어, 데이터베이스는 여러 벤더의 유닉스 버전에서 운영된다. 썬^{Sun} 서버는 솔라리스^{Solaris}, HP 서버는 HP/UX, IBM 서버는 AIX 운영체제를 사용한다. 기업은 이런 전문 하드웨어에 많은 돈을 투자하고 이런 오픈되긴 했지만 벤더 전용의 운영체제에 대해 인력을 교육시키기 위해 많은 시간과 노력을 투자한다. 그러나 여기에서도 무어의 법칙이 작용한다. 과거에 x86 플랫폼은 이런 매우 중요한 워크로드를 처리할 만큼 강력하지도 않고 신뢰할 수도 없었다. 그러나 지금은 사정이 다르다. 더 이상 성능 문제로 가상 환경에서 수행하지 못할 워크로드는 없다. 유닉스의 오픈소스 버전인 리눅스를 사용해 벤더의 하드웨어와 소프트웨어를 사용한 것과 같은 효과를 거둘 수 있다. 이 책에서는 마이크로소프트의 윈도우를 주로 다룰 것이지만 리눅스도 쉽게 가상화할 수 있으며, 많은 기업이 리눅스를 사용해 중요한 워크로드를 좀 더 유연하고 저렴하며 더욱 가용성 있는 환경으로 옮기고 있다.

이전에 언급했듯이 가상 서버는 캡슐화된 시스템이며 본질적으로는 쉽게 복사하고 옮길 수 있는 파일의 집합이다. 인터넷 컴퓨팅이 발전하면서 24/7 운영을 할 수 있는지 또는 장애 복구 기능(중단 후에 운영을 재개하는 기능)이 있는지를 말하는 가용성이 중요한 요소가 됐다. 가상화는 이런 가용성을 강화시킨다. 물리적 호스트를 유지 보수하기 위해 애플리케이션의 다운타임을 예약하기보다는 워크로드를 다른 호스트로 옮기고 호스트에 대한 작업을 수행해 중단 없이 서비스할 수 있다. 리눅스와 마이크로소프트의 최신 윈도우를 사용하면 운영체제의 중단 없이 가상 머신에 리소스와 프로세서, 메모리를 추가할 수 있다. 이 기능을 사용해 관리자는 애플리케이션의 운영에 영향을 주지 않고 리소스 부족을 해결할 수 있다. 서버를 구성하는 파일을 세컨더리secondary 사이트에 복사하면 허리케인이나 홍수와 같은 재난이 발생해도 전체 데이터센터를 이전과 같이 며칠, 몇 주가 아니라 몇 시간 또는 수 분 내에 복구할 수 있다. 이것들은 단지 가상화가 제공하는 가용성의 장점 중 몇 가지 예일 뿐이다.

이제 가상화하지 않았던 서버들도 다루고 있다. 이것들은 티어 1 애플리케이션과 기업의 경쟁력이 되는 비즈니스 전략 애플리케이션들이다. 여기에는 마이크로소프트 익스체인지Exchange나 로터스 노트Lotus Notes와 같은 이메일 서비스, 또는 마이크로소프트의 SQL 서버나 오라클Oracle, MySQL과 같은 데이터베이스 서버, SAP와 같은 기업 비즈니스 애플리케이션, SAS와 같은 비즈니스 인텔리전스 및 분석 시스템, 병원 의료 관리 애플리케이션, 자금 서비스 애플리케이션, 직접 만든 JAVA 애플리케이션 등이 있다. 이런 애플리케이션의 운영은 기업의 이윤에 직접적인 영향을 미치기 때문에 관리자나 애플리케이션 운영자는 결점이 있다고 해서 이런 환경을 바꾸려 하지 않는다. 그러나 가상화 서버에서 테스트 및 개발을 하고, QA 환경을 운영하며 이런 나머지 워크로드들도 가상화하려 하고 있다.

완전히 가상 플랫폼으로 옮기면 기업은 물리적 환경만 사용했을 때보다 가용성과 기민성, 유연함, 관리성의 장점을 얻을 수 있다. 이 책을 통해 가상화의 기능이 무엇인지, 가상 환경이 제공하는 장점은 무엇인지 알 수 있을 것이다. 가상화의 장점 중 가장 큰 것은 데이터센터 진화의 다음 단계인 클라우드 컴퓨팅의 기초를 제공한다는 것이다.

가상화와 클라우드 컴퓨팅

5년 전만 하더라도 '클라우드 컴퓨팅'은 대부분의 사람들에게 생소한 개념이었다. 오늘날에는 전 세계적인 비즈니스나 소비 시장에 종사하는 사람들 중에서 클라우드 컴퓨팅이라는 용어를 듣지 못한 사람을 찾기가 더 힘들 것이다. 1990년 중반과 2000년 초반의 인터넷 돌풍과 비슷하게 오늘날 기업은 클라우드를 많이 사용하고 있다. 닷컴 붐이 불 때처럼 소비자 서비스도 클라우드로 이동하고 있다. 예를 들어, 애플은 최근 iCloud라고 하는 음악과 사진, 책, 여러 디지털 재화들을 저장하고 어디서든 액세스할 수 있는 서비스를 제공하고 있다. 마이크로소프트, 아마존Amazon, 구글Google도 이와 유사한 클라우드 서비스를 제공하고 있다. 클라우드를 정의하는 것은 이 책의 범위를 벗어나기 때문에 여기에서는 클라우드가 자원을 액세스하고 활용하는 매우 손쉬운 방법을 제공한다는 것만 기억하자.

가상화는 손이 많이 가고 인력이 많이 필요했던 데이터센터를 자가 관리가 가능하고 확장성과 가용성이 매우 큰 쉽게 사용할 수 있는 자원의 풀로 변화시켰다. 가상화를 사용하기 전에 시스템 관리자는 70% 이상의 시간을 반복되는 작업이나 발생한 문제에 대응하는 데 소비했다. 따라서 혁신이나 발전에 쓸 시간은 거의 없었다. 가상화와 클라우드 컴퓨팅은 자동화 기능을 제공함으로써 관리 비용을 줄이고 회사가 직접 동적으로 배치할 수 있도록 했다. 클라우드 컴퓨팅이 물리적 레이어를 실제 하드웨어에서 추상화시킴으로써 물리적 데이터센터가 제공하는 모든 것을 가진 가상 데이터센터라는 개념을 창조했다. 이 가상 데이터센터는 클라우드에 배치함으로써 전력 회사가 전기를 공급하는 것처럼 필요에 따라 자원을 제공할 수 있다. 요약하자면 이런 컴퓨팅의 새로운 모델은 애플리케이션을 제공하는 방법을 매우 손쉽게 만들며 기업이 확장성과 탄력성, 가용성을 희생하지 않고도 배치 작업의 속도를 가속화할 수 있게 해준다.

가상화 소프트웨어 운영의 이해

지금까지 주로 서버 가상화를 논의했고 앞으로도 계속 이것에 초점을 맞출 것이지만 가상화에 관련된 다른 방법론과 분야도 있다. 개인용 컴퓨터가 태블릿과 씬 클라이언트로 바뀌고 있지만 여전히 PC에서 사용하는 애플리케이션도 계속 사용할 수 있어야 한다. 이것을 위한 방법으로 데스크톱 가상화가 있으며, 이런 애플리케이션을 가상화해 사용자에게 제공할 수 있다. 심지어 스마트폰과 같은 모바일 장비에서도 가상화를 이용하고 있다.

서버 가상화

이미 살펴봤듯이 서버 가상화의 모델은 두 개의 주요 소프트웨어 솔루션을 가진 물리적 하드웨어로 구성된다. 하이퍼바이저는 물리적 레이어를 추상화해 가상 서버나 가상 머신에 제공한다. 하이퍼바이저는 서버에 직접 설치해 하이퍼바이저와 물리적 장비 간에 운영체제를 사용하지 않는다. 그리고 가상 머신을 인스턴스화 ^{instantiate}하거나 부트한다. 가상 머신의 관점에서는 여러 개의 하드웨어 리소스가 보이고 이를 사용해 일을 한다. 하이퍼바이저는 물리적 서버의 하드웨어 장비와 가상 머신의 가상 장비 사이의 인터페이스가 된다. 하이퍼바이저는 물리적 리소스의 일부를 각 가상 머신에 제공하고 VM과 물리적 장비 간의 실제 I/O를 처리한다. 하이퍼바이저는 VM을 실행하기 위한 플랫폼을 제공하는 것 이상의 일을 한다. 강화된 가용성 기능을 제공하며 공급과 관리를 편리하게 하는 기능도 제공한다.

하이퍼바이저가 가상 환경의 기반을 제공한다면 가상 머신은 애플리케이션을 실행하는 엔진이다. 가상 머신은 물리적 구성 요소(운영체제, 애플리케이션, 네트워크 연결, 스토리지 액세스 및 다른 필수 리소스)를 모두 포함하고 있지만 데이터 파일의 형태로 패키지된다. 이런 패키지화를 이용해 기존의 파일처럼 다룸으로써 가상 머신을 좀 더 유연하고 관리하기 쉽게 만든다. 사용자 애플리케이션을 중단하지 않고도 가상 머신을 복제하고 업그레이드하고 옮길 수 있다. 2장에서는 하이퍼바이저를 다루고, 3장에서는 가상 머신을 다룰 것이다.

데스크톱 가상화

가상화는 서버 컴퓨팅 모델뿐만 아니라 데스크톱 컴퓨팅에도 적용되고 있다. 기업의 데스크톱 컴퓨팅에는 비용이 많이 들고 비효율적인 면이 많다. 직원들이 소프트웨어 업데이트와 패치 작업을 수행해야 한다. 가상 데스크톱은 데이터센터의 서버에서 운영된다. 이 서버는 기존 PC보다 훨씬 강력하고 안정적인 하드웨어다. 사용자가 연결하는 애플리케이션도 바로 옆의 서버에서 운영되고 있기 때문에 데이터센터의 밖으로 나가고 들어오던 네트워크 트래픽을 안에서 처리할 수 있어 네트워크 트래픽이 감소하고 네트워크 자원을 확장할 수 있다.

가상 데스크톱은 씬 클라이언트나 다른 디바이스로 액세스하는데, 보통 PC보다 저렴하며 더 안정적이다. 씬 클라이언트는 7년에서 10년 정도의 수명을 갖기 때문에 자주 교체하지 않아도 된다. 또한 PC를 이용하는 전기의 5~10% 정도만을 소비한다. 큰 회사에서는 많은 비용을 절감할 수 있다. 씬 클라이언트가 고장나면 사용자가 스스로 교체할 수 있다. 가상 데스크톱에 모든 데이터가 저장되기 때문에 데이터는 영향받지 않는다. 데이터센터에만 데이터가 존재하기 때문에 장비를 분실하거나 도난당해 발생하는 보안 이슈를 줄일 수 있다.

또한 전문성이 없는 사용자가 아닌 전문가가 데이터를 관리하고 백업하게 된다. 데스크톱 이미지를 가상 머신으로 만들면 서버 가상화의 비용 절감 효과도 생기지만 더욱 큰 효과는 데스크톱의 관리 측면에서 발생한다. 데스크톱 관리자는 더 적은 수의 이미지를 만들어 수백 명의 사람이 공유하게 할 수 있다. 이런 이미지에 패치를 적용하고 이것이 사용자에게 바로 반영되는 것을 보장할 수 있다. 물리적 데스크톱에서는 이를 항상 보장할 수 없었다. 패치를 원복하거나 소프트웨어 변경으로 인해 애플리케이션이 중단되면 관리자는 이전 이미지를 사용하게 하고 로그아웃 후 로그인하면 간단하게 데스크톱을 복구할 수 있다.

가장 큰 차이는 보안 부분에서 발생한다. PC에는 보통 안티바이러스 소프트웨어를 설치해 멀웨어 등으로부터 데이터를 보호한다. 가상화를 사용하면 새로운 방법의 보안을 사용할 수 있다. 멀웨어 소프트웨어를 각각의 가상 데스크톱에 설

데스크톱 가상화에서 인기 있는 솔루션으로는 시트릭스(Citrix) 사의 젠데스크톱(XenDesktop)과 VM웨어의 뷰(View)가 있다. 이 외에도 여러 하드웨어와 소프트웨어 구성을 사용해 데스크톱을 제공하는 다른 여러 솔루션이 있다.

치하는 것이 아니라 각 호스트에 가상 어플라이언스를 설치한다. 이것은 특수하게 디자인된 가상 머신으로, 호스트에서 실행되는 모든 가상 데스크톱을 보호한다. 이 새로운 기법에서는 개별 사용자가 새로운 정의를 직접 다운로드하지 않고 한 번만 다운로드함으로써 전체적인 I/O와 프로세스 사용량을 줄인다. 이 분야는 지금 매우 빠르게 변화하고 성장하는 분야로, 새로운 사용자 디바이스가 흔해지면서 이런 흐름은 계속될 것으로 보인다.

애플리케이션 가상화

컴퓨터 프로그램이나 애플리케이션도 가상화할 수 있다. 서버와 데스크톱 가상화와 마찬가지로 애플리케이션 가상화를 위한 여러 솔루션이 있다. 애플리케이션을 가상화하는 이유는 두 가지다. 우선 배치가 쉬워진다. PC에 몇 개의 프로그램이 있는지 생각해보자. 수백 개 또는 수천 개의 애플리케이션을 관리해야 하는 기업도 있다. 각 애플리케이션의 새 버전이 나오면 기업은 모든 PC에 새로운 버전을 설치해야 한다. 컴퓨터의 개수가 적은 경우에는 매우 쉬운 작업이지만 수백 개, 수천 개, 수만 개의 PC가 있다면 사정이 달라진다. 기업의 IT 직원은 이런 작업을 관리하고 자동화하는 툴을 갖고 있다.

두 번째 이유는 여러 애플리케이션이 서로 상호작용하는 방법과 관련돼 있다. 애플리케이션을 업데이트하거나 설치했을 때 잘 수행되던 다른 애플리케이션에 문제가 발생하는 것을 본 적이 있는가? 어떤 애플리케이션을 업데이트했을 때 다른 애플리케이션에 어떤 문제가 발생할지 알기 힘들다. 아크로뱃 리더^{Acrobat Reader}나 모질라 파이어폭스^{Mozilla Firefox}와 같은 애플리케이션의 간단한 업그레이드도 문제를 발생시킬 수 있다. 애플리케이션 가상화의 방법 중에는 전체 프로그램과 프로세스를 캡슐화함으로써 이런 문제를 줄이거나 제거하는 것도 있다. 애플리케이션 가상화를 위한 여러 전략과 솔루션이 있다. 이 분야에는 스마트폰이나 태블릿과 같은 모바일 디바이스를 사용하는 여러 실례가 등장하고 있으며 매우 빠르게 발전하고 있다.

인기 있는 애플리케이션 가상화 솔루션으로는 마이크로소프트의 앱-V(app-V)와 시트릭스의 애플리케이션 스트리밍(Application Streaming), VM웨어의 씬앱(ThinApp)이 있다. 각 솔루션은 서로 다른 방법으로 애플리케이션 가상화를 다룬다.

요점 정리

서버 가상화는 하나의 물리적 서버에서 여러 논리적 컴퓨터를 운영할 수 있는 기술이다. 마이크로소프트의 윈도우가 널리 사용되며 서버 개수가 증가했고 무어의 법칙은 기업의 물리적 자원과 자금에 대한 제약을 가져왔다. 가상화는 새로운 개념이 아니라 서버 통합과 봉쇄를 통해 이런 데이터센터의 스트레스를 경감시키는 기술이다. 서버 가상화가 제공하는 가용성이나 확장성과 같은 특징을 사용해 기업은 클라우드 컴퓨팅으로 나아갈 수 있는 기반을 마련했다.

연습 문제

▶ 무어의 법칙을 사용해 2000년도의 프로세서보다 현재의 프로세서가 얼마나 빨라졌는지 계산하라. 10년 후에는 얼마나 더 빨라질지도 계산하라.

▶ 인터넷을 사용해 지금 사용 가능한 서버 가상화의 여러 유형에 대해 조사하라. 각 유형마다 어떤 아키텍처들이 존재하는가?

▶ 데이터센터에 최소 몇 개의 서버가 있을 때 가상화가 의미 있는가? 비용 절감과 부가적인 비용 절감(관리성, 가용성의 향상과 같은)의 효과가 가상화의 초기 비용과 교육 비용, 변경 작업 등의 비용을 상쇄할 수 있는가?

하이퍼바이저

2장에서는 하이퍼바이저가 무엇인지 설명하고, 40년 전에 메인프레임 컴퓨터에서부터 시작한 과정을 살펴볼 것이다. 하이퍼바이저의 여러 가지 유형과 역할에 대해 설명하고 오늘날 사용할 수 있는 하이퍼바이저를 서로 비교할 것이다.

▶ 하이퍼바이저 설명

▶ 하이퍼바이저의 역할

▶ 하이퍼바이저의 비교

하이퍼바이저 설명

가상 머신 모니터(VMM)는 원래 특정한 문제를 해결하기 위해 만들어졌지만 매우 다른 형태로 진화했다. 가상 머신 매니저라는 용어는 더 이상 사용하지 않고 하이퍼바이저라는 용어로 대체됐다. 오늘날 하이퍼바이저는 정기적으로 시장에 등장하는 빠른 프로세서와 이런 프로세서와 함께 등장하는 더 크고 집적된 메모리를 효율적으로 사용할 수 있게 해준다. 하이퍼바이저는 가상 머신의 아래 그리고 하드웨어의 위에 존재하는 소프트웨어 레이어다. 그림 2.1은 하이퍼바이저가 어디에 존재하는지 보여준다.

하이퍼바이저가 없으면 운영체제가 직접 하드웨어와 통신한다. 디스크 작업은 바로 디스크 서브시스템으로 전달되고 메모리 호출도 직접 물리적 메모리를 액세스한다. 하이퍼바이저가 없으면 여러 개의 가상 머신에 존재하는 여러 개의 운영체제가 하드웨어를 동시에 제어하려 해 혼란을 야기할 것이다. 하이퍼바이저는 각 가상 머신과 하드웨어 사이의 상호작용을 관리한다.

그림 2.1 하이퍼바이저의 위치

하이퍼바이저의 역사

가상화의 시작은 IBM 메인프레임이라는 것을 설명했다. 그 당시 개발된 코드는 메모리를 좀 더 효율적으로 관리하기 위해 만들어졌으며, 이것이 오늘날 우리가 사용하는 훨씬 더 복잡한 후손들의 조상이다. 메인프레임을 다루지는 않겠지만 가상화 기술은 1970년대부터 이 플랫폼에서 사용했으며 지금까지도 계속 개발되며 사용되고 있다.

첫 가상 머신 모니터는 운영체제를 개발하고 디버깅하기 위해 개발자들이 빠르게 반복적으로 테스트할 수 있는 하드웨어의 자원을 전부 사용하지 않는 샌드박스로 개발됐다. 그리고 곧 여러 환경을 동시에 운영할 수 있는 기능이 추가돼 하드웨어의 자원을 운영체제를 각각 실행하는 가상 서버에 분할했다. 이 모델이 오늘날의 하이퍼바이저로 진화했다.

왜 '하이퍼바이저'라고 하는가?

개발자들이 처음 해결하려던 문제는 리소스 할당으로 프로그래머가 액세스할 수 없는 메모리 영역을 활용하려 했었다. 그들이 개발한 코드는 성공적이었으며 그 당시 운영체제를 수퍼바이저(supervisor)라고 불렀고 이 코드가 운영체제를 대체했기 때문에 하이퍼바이저라고 부르게 됐다.

20년 후에 가상화가 메인프레임에서 벗어나게 됐다. 1990년대에 연구자들은 VMM의 상용 버전을 만들기 시작했다. 메인프레임의 단점 중 하나는 미니컴퓨터에 비해 가격이 너무 비싸다는 것이었다. 비교적 저렴한 업계 표준 하드웨어에서 가상화를 제공하면 대부분의 기업에게 상당히 비용 효과적인 방법이 될 수 있었다. 또 다른 도전 과제는 아무런 수정 없이 게스트 운영체제를 실행할 수 있는 솔루션을 만드는 것이었다. 수정이 있게 되면 가상 머신이 물리적 하드웨어와 근본적으로 동등하지 않은 것이며, 이는 가상 환경에서 디자인된 솔루션이 물리적 환경으로 항상 변경될 수 없어 애플리케이션 생명주기의 복잡성을 높이게 되므로 수정이 없는 것이 중요하다.

VMM의 구조는 상당히 단순하다. 하드웨어 또는 호스트와 가상 머신 사이에 있는 소프트웨어 레이어로 구성된다. 이 가상 머신은 게스트라고 부르며 3장에서 자세히 다룰 것이다. 그림 2.2는 가상 머신 모니터 아키텍처의 간단한 구조를 보여준다.

그림 2.2 가상 머신 모니터

하이퍼바이저에는 타입 1과 타입 2가 있다. 이름만으로는 어떤 차이가 있는지 알 수 없다. 중요한 차이점으로는 배치하는 방식이다.

타입 1 하이퍼바이저

타입 1 하이퍼바이저는 운영체제 없이 서버 하드웨어에 바로 설치한다. 하이퍼바이저와 물리적 하드웨어 사이에 중간 레이어가 없기 때문에 이를 베어메탈^{bare-metal} 구조라고 한다. 타입 1 하이퍼바이저는 스택의 아래에 있는 하드웨어 리소스와 직접 통신하기 때문에 타입 2 하이퍼바이저보다 훨씬 효율적이다. 그림 2.3은 타입 1 하이퍼바이저의 구조다.

그림 2.3 타입 1 하이퍼바이저

타입 1 하이퍼바이저는 성능상의 장점이 있을 뿐만 아니라 타입 2 하이퍼바이저보다 더욱 안전하다. 게스트 작업은 게스트가 사용하는 하이퍼바이저에 영향을 줄 수 없는 방식으로 수행된다. 가상 머신은 자신에게만 손상을 끼칠 수 있기 때문에 하나의 게스트가 중단돼도 VM 컨테이너의 경계 밖으로 영향을 미치지 않는다. 다른 게스트는 계속 운영되며 하이퍼바이저도 영향받지 않는다. 하이퍼바이저나 다른 게스트에 영향을 끼치려는 악성 게스트가 있다 하더라도 그렇게 할 수 없다. 그림 2.4는 타입 1 하이퍼바이저에서 장애가 발생한 상황을 보여준다.

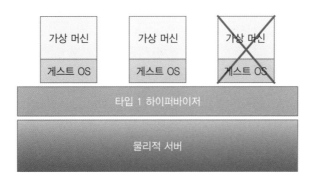

그림 2.4 게스트 장애

타입 1 하이퍼바이저의 프로세싱 부하가 더 적기 때문에 더 많은 가상 머신을 운영할 수 있다. 자금적인 측면에서만 본다면 타입 1 하이퍼바이저의 경우 호스트 운영체제의 비용이 들지 않는다. 물론 실제로는 상황이 더 복잡하며 모든 컴포넌트와 다양한 측면에서 총 소유 비용을 계산해야 한다.

◀ 타입 1 하이퍼바이저의 예로는 VM웨어 ESX와 마이크로소프트의 하이퍼-V 그리고 여러 가지 젠 제품이 있다.

타입 2 하이퍼바이저

타입 2 하이퍼바이저는 기존의 운영체제에서 실행되는 애플리케이션이다. 첫 x86 가상화 제품은 타입 2였다. 이것은 타입 2가 더 빠르게 시장에 진입할 수 있기 때문이었다(실제 운영체제가 모든 하드웨어 리소스를 제어하고 하이퍼바이저는 이를 이용한다). 그림 2.5는 타입 2 하이퍼바이저다.

그림 2.5 타입 2 하이퍼바이저

타입 2 하이퍼바이저의 장점은 운영체제를 사용하기 때문에 보다 넓은 범위의 하드웨어를 지원할 수 있다는 것이다. 운영체제가 이미 네트워크나 스토리지 같은 하드웨어를 설정하기 때문에 타입 2 하이퍼바이저는 설치하기가 쉽다.

타입 2 하이퍼바이저에는 하이퍼바이저와 하드웨어 사이에 부가적인 레이어가 있기 때문에 타입 1 하이퍼바이저만큼 효율적이지는 않다. 가상 머신이 디스크 읽기나 네트워크 작업 등의 하드웨어 상호작용을 하면 타입 1 하이퍼바이저에서처럼 이 요청을 하이퍼바이저에게 전달한다. 그러나 타입 1 하이퍼바이저와는 다르게 타입 2 하이퍼바이저는 이 요청을 운영체제에 전달해야 하며 운영체제가 I/O 요청을 처리한다. 운영체제는 정보를 다시 하이퍼바이저에게 전달하고, 이는 다시 게스트에게 전달된다. 따라서 추가적인 두 단계를 더 거치며 시간과 프로세싱 부하가 모든 트랜잭션에 발생하게 된다.

타입 2 하이퍼바이저에는 실패 지점이 더 많기 때문에 덜 안정적이다. 운영체제의 가용성에 따라 하이퍼바이저와 게스트가 직접적인 영향을 받는다. 예를 들어, 운영체제의 패치가 시스템 재부팅을 필요로 하면 호스트의 모든 가상 머신도 재부팅해야 한다.

VM웨어 플레이어와 VM웨어 워크스테이션, 마이크로소프트의 가상 서버는 타입 2 하이퍼바이저의 예다.

하이퍼바이저의 역할

지금까지의 하이퍼바이저에 대한 설명은 간단했다. 하이퍼바이저는 하드웨어와 가상 머신 간의 소프트 레이어 계층이다. 하이퍼바이저의 역할 또한 간단하다. 포펙과 골드버그가 정의한 세 가지 특성이 이 세 가지 역할을 잘 설명해준다.

▶ 물리적 환경과 동일한 환경을 제공한다.
▶ 최소한의 성능 비용을 가진 환경을 제공한다.
▶ 시스템 자원에 대한 완벽한 제어를 유지한다.

홀로덱과 교통 경찰

여러 게스트가 호스트의 물리적 자원을 공유하도록 하기 위해서는 다음의 두 가지가 반드시 필요하다. 먼저 게스트가 올바로 작동하기 위해 필요한 여러 가지 하드웨어 리소스를 보고 액세스할 수 있어야 한다. 게스트의 운영체제 시스템은 디스크 드라이브를 사용하고 메모리에 액세스하고 네트워크 호출을 할 수 있어야 하며, 최소한 그들이 그렇게 하고 있다고 믿게 해야 한다. 이 부분이 하이퍼바이저가 관여하는 곳이다.

다시 영화나 텔레비전에 등장하는 가상현실 기술과 비교해보자. 이 기술이 충분히 발달해 사용자에게 현실을 실제적이고 정확하게 보여준다면 사용자는 실재와 가상현실을 구별할 수 없을 것이다. 다시 말해, 사용자가 잠에 들었다가 스타십 엔터프라이즈Starship Enterprise(스타트렉에 등장하는 우주선 - 옮긴이)의 홀로덱holodeck에서 깨어났다면, 그 사람은 실제 홀로덱에 있는지 눈치채지 못할 것이다. 게스트 운영체제의 입장에서 이렇게 느끼게 하는 것이 하이퍼바이저의 역할이다. 하이퍼바이저는 게스트가 호스트의 물리적 디바이스를 보며 직접 다루고 있는 것으로 믿게 한다. 그림 2.6은 이런 하드웨어 추상화를 보여준다.

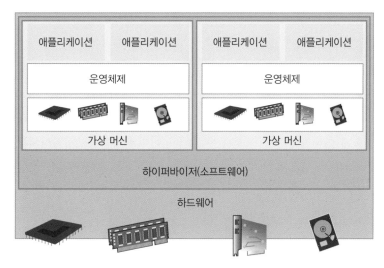

그림 2.6 게스트에 대한 하드웨어 추상화

실제로 각 게스트는 물리적 호스트의 자원 일부만 사용한다. 64GB의 물리적 메모리를 갖고 있는 호스트에서 게스트는 4GB만 있다고 생각할 수 있다. 게스트가 250GB의 D: 드라이브에 파일을 쓰고 있어도 실제로는 훨씬 큰 스토리지 영역 네트워크의 일부 파일시스템에 기록하고 있을 수 있다. 프로세싱과 네트워크 자원도 비슷하게 동작한다. 게스트는 두 개의 가상 CPU를 가지고 하나의 네트워크 인터페이스 카드^{NIC, Network Interface Card}를 사용하지만 호스트에는 실제로 더 많은 자원을 가지고 있을 수 있다.

두 번째로 하이퍼바이저는 게스트에 대해 하드웨어 추상화를 제공할 뿐만 아니라 워크로드의 밸런스도 맞춰야 한다. 각 게스트는 여러 가지 리소스 서브시스템에 지속적인 요청을 한다. 하이퍼바이저는 게스트와 물리적 장비 사이에서 이 모든 요청을 처리해야 하지만, 모든 게스트에게 시기 적절히 적당한 리소스를 제공해야 한다. 자동차의 흐름을 제어해 어떤 방향의 자동차들이 너무 오래 기다리지 않도록 하고 모든 길이 잘 소통되게 하는 교통 경찰의 역할을 하이퍼바이저가 수행한다고 할 수 있다.

리소스 할당

하이퍼바이저는 하드웨어 입장에서는 변변찮은 운영체제이지만 애플리케이션/프로그램의 요청을 다루는 것 대신에 전체(가상) 서버를 서비스한다. 그림 2.7은 I/O 작업이 어떻게 처리되는지 보여준다. 게스트 애플리케이션이 디스크 읽기를 요청하고 이 요청은 게스트 운영체제에 전달된다. 게스트 운영체제는 자신이 보는 디스크에 대해 읽기를 수행한다. 여기서 하이퍼바이저가 끼어들어 이 요청을 가로채 이것을 실제의 물리적이면서 동등한 연산으로 변경해 스토리지 서브시스템에 전달한다. 응답이 오면 하이퍼바이저는 데이터를 게스트 운영체제에 전달하고, 게스트 운영체제는 실제 물리적 디바이스에서 직접 온 것처럼 이 데이터를 받는다.

하이퍼바이저는 게스트의 스토리지 I/O 요청뿐만 아니라 네트워크 I/O와 메모리 프로세싱, CPU 작업도 처리한다. 이런 작업을 하이퍼바이저가 실행되는 물리적 서버에서 호스트하는 모든 게스트에게 서비스한다. 하이퍼바이저에는 모든 요청이 적당한 방법으로 처리되도록 하는 자원 스케줄링 프로세스가 있다. 어떤 하이퍼바이저에는 중요한 애플리케이션이 먼저 처리되도록 해 자원 경쟁이 있을 때에 성능 저하가 없도록 하는 우선순위화 옵션이 있다.

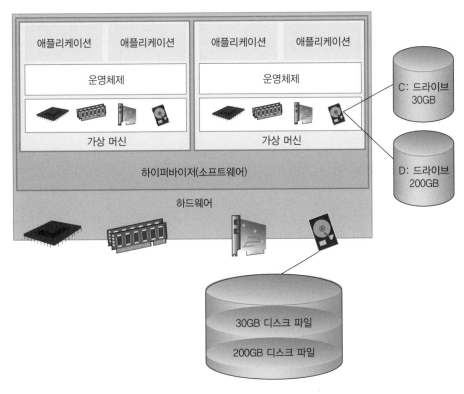

그림 2.7 게스트 I/O 처리

가상 인프라스트럭처로 이동하는 과정에서 물리적 하드웨어의 구성을 어떻게 할지 결정할 때에는 시스템 자원을 관리하고 할당하는 것이 매우 중요하다. 호스트의 모든 게스트가 사용하는 리소스의 총합이 호스트에서 사용 가능해야 한다. 주기적으로 자원을 많이 사용하는 경우와 하이퍼바이저가 사용하는 약간의 리소스까지 합치면 더 많은 여유 리소스가 필요하다.

하이퍼바이저의 비교

초기 개인용 컴퓨터 시절에는 여러 가지 운영체제가 있었고 지금은 여러 가상화 솔루션이 있다. 메인프레인 솔루션에서처럼 사용자가 운영체제에 특화된 환경을 여러 안전한 환경에 사용할 수 있게 해주는 벤더 종속적이거나 운영체제에 특화된 솔루션이 있다. 이런 예로는 썬(현재 오라클에 인수됨) 솔라리스 존^{Zone}, FreeBSD의 BSD, HP-UX 컨테이너, IBM AIZ의 PowerVM이 있다. 모든 게스트가 공유할 수 있도록 운영체제를 가상화하는 패러럴즈^{Parallels}의 버추오조^{Virtuozzo} 같은 다른 솔루션도 있다.

이 책의 초점은 x86 서버 가상화이기 때문에 이 부분 역시 다룰 것이다. 초기 경쟁자가 어느 정도 정리돼서 선택의 여지는 많이 줄어든 상태다. 이 책을 기술하는 시점에서는 이번 절에서 다룰 세 개의 솔루션이 서버 가상화 시장의 100%를 차지하고 있다. 이 비교의 목적은 솔루션 간의 장점과 차이점을 알아보기 위한 것으로, 어느 것이 우세하다고 결론 내리려는 것은 아니다. 앞으로 보겠지만 상황에 따라 적합한 솔루션도 다르다.

VM웨어 ESX

VM웨어는 1998년에 설립됐으며 상용 x86 가상화 솔루션을 처음으로 개발한 회사다. 다음 해에 이 회사는 첫 제품인 워크스테이션 1.0을 발표했다. 이 제품으로 개발자는 윈도우나 리눅스 데스크톱에서 가상 머신을 만들 수 있었다. 2년 후인 2001년 ESX 1.0과 GSX 1.0이 발표됐다. ESX는 타입 1 하이퍼바이저고 GSX는 타입 2 하이퍼바이저다. 둘 모두 아직까지 계속 개발되며 업데이트되고 있다. GSX는 VM웨어 서버로 이름이 변경됐으며 무료로 다운로드해 사용할 수 있다.

ESX와 ESXi 중 어느 것을 사용할 것인가?

ESX는 원래 가상화 작업을 수행하는 하이퍼바이저와 하이퍼바이저의 관리 인터페이스인 리눅스 기반의 콘솔 모듈로 구성됐다. VM웨어는 두 가지 이유에서 이 모델을 변경하기로 했다. 첫째, 서비스 콘솔이 하이퍼바이저보다 대략 30배나 컸다(예를 들어, ESX 3.5의 하이퍼바이저는 32MB였지만 서비스 콘솔은 900MB였다). 두 번째 이유는 보안이었다. 리눅스는 널리 알려진 환경이었기 때문에 서비스 콘솔을 사용해 하이퍼바이저를 망가뜨릴 수 있다고 생각했다. ESXi는 같은 하이퍼바이저 코어를 갖지만 서비스 콘솔이 없다. 이 하이퍼바이저는 명령행 인터페이스(CLI)를 사용해 관리하며 서비스 콘솔의 에이전트를 사용해 수행하던 써드파티 통합을 할 수 있도록 아키텍처를 다시 설계했다. VM웨어는 2007년의 3.5 버전과 2010년의 4.1 버전까지 전통의 ESX와 ESXi 버전을 모두 릴리스했다. 2011년의 릴리스 5에서는 ESXi 아키텍처만 사용할 수 있다.

시장점유율이 항상 제품의 생존력과 우수성을 알려주는 최적의 지표는 아니지만, 가트너Gartner에 따르면 ESX를 처음 릴리스한 후 10년간 VM웨어는 시장의 85%를 차지해왔다. VM웨어는 시장의 첫 진입 주자로서의 이점을 활용해 다른 가상화 벤더가 뒤따라오는 많은 기술과 기능들을 개발해왔다. 이런 기능들은 곧 설명하기로 하고 여기서는 먼저 ESX에 대해 좀 더 살펴보자. 그림 2.8은 VM웨어 ESXi의 간략화된 아키텍처다.

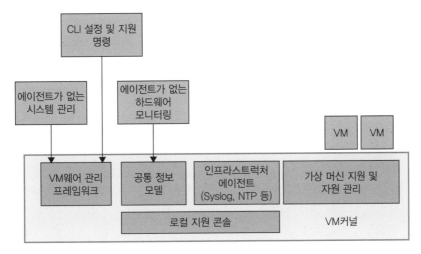

그림 2.8 ESX 아키텍처

공식적으로는 ESX와 GSX로만 알려져 있지만 ESX는 Elastic Sky X에서, GSX는 Ground Storm X에서 유래했다는 이야기가 있다.

VM커널은 가상 머신을 지원하도록 하드웨어와 자원을 관리하기 위한 모든 프로세스를 포함한다. 또한 시간 관리와 로깅, VM웨어 관리 툴과의 통합, 그리고 하드웨어 드라이버와 하드웨어 모니터링 툴 같은 인증된 써드파티 모듈 등의 인프라스트럭처 서비스 역시 VM커널에서 실행된다. 이 모델이 VM웨어와 다른 솔루션의 가장 큰 차이점 중 하나다.

VM웨어가 가장 먼저 시작했기 때문에 다른 경쟁사 솔루션에는 초기 단계이거나 없는 기능들을 VM웨어는 성숙된 단계로 발전시킬 수 있었다. 2003년에 소개된 V모션은 실행 중인 가상 머신을 운영체제나 애플리케이션을 중단시키지 않고 다른 물리적 호스트로 마이그레이션할 수 있다. 투명한 페이지 공유와 메모리 벌루닝ballooning은 메모리 사용을 효율적으로 하기 위한 기술의 예다. 고가용성과 장애 감내fault tolerance 기능은 부가적인 소프트웨어 솔루션 없이도 가상 머신의 업타임uptime을 향상시켜준다. 이것들은 VM웨어 ESX에서 제공하는 여러 기능 중 단지 일부일 뿐이다.

이제 보게 되겠지만 경쟁사들도 ESX의 핵심 기능을 제공 및 개발하고 있다. 하지만 VM웨어는 ESX의 핵심 기능을 더 추가하고 강화할 뿐만 아니라 관리 기능과 보안, 가용성에 대한 다양하고 강력한 솔루션을 제공하고 있다.

시트릭스 젠

젠 하이퍼바이저는 1990년 캠브릿지Cambridge 대학에서 진행된 분산 컴퓨팅을 위한 효율적인 플랫폼 연구 개발 프로젝트에서 시작됐다. 2002년에 코드를 오픈소스 프로젝트로 만들어 누구나 기능을 개선할 수 있게 했고, 2004년에는 젠소스XenSource가 설립돼 젠 하이퍼바이저를 상용화했지만 오픈소스 프로젝트는 지금까지 유지되고 있다. 2005년에는 레드햇RedHat과 노벨Novell, 썬Sun이 모두 젠 하이퍼바이저를 자신들의 솔루션에 포함시켜 젠이 주류에 합류하게 했다. 2년 후 시트릭스시스템이 자신들의 애플리케이션 배포 솔루션을 강화하기 위해 젠소스를 인수했다. 그림 2.9는 젠 아키텍처다.

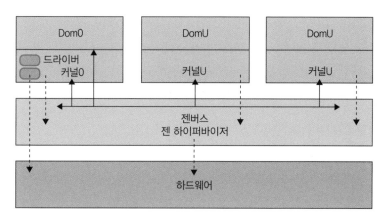

그림 2.9 젠 하이퍼바이저 아키텍처

이 하이퍼바이저는 베어메탈 솔루션으로 하드웨어에 직접 설치하지만 VM웨어 아키텍처와는 좀 다른 차이점을 갖고 있다. 젠 모델에는 도메인 0(Dom0이라고 불린다.)라고 하는 특수한 게스트가 있다. 이 게스트는 하이퍼바이저를 부팅할 때 같이 부팅되며 다른 게스트와는 다른 관리 권한을 갖는다. 이 게스트는 하드웨어를 직접 액세스할 수 있어 모든 게스트의 I/O를 처리한다. 또한 하드웨어 디바이스 드라이버 지원도 처리한다. 다른 게스트가 하드웨어 리소스를 요청하면 이 요청은 하이퍼바이저를 통해 Dom0 게스트에게 간 후 리소스로 전달된다. 이 자원에 대한 결과는 반대의 경로를 통해 게스트에게 전달된다.

Dom0 게스트 운영체제를 사용하는 것은 가용성에 영향을 끼친다. 운영체제 패치를 해야 하는 경우 Dom0를 재부팅하면 패치가 가상화 기능과 관련이 없다고 해도 모든 게스트가 중단된다. Dom0 역시 게스트이기 때문에 자원을 사용하고 다른 게스트와 자원을 경쟁하기 때문에 Dom0가 리소스가 부족하거나 게스트 리소스를 사용하게 되면 성능 문제가 발생할 수 있다.

이 비교의 목적은 어느 솔루션이 더 우세한지를 따지려는 것이 아니다(어떤 사람들에게 이런 논쟁은 보스턴 레드삭스가 좋은지, 뉴욕 양키즈가 좋은지를 따지는 것과 같다). 대신 어떤 문제를 해결하는 데에는 여러 가지 방법이 있다는 것을 보여주기 위한 것이다. 어떤 솔루션이 독자의 문제를 해결한다면 이것이 독자에게 맞는 방

법이다. 젠은 오픈소스 솔루션인 동시에 시트릭스 젠서버로 확장되며 많은 지지
자를 갖고 있다. 그러나 이 책을 쓰는 시점에서 시장점유율은 5% 미만이며 대부
분 그들의 가상 데스크톱 솔루션과 함께 배치돼 있다.

마이크로소프트 하이퍼-V

마이크로소프트는 커넥틱스^{Connectix}를 몇 년 전에 인수한 후 버추얼 서버^{Virtual Server}
2005를 시작으로 가상화 분야에 진출했다. GSX처럼 버추얼 서버는 타입 2 하이
퍼바이저이며 무료로 사용할 수 있다. 마이크로소프트 하이퍼-V는 2008년에 윈
도우 서버 2008 운영체제의 설치 가능한 파트로 출시됐다. 그림 2.10은 하이퍼-V
의 아키텍처다.

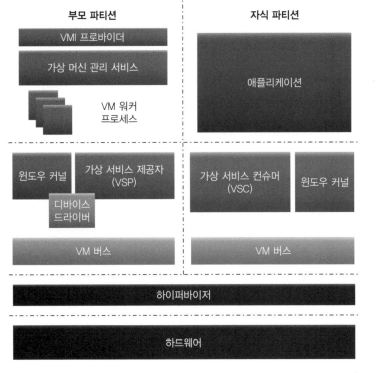

그림 2.10 마이스로소프트 하이퍼-V 아키텍처

하이퍼-V는 하이퍼바이저 코드가 하드웨어 위에 있기 때문에 타입 1 하이퍼바이저다. 그러나 이름이 약간 다른데, 가상화 워크로드를 게스트가 아닌 파티션^{partition}이라 한다. 젠 모델과 유사하게 특수 부모 파티션을 사용해 하드웨어 리소스에 액세스한다. Dom0처럼 부모 파티션이 운영체제를 실행한다(여기서는 윈도우 서버 2008). 이 파티션은 자식 파티션을 만들고 관리하며 시스템 관리 기능과 디바이스 드라이버를 다룬다. 젠서버와 비슷한 모델을 사용하기 때문에 패치와 자원 경쟁 부분에서 같은 취약성을 갖는다.

가상화에 뒤늦게 진입했지만 마이크로소프트는 약 10%의 점유율을 갖고 있다. 다른 솔루션에 비해 기능이 부족하지만 마이크로소프트는 공격적인 라이선싱과 패키징을 통해 그들의 기존 사용자에게 하이퍼-V의 채택을 권장하고 있다. 이것은 마이크로소프트가 이전에 운영체제와 웹브라우저 솔루션 분야에서 종종 사용하던 전략이다.

다른 솔루션

앞의 세 솔루션 외에도 가상화 벤더와 솔루션이 많이 있으며 어떻게 그룹화를 하느냐에 따라 시장에서 1~5%의 점유율을 차지하고 있다. 대부분은 오픈소스 젠 코드를 기반으로 하고 있으며 여러 솔루션 공급자들이 이를 강화하고 업데이트한 것이다.

오라클은 자체적으로 개발하거나 인수한 많은 솔루션을 갖고 있다. 2007년에 소개된 오라클 VM은 베어메탈^{bare-metal} 하이퍼바이저로 오픈소스 젠 코드를 기반으로 한다. 2009년 오라클은 또 다른 젠 기반 하이퍼바이저 솔루션인 버추얼 아이언^{Iron}을 인수해 기존의 오라클 VM과 통합했다. 2010년 오라클이 썬 마이크로시스템즈를 인수하며 썬이 개발하거나 인수한 많은 가상 솔루션을 갖추게 됐다. 여기에는 솔라리스 존과 개발자들에게 인기 있는 x86 버추얼박스^{VirtualBox}가 포함된다. 버추얼박스는 오라클 VM 버추얼박스로 이름이 변경됐다. 오라클은 시장에 뒤늦게 진입했고 너무 많은 솔루션으로 인해 사용자에게 혼동을 가져와 시장의 주류가 되지는 못했다. 이 솔루션의 사용자는 오라클의 강력한 지지자들이다.

레드햇은 여러 번의 변화를 겪은 솔루션이다. 처음에는 그들의 오픈소스 솔루션 비즈니스 모델과 딱 맞았기 때문에 오픈소스 젠 코드를 사용했다. 2008년에 레드햇은 쿰라넷Qumranet과 그들의 커널 기반 가상 머신(KVM)을 인수했다. KVM은 리눅스처럼 같은 이름의 오픈소스 프로젝트를 기반으로 하고 있다. 최신 레드햇 엔터프라이즈 리눅스(RHEL)는 KVM과 젠 가상 기술을 모두 지원한다. 레드햇은 2014년까지 젠을 지원할 것이지만 KVM이 자신들의 미래 방향이라고 밝혔다. 오라클처럼 KVM 역시 사용자는 많이 없으며 레드햇을 사용하는 사용자에 제한 돼 있다.

이것 외에도 많은 상용 x86 서버 가상 솔루션이 있다. 역사를 통해 보면 이런 솔루션 벤더들은 마켓 리더에게 인수되거나 시장점유율을 유지하지 못해 자금 사정이 안 좋아지며 망하게 된다. 어쨌든 IT 산업을 개혁하는 기술의 탄생과 발전, 변화를 지켜보는 것은 매우 흥미롭다.

요점 정리

하이퍼바이저는 가상화의 접착제 역할을 한다. 하이퍼바이저는 가상 게스트를 물리적 세계로 연결해주고 그들이 관리하는 리소스의 로드 밸런스를 관리한다. 그들의 주요 기능은 물리적 디바이스를 추상화하고 게스트의 모든 I/O 요청을 중간에서 다루는 것이다. 하이퍼바이저와 하드웨어 사이에 운영체제가 있느냐 없느냐에 따라 두 가지 종류로 나뉜다. 두 종류모두 사용하는 용도가 다르다. 가상 솔루션 시장은 현재 성장하고 있으며 여러 솔루션 회사가 점유율을 끌어올리기 위해 경쟁하고 있다. 이 경쟁에서 이기는 회사가 데이터센터 컴퓨팅을 이끌 것이며 콘텐츠 공급자를 지원하고 클라우드 컴퓨팅의 기반이 될 것이다.

연습 문제

▶ 인터넷에서 타입 2 하이퍼바이저 솔루션 네 개를 찾아보자. 그들이 가진 차별성은 무엇이며 어떤 것을 왜 택할 것인지 설명하라.

▶ 가상화에 하이퍼바이저를 사용하는 것은 하이퍼바이저 기술의 한 가지 사용 예일 뿐이다. 오늘날 스마트 디바이스에 있는 마이크로프로세서와 함께 하이퍼바이저와 다수의 게스트를 사용하는 영역은 무엇인가?

▶ 기업은 실제 현실의 예산과 경험 등의 제약 조건에 기반해 원하는 것과 필요한 것의 균형을 맞춰야 한다. 비용에 비해 많은 기능을 가진 저렴하면서도 '충분한' 가상화 솔루션을 원하는 매니저를 어떻게 만족시킬 것인가? 좀 더 비싸고 더 많은 기능을 가진 가상화 솔루션을 사용해 다른 비용을 절약하고 좋은 솔루션을 갖추길 원하는 매니저는 어떻게 설득할 것인가?

가상 머신의 이해

가상 머신은 가상화의 근원을 이루는 요소다. 가상 머신은 물리적 서버의 하이퍼바이저에서 실행되는 기존의 운영체제와 애플리케이션의 컨테이너다. 가상 머신의 내부는 물리적 서버와 매우 유사하다. 그러나 외부는 매우 다르다. 3장에서는 이런 차이점을 살펴보고 가상 머신이 물리적 서버와 연계해 어떻게 동작하는지를 중점적으로 다룬다. 그리고 기초적인 가상 머신 관리 방법도 다룬다.

▶ 가상 머신 설명
▶ 가상 머신의 동작 방법
▶ 가상 머신 사용하기

가상 머신 설명

가상 머신^{Virtual Machine}은 VM이라고도 하는데 물리적 서버와 같은 특징을 많이 갖고 있다. 실제 서버처럼 VM은 운영체제를 지원하고 VM에서 실행되는 애플리케이션이 액세스할 리소스들을 갖고 있다. 물리적 서버(한 번에 한 운영체제만 실행되고 관련 있는 몇 개의 애플리케이션만을 운영하는)와는 다르게 하나의 물리적 서버에서 여러 VM이 실행되며, 이 VM은 다른 종류의 운영체제를 실행할 수 있기 때문에 다양한 애플리케이션을 지원할 수 있다. 또한 물리적 서버와는 다르게 VM은 가상 서버를 구성하고 기술하는 파일의 묶음일 뿐이다.

VM을 구성하는 주요 파일로는 설정 파일과 가상 데이터 파일이 있다. 설정 파일은 VM이 사용하는 리소스를 기술한다. 이 파일에는 특정 VM을 구성하는 가상 하드웨어의 목록이 있다. 그림 3.1은 가상 머신을 간략화한 모습이다. 가상 머신을 빈 서버로 생각하면 설정 파일은 CPU, 메모리, 스토리지, 네트워크, CD 드라이브 등과 같이 이 서버에 어떤 하드웨어 디바이스가 있는지 알려준다. 가상 머신을 새로 만드는 과정에서 보게 되겠지만, 이것은 공장에서 서버를 만드는 과정과 같다(가상의 기계가 소프트웨어가 지시하기를 기다리고 있다). 4장, '가상 머신 만들기'에서 이 과정을 다룰 것이다.

그림 3.1 가상 머신

가상 머신은 여러 하드웨어 리소스에 액세스할 수 있지만 그들의 관점에서는 이 디바이스가 가상이라는 것을 알지 못한다. VM이 다루는 가상 디바이스는 표준 디바이스다(다시 말해 각 가상 머신 안에서는 동일하며, 따라서 여러 하드웨어 플랫폼 간에 그리고 가상화 솔루션과 3장의 후반에서 보겠지만 벤더 솔루션 간에도 호환성이 있다). 가상 머신에서는 물리적 머신에서처럼 여러 종류의 주변기기를 원하는 양만큼 설정할 수 있다. 이 책의 많은 부분에서는 이런 물리적 디바이스를 설정하고 다루는 방법을 살펴본다. 그러나 가상 머신을 이해하는 데 중요한 것은 VM을 보는 두 가지 관점(내부와 외부)이 있다는 것이다.

가상 머신 외부에서는 호스트 서버의 구성화 설정을 보게 된다. VM웨어 퓨전^{Fusion} 또는 패러럴즈 데스크톱, VM웨어 워크스테이션을 실행하는 랩톱, 또는 VM웨어 v스피어^{Sphere}, 시트릭스 젠서버를 실행하는 델이나 HP, IBM, 시스코의 고성능 엔터프라이즈급 서버일 수도 있다. 사용자가 액세스하는 리소스는 시스템의 모든 디바이스다.

가상 머신 내부에서는 물리적 서버 내부에서와 관점이 동일하다. 운영체제나 애플리케이션이 볼 때는 스토리지와 메모리, 네트워크, 프로세싱 모두 사용 가능하게 보인다. 윈도우를 사용해 시스템을 살펴보기 위해 제어판^{Control Panel} 유틸리티를 열면 차이점을 거의 못 느낄 것이다. C: 드라이브, D: 드라이브와 같은 스토리지 디바이스도 있고, 네트워크 커넥션도 보이며 동작한다. 시스템 서비스도 실행 중이다. 한 개 이상의 CPU와 메모리가 있으며 CD 드라이브나 모니터, 키보드, 심지어는 플로피 드라이브도 있을 것이다. 그림 3.2와 같이 윈도우 장치 관리자^{Windows Device Manager}에 들어가기 전에는 모든 것이 정상으로 보인다.

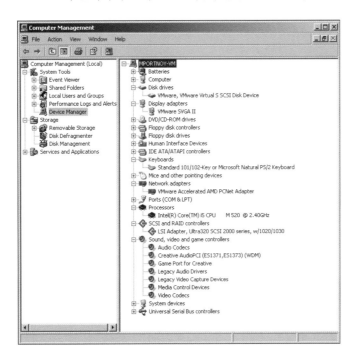

그림 3.2 VM에서의 윈도우 장치 관리자

여기에서 실제와 가상이 갈리는 것을 보게 될 것이다. 네트워크 어댑터와 스토리지 어댑터를 보면 표준 디바이스를 보여준다. 디스플레이 어댑터는 독자의 실제 모니터와 다를 것이다. 이것은 어떤 모니터에서도 동작하도록 만들어진 표준 디바이스 드라이버다. 디스크 드라이브와 DVD/CD 드라이브도 전용 가상 드라이버다. 하이퍼바이저가 가상 머신에게 일반적인 리소스를 제공한 것이다. 5장, '가상 머신에 윈도우 설치하기'에서 자세히 살펴볼 전용 디바이스 드라이버를 설치하면 이것을 좀 더 최적화할 수 있다.

랩톱이나 서버 등 새 컴퓨터를 살 때에는 설정하는 방법이 주요한 선택 결정 사항이다. VM은 물리적 서버와는 다르게 이런 설정들을 손쉽게 변경할 수 있는 기능과 유연함을 제공한다.

가상 머신의 CPU 살펴보기

시스템의 요구사항에 따라 가상 머신에 한 개 이상의 프로세서를 설정한다. 간단한 상황에서는 앞에서 본 것처럼 한 개의 CPU만 설정하기 때문에 VM에서 하드웨어를 검색하면 한 개의 CPU만 보인다. 호스트의 관점에서는 가상 머신에게 호스트의 가용한 CPU 사이클을 가상 머신에게 할당한 것이다. 그림 3.3에서처럼 한 개의 CPU만 설정한 VM은 하나의 CPU 능력만큼만 사이클을 사용하게 된다. 호스트는 특정 VM에게 단독으로 CPU를 할당하지 않는다. 대신 VM이 프로세싱 자원을 요청할 때에 하이퍼바이저가 그 요청을 받아 연산을 스케줄하고 올바른 디바이스 드라이버를 통해 결과를 VM에게 돌려준다.

호스트는 VM보다 많은 CPU를 갖고 있으며 하이퍼바이저가 VM을 위해 프로세서의 시간을 스케줄할 뿐이지, 실제로 CPU를 VM에게 할당하는 것은 아니라는 점을 기억해야 한다. 가상화를 도입하는 가장 큰 이유 중 하나가 통합을 통해 리소스를 좀 더 효율적으로 사용하기 위한 것이며, 전용 CPU를 할당하면 이 목적을 훼손하게 된다. 또 하나 알아야 할 사실은 현재 대부분의 서버는 다중 소켓 CPU를 사용하며 이 소켓은 한 개 이상의 코어를 갖고 있다는 것이다. VM은 코어를 단일 가상 CPU로 본다. 가상화에 대해 더 공부하면 다중 CPU, 다중 코어 VM을 만드는 것도 가능하지만, 이것은 이 책의 범위를 벗어난다. 프로세서 자원의 관리는 7장, '가상 머신의 CPU 관리'에서 설명할 것이다.

그림 3.3 VM의 CPU 설정

가상 머신의 메모리 살펴보기

메모리 또는 RAM은 가상 환경에서 이해하기 가장 쉬운 리소스일 것이다. 물리적 머신에서처럼 가상 머신에서도 충분한 메모리를 확보해야 애플리케이션의 성능을 보장할 수 있다. 그림 3.4에서처럼 가상 머신은 특정 크기의 메모리를 할당받는다. 물리적 머신에 훨씬 더 많은 메모리가 있다고 해도 가상 머신은 이 메모리만 사용할 수 있다. 물리적 머신과는 달리 가상 머신이 더 많은 메모리를 요청하는 경우, 단순히 할당량을 조절하면 VM은 추가 용량을 사용할 수 있고 때에 따라 재부팅하지 않아도 된다. CPU 활용도와 마찬가지로 벤더들은 가용한 물리적 메모리를 최적으로 사용하기 위한 복잡한 메모리 관리 기술을 사용한다. 메모리 자원의 관리와 설정 방법은 8장, '가상 머신의 메모리 관리'에서 다룬다.

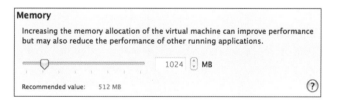

그림 3.4 VM의 메모리 설정

가상 머신의 네트워크 리소스 살펴보기

물리적 네트워크 리소스와 마찬가지로 가상 네트워크는 물리적 세상과 통신하는 방법을 제공한다. 각 가상 머신은 한 개 이상의 네트워크 인터페이스 카드(NIC)를 가지며 각각은 네트워크로의 연결을 나타낸다. 그러나 이 가상 NIC는 호스트 시스템의 물리적 NIC와 연결하지 않는다. 하이퍼바이저는 가상 NIC를 가상 스위치로 구성된 네트워크에 연결하는 가상 네트워크를 만든다. 물리적 NIC는 그림 3.5에서처럼 이 가상 네트워크에 연결된다.

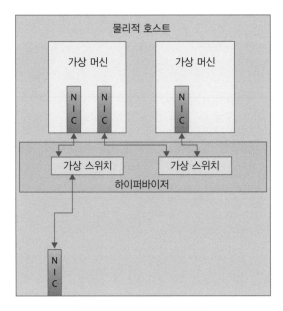

그림 3.5 간략화된 가상 네트워크

이 가상 네트워크는 호스트를 공유하는 가상 머신을 위한 안전한 환경을 만드는 데 매우 중요하다. 보안적인 관점으로 봤을 때 VM 간의 통신은 가상 스위치에서만 일어나고 물리적 호스트를 떠날 수 없다. 만일 두 번째 VM의 가상 NIC가 가상 스위치에 접속하고 이 스위치가 물리적 NIC에 연결돼 있지 않으면, 이 VM과 통신할 수 있는 방법은 첫 번째 VM을 통해 외부 세계와 VM 간에 보호 버퍼를 만드는 것이다. 세 번째 VM이 같은 가상 스위치에 연결되지 않으면 이 보호된 VM

에 액세스할 수 없다. 그림 3.6은 가상 네트워크를 물리적 네트워크에 연결하는 것을 보여준다. 네트워크 리소스의 관리와 설정 방법은 10장, '가상 머신의 네트워크 관리'에서 살펴본다.

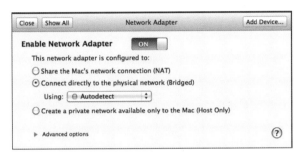

그림 3.6 VM의 네트워크 리소스

가상 머신의 스토리지 살펴보기

가상 서버가 동작하기 위해서는 스토리지가 필요하다. 그리고 지금까지 살펴본 다른 리소스와 마찬가지로 실제 가상 서버에게 공급된 것과 가상 서버가 공급받았다고 생각하는 것 간에는 매우 큰 차이가 있다. 그림 3.7과 같이 윈도우를 실행하는 가상 머신이 C: 드라이브와 D: 드라이브를 보고 있다. 실제로 이 '드라이브'는 공유 스토리지 디바이스에서 할당된 디스크 공간일 뿐이며 하이퍼바이저가 VM에 어떻게 보일지를 관리한다.

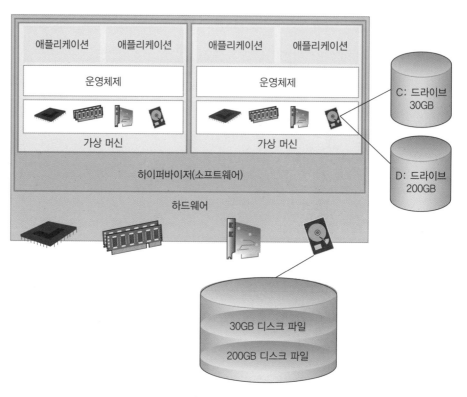

그림 3.7 가상 머신 스토리지

그림 3.8은 가상 머신이 보게 될 스토리지다. 가상 머신이 가상 SCSI 디스크 어댑터와 통신할 때에 하이퍼바이저가 물리적 스토리지와의 데이터 블록 전송을 처리한다. 실제 호스트와 스토리지의 연결이 로컬 디스크든 스토리지 영역 네트워크(SAN)든 이것은 가상 머신에게는 추상화된다. 가상 머신은 파이버 채널 또는 iSCSI, 네트워크 파일시스템(NFS)을 사용하는지 몰라도 된다. 이것은 호스트가 설정하고 관리하기 때문이다. 스토리지 자원에 대해서는 9장, '가상 머신의 스토리지 관리'에서 더 자세히 살펴볼 것이다.

그림 3.8 VM의 스토리지 리소스

가상 머신의 동작 방법

가상화가 동작하는 방법을 설명하는 한 가지 방법은 하이퍼바이저가 기존 운영체제를 하드웨어와 분리시킨다고 말하는 것이다. 하이퍼바이저는 가상 게스트의 리소스 전송자이자 조절자다. 하이퍼바이저는 게스트 운영체제가 하이퍼바이저를 실제 하드웨어라고 믿게 한다. 가상 머신의 동작 방식을 이해하기 위해서는 가상화의 동작 방법에 대해 좀 더 자세히 알아야 한다.

너무 멀리 갈 것도 없이 네이티브 운영체제가 하드웨어를 어떻게 관리하는지 알아보자. 그림 3.9는 이 과정을 보여준다. 어떤 프로그램이 디스크의 파일에 있는 데이터가 필요해 C의 fgets()와 같은 프로그램 언어 명령어를 통해 요청을 수행하면 이는 운영체제에 전달된다. 운영체제는 파일시스템 정보를 갖고 있으며 이 요청을 적합한 디바이스 관리자에게 보낸다. 디바이스 관리자는 물리적 디스크 I/O 컨트롤러와 스토리지 디바이스를 사용해 요청한 데이터를 검색한다. 이 데이터는 I/O 컨트롤러와 디바이스 드라이버를 통해 다시 전달되고 운영체제가 요청한 프로그램에게 전달한다. 데이터 블록뿐만 아니라 메모리 블록의 전송, CPU 스케줄링, 네트워크 자원 등도 요청된다. 동시에 다른 프로그램도 요청하며 이런 과정을 잘 처리하는 것이 운영체제가 할 일이다.

그림 3.9 데이터 요청

보안 기법이 x86 아키텍처에 구축돼 있다. 이 기능은 악성 시스템 콜이 애플리케이션이나 운영체제를 위협하는 것을 막는다. x86 프로세서 아키텍처는 프로세서 명령어가 실행될 수 있는 네 단계 형태로 보호를 제공한다. 이 단계는 링ring이라고 한다. 링 0는 가장 권한을 많이 가진 링으로 운영체제 커널이 동작한다. 보통 링 1과 2는 디바이스 드라이버가 실행되며, 링 3는 가장 보호되는 구간으로 애플리케이션을 실행한다. 실제로 링 1과 링 2는 거의 사용되지 않는다. 애플리케이션은 프로세서 명령을 직접 실행할 수 없다. 이런 요청은 시스템 콜을 사용해 전달돼 애플리케이션을 대행해 실행되거나 요청이 제한사항을 위배하는 경우 에러를 발생시킨다.

시스템 프로그램이 하드웨어 상태에 영향을 주고자 하면 링 0의 명령을 실행한다. 셧다운 명령이 이런 명령의 예다. 하이퍼바이저는 링 0에서 동작하며 게스트의 운영체제는 그들이 링 0에서 동작하고 있다고 믿는다. 게스트가 셧다운을 요청하면 하이퍼바이저가 이 요청을 가로채고, 게스트에게 셧다운이 진행 중이라고 알려줘 운영체제가 소프트웨어 셧다운을 수행하도록 한다. 하이퍼바이저가 이 명령을 가로채지 않으면 게스트가 호스트의 다른 모든 게스트의 자원과 환경에 직접 영향을 끼칠 수 있으며, 이는 포펙과 골드버그의 고립 규칙에 위배된다.

　　네이티브 운영체제가 동시에 여러 프로그램의 자원 요청을 처리하듯이 하이 퍼바이저는 한 레이어를 더 추상화해 여러 운영체제의 요청을 관리한다. 어떤 점에서 하이퍼바이저는 운영체제를 하드웨어에서 분리시키지만 리소스 요청을 균등하고 시기 적절하게 처리하고자 한다. 프로세싱에 대한 추가적인 레이어를 더 두기 때문에 애플리케이션의 성능에 상당한 부담을 줄 것으로 생각할 수 있다. 그러나 그렇지 않다. 최근에는 매우 최적화된 알고리즘을 사용해, 계속해서 변화하고 복잡한 게스트에서 하이퍼바이저, 호스트로의 I/O 흐름을 큰 오버헤드 없이 처리한다. 물리적 환경에서처럼 가상 환경의 시간 성능 이슈는 필요한 자원을 애플리케이션에게 올바로 공급하는 것에 달려 있다.

가상 머신 사용하기

가상 머신은 가상 머신의 설정을 구성하는 파일과 VM을 시작했을 때 생성되는 메모리의 VM 인스턴스라는 두 가지 물리적 엔터티로 존재한다. 여러 가지 면에서 가상 머신을 사용하는 것은 실제 물리적 서버를 사용하는 것과 매우 유사하다. 물리적 서버처럼 네트워크 연결이나 여러 애플리케이션을 통해 환경을 로드하고 관리, 모니터링함으로써 서버와 상호작용할 수 있다. 또한 기능과 용량을 더하거나 제거해 하드웨어 구성을 변경할 수도 있으며 물리적 서버보다 훨씬 유연하게 처리할 수 있다.

　　실제 VM을 사용하는 방법은 다음 장에서 다루기로 하고, 여기에서는 VM이 데이터 파일로 존재한다는 사실이 왜 VM을 관리하고 유지하는 데에 있어서 핵심 요인인지 설명한다. 컴퓨터가 등장한 이후로 줄곧 파일은 정보를 저장하는 방법이었다. 오랜 역사를 가지고 있기 때문에 파일을 관리하는 것은 어느 정도 일상적인 일이다. 누군가 스프레드시트를 한 곳에서 다른 곳으로 옮겨야 한다면, 파일을 옮기면 된다. 문서에 대한 백업이 필요하면 파일을 복사하고 이 파일을 보관을

위한 다른 디바이스에 옮긴다. 프레젠테이션을 만들어 다른 프레젠테이션의 기본
자료로 사용하고 싶으면 이 프레젠테이션을 쓰기 금지로 만들고 다른 사람이 복
사할 수 있게 하면 된다. 이런 파일의 공통 속성을 사용하면 가상 머신에 대해 매
우 놀라운 작업을 할 수 있다.

가상 머신 복제 이해하기

서버 공급은 시간과 인력, 비용 면에서 상당한 자원을 소비한다. 서버 가상화 이
전에는 물리적 서버를 주문하고 인수하는 데까지 몇 주 또는 몇 달이 걸렸으며,
비용은 수천 달러가 필요했다. 서버가 도착하면 추가적인 공급 시간이 또 필요하
다. 서버 관리자는 운영체제 로딩, 운영체제의 패치 적용, 추가 스토리지 설치, 기
업 툴 및 인프라스트럭처 관리를 위한 애플리케이션 설치, 네트워크 정보 설정,
인프라스트럭처와 네트워크의 연결 등 꽤 많은 잡일을 수행해야 한다. 최종적으
로 실제 애플리케이션을 설치하고 설정하기 위해 서버를 애플리케이션 팀에게 전
달한다. 부가적인 공급 시간은 설치해야 할 것들의 복잡성 그리고 프로세스를 완
료하기 위한 조직 메커니즘에 따라 며칠 또는 더 오래 걸린다.

　가상 머신은 이와 반대다. 새로운 서버가 필요하면 그림 3.10에서처럼 기존의
서버를 복사하면 된다. 기존 서버를 구성하는 파일을 복사하는 것 이외의 일은 거
의 필요하지 않다. 사본을 만들면 게스트 운영체제를 인스턴스화하기 전에 시스
템 이름과 IP 주소 등 고유의 시스템 정보를 부여하기만 하면 된다. 이런 정보를
변경하지 않으면 동일한 아이덴티티를 갖는 두 개의 VM이 네트워크와 애플리케
이션 공간에 나타나게 되고 다양한 혼란을 가져올 것이다. 가상 머신 관리 툴에서
복제하는 동안 커스터마이징할 수 있는 기능을 제공하며 몇 번의 마우스 클릭만
으로 수행할 수 있다.

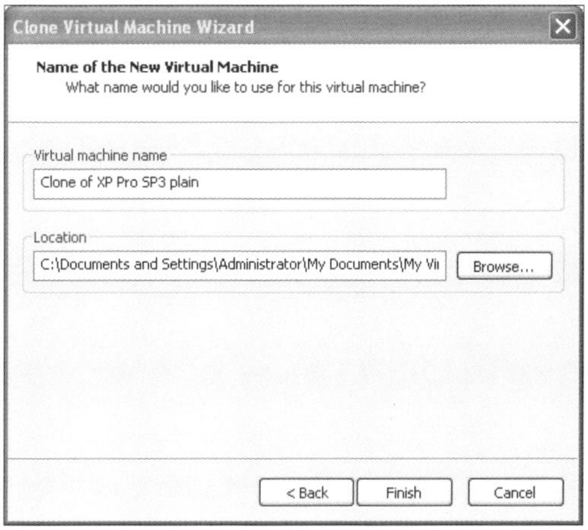

그림 3.10 VM 복제

클론을 요청하는 것은 간단하지만 실제로 파일을 복사하고 게스트 커스터마이징을 수행하는 것은 좀 더 시간이 걸린다. 여러 요인에 따라 몇 분 또는 몇 시간까지 걸릴 수 있다. 그러나 인수하고 설정하는 데 몇 주 이상이 걸리는 물리적 서버의 공급 과정과 비교하면 가상 머신은 수분 내에 만들고 설정하고 공급할 수 있어 인력과 비용 면에서 크게 절약할 수 있다. VM 복제는 11장, '가상 머신 복사하기'에서 더 자세히 다룬다.

템플릿의 이해

복제와 더불어 가상 머신 템플릿은 완전히 설정된 가상 서버를 빠르게 공급하기 위한 또 다른 기법이다. 템플릿은 공통으로 사용되는 서버의 복사본을 만들어내는 데 사용하는 미리 설정되고 미리 로드된 가상 머신이다. 그림 3.11에서는 이 기능을 활성화하기 위한 템플릿 모드 활성화Enable Template mode 체크 버튼이 있다. 템플릿과 클론의 차이는 클론은 운영 중이지만 템플릿은 그렇지 않다는 것이다. 대부분의 환경에서 템플릿은 실행할 수 없으며 어떤 변경을 하기 위해서는(예를 들어 패치 적용) 템플릿을 먼저 가상 머신으로 변경해야 한다. 그런 후 가상 머신을 실행해 필요한 패치를 적용한 후 셧다운하고 다시 VM을 템플릿으로 변경한다. 복제에서처럼 템플릿에서 VM을 만들기 위해서는 새로 만들어진 가상 머신에 적용할 고유 아이덴티티가 필요하다. 복제와 마찬가지로 템플릿에서 새로운 가상 머신을 만드는 시간은 물리적 서버를 구축하고 공급하는 시간보다 몇 배는 짧다. 복제와 달리 VM을 템플릿으로 만들 때는 이 VM이 없어진다.

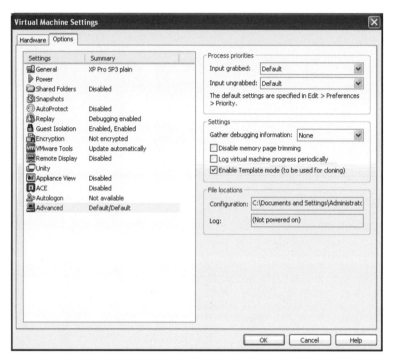

그림 3.11 템플릿에서 VM 만들기

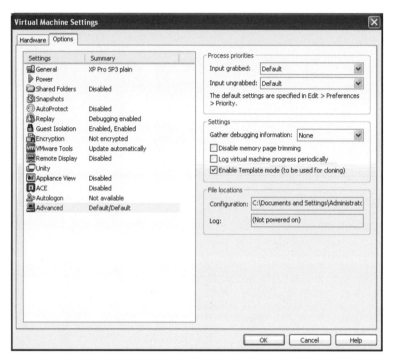

시스코는 통합 통신(Unified Communications) 솔루션을 미리 구축된 다운로드로 제공한다. 오라클도 피플소프트와 시벨(Siebel), 오라클 E-비즈니스, 웹로직, 오라클 데이터베이스 등 현재 30개 이상의 다운로드 가능한 템플릿을 제공하고 있다.

템플릿은 운영체제가 설치된 가상 머신으로 구성된 '빈' 가상 머신을 만드는 것 이상의 일을 한다. 템플릿은 애플리케이션이 설치되고 설정된 VM을 제공하는 데 사용할 수도 있다. 사용자가 필요한 프로그램이 있다면 애플리케이션을 제공하는 미리 만들어진 템플릿에서 VM을 만들어 즉시 사용하도록 제공할 수 있다. 실제로 여러 애플리케이션 벤더들이 자신들의 애플리케이션을 가상 머신 템플릿으로 만들어 다운로드를 통해 수 분 내에 배치할 수 있도록 제공하고 있다. 템플릿은 11장에서 좀 더 자세히 다룬다.

스냅샷의 이해

스냅샷snapshot은 단어의 뜻 그대로 특정 시점의 VM의 상태를 캡처하는 것이다. 스냅샷은 VM에 어떤 변경을 수행해 VM에 문제가 발생했을 경우 실행 취소undo함으로써 쉽게 이전 상태로 돌아갈 수 있게 해준다. 그림 3.12는 스냅샷이 동작하는 방법을 보여준다. VM의 스냅샷을 만들면 VM에 대한 변경은 가상 머신에 적용되지 않는다. 대신 델타delta 디스크 또는 차일드child 디스크에 적용된다. 이 델타 디스크는 스냅샷을 끝내게 되는 다른 스냅샷 또는 통합이 발생할 때까지 모든 변경사항을 누적해 저장한다. 만일 다른 스냅샷을 만들면 두 번째 델타 디스크가 만들어지고 이후의 모든 변경사항은 이곳에 기록된다. 통합을 수행하면 델타 디스크의 변경사항이 베이스 가상 머신 파일과 합쳐져 업데이트된 VM이 만들어진다.

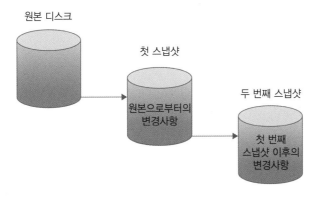

그림 3.12 스냅샷 디스크 체인

　스냅샷을 만든 이후에 발생된 모든 변경사항을 되돌려 스냅샷을 만든 시점 이전으로 VM의 상태를 되돌릴 수 있다. 스냅샷은 개발자가 위험하거나 알려지지 않은 작업을 수행할 때에 그들의 환경을 이전의 상태로 되돌릴 수 있기 때문에 테스트나 개발 영역에서 매우 유용하게 사용된다. 스냅샷은 결과를 확신할 수 없는 패치나 업데이트를 테스트할 때 적용사항을 쉽게 되돌릴 수 있다. VM에 여러 개의 스냅샷을 적용하는 것도 가능하지만 너무 복잡해지거나 운영 시스템의 성능이 저하될 수 있다. 11장에서 스냅샷을 좀 더 살펴보기로 한다.

OVF 표준의 실체는 분산 관리 태스크 포스(DMTF, Distributed Management Task Force)다. 이 표준은 생긴지 얼마 되지 않았으며 아직 발전하고 있다. 자세한 내용은 www.dmtf.org를 참고하라.

OVF 이해하기

가상 머신을 패키지화하고 배포하는 또 다른 방법으로는 공개 가상화 포맷$^{OVF, Open Virtualization Format}$을 사용하는 것이 있다. OVF는 가상화의 여러 분야에 속한 주요 벤더들로 구성된 그룹에서 만든 표준이다. 이 표준의 목적은 가상 머신을 쉽게 가상화 플랫폼 간에 전환할 수 있는 여러 파일로 묶는 플랫폼과 벤더 독립적인 포맷을 만드는 것이다. 대부분의 가상화 벤더가 가상 머신을 OVF로 익스포트하는 기능을 제공하며 OVF VM을 자신의 포맷으로 가져오는 기능도 제공한다.

OVF 표준은 가상 머신을 패키지하는 두 가지 방법을 제공한다. OVF 템플릿은 가상 머신을 표현하는 많은 파일을 만들고 가상 머신 자체도 많은 파일로 구성된다. OVF 표준은 OVA라는 두 번째 포맷도 지원하는데, 이는 모든 정보를 하나의 파일로 캡슐화한다. 사실 이 표준에서는 'OVF 패키지를 TAR 포맷으로 하나의 파일로 저장할 수 있다. 이 파일의 확장자는 .ova가 될 수 있다(공개 가상 어플라이언스 또는 애플리케이션).'라고 말하고 있다.

가상 어플라이언스

다른 기술적인 개념들과 마찬가지로 가상 어플라이언스 역시 정의하는 사람에 따라 다양한 가상 머신 배치를 말하고 있다. 처음에 이 용어는 운영체제와 특정 기능을 위해 미리 설치하고 설정한 애플리케이션을 가진 특수 가상 머신을 가리켰다. 사용자는 어플라이언스를 튜닝하거나 설정하는 데 제약이 있었으며 업그레이드하거나 패치를 적용하기 위해서는 VM에서 작업하는 것이 아니라 전체 어플라이언스를 다운로드해 대체해야 했다. BEA의 리퀴드(Liquid) VM은 이런 예로서 최적화된 웹로직(WebLogic) 애플리케이션 서버 환경을 제공했다. 이후 용어의 정의가 운영체제와 애플리케이션이 설치된 일반적인 가상 머신까지 포함하게 됐다. 하지만 이 가상 머신은 사용자가 운영체제 또는 애플리케이션을 설정하거나 튜닝 파라미터를 조절할 수 있었다. 이런 모델은 벤더가 가상 환경에서 자신의 애플리케이션이 수행되도록 지원하며 함께 성장하고 있다.

요점 정리

가상 머신은 하이퍼바이저 위에서 일하는 컨테이너다. 가상 머신은 물리적 호스트보다 훨씬 관리가 용이하며 비용 효과적이고 초기 배치가 신속할 뿐만 아니라 구성을 변경하기도 쉽다. 기존의 서버 리소스를 같은 인터페이스와 동작 방식으로 VM에서 모두 사용할 수 있으며 가상화는 물리적 서버에서 가능하지 않았던 부가적인 옵션도 더 제공한다. 애플리케이션 벤더는 고객이 다운로드하고 배치할 수 있도록 가상 어플라이언스를 공급하고 있다. 업계 표준인 OVF 포맷은 벤더와 플랫폼 간에 호환성을 갖도록 미리 구축하고 설정한 서버와 애플리케이션을 패키지화하고 배포할 수 있다.

연습 문제

▶ 가상 머신에 비해 물리적 서버가 갖는 장점은 무엇인가? 이런 물리적 서버의 장점을 상쇄하기 위해서는 가상 머신이 어느 정도의 비용 절감과 관리상의 장점을 제공해야 하는가?

▶ 인터넷을 사용해 다운로드할 수 있는 가상 어플라이언스의 종류와 개수를 조사하라. 어떤 포맷으로 사용할 수 있는가? 모두 OVF 포맷을 지원하는지 알아보고 그 이유는 무엇인지 설명하라.

▶ OVF 표준 문서를 조사하라. OVF 표준을 따르기 위해 VM 파일에 필요한 사항은 무엇인가? 이 요구 조건들이 간편한가, 아니면 복잡한가?

가상 머신 만들기

가상 머신은 오늘날 데이터센터의 빌딩 블록^{building block}이다. 인프라스트럭처가 준비되면 워크로드로 채우는 작업을 시작한다. 가상 머신을 만드는 방법으로는 피지컬 투 버추얼^{physical-to-virtual}(P2V) 방법과 처음부터 설치하는 방법이 있다. 이 두 가지 방법을 설명하고 두 번째 방법으로 VM을 만들어본다.

- ▶ P2V 변환 수행
- ▶ 환경 로딩
- ▶ 새 가상 머신 만들기

P2V 변환 수행

가상화 기술과 기업에서 이런 기술을 사용하게 된 것이 갑작스럽게 생겨난 일은 아니다. 오늘날 가상 머신이 증가하고 있지만 데이터센터에는 여전히 수백만 개의 물리적 서버가 애플리케이션을 운영하고 있다. 그리고 새로운 워크로드의 많은 부분이 물리적 서버에 배치되고 있다. 데이터센터 관리자가 가상화를 도입할 때에는 두 가지 전략이 있다.

첫 번째는 봉쇄^{containment}다. 봉쇄는 새로운 애플리케이션 워크로드를 가상 머신으로 배치해 추가적인 물리적 서버가 필요하지 않게 하고, 가상 인프라스트릭처를 확장할 때에만 물리적 서버를 배치하는 것을 말한다. 이것에 대해서는 가상 머신을 만드는 방법을 설명할 때에 좀 더 자세히 다루겠다.

두 번째는 통합consolidation이다. 통합은 기존의 물리적 서버를 하이퍼바이저를 기반으로 실행되는 가상 서버로 만드는 것을 말한다. 1장, '가상화의 이해'에서 봤듯이 수백만 대의 서버가 비즈니스 애플리케이션을 운영 중이다. 가상화가 제공하는 비용 절감 효과를 얻기 위해 기업의 IT 부서는 물리적 서버 워크로드 중 상당히 많은 부분을 가상 인프라스트럭처로 옮겨야 한다. 이를 위해서는 기존의 물리적 서버를 가상 머신으로 변경하는 툴과 방법론이 필요하다.

피지컬 투 버추얼 프로세스

물리적 서버를 가상 서버로 바꾸는 P2V라고 하는 과정에는 많은 단계가 있다. 새로운 가상 머신을 만드는 것이 선호되는 방법이다. 가상 머신을 새로 만들면 최신 운영체제와 패치를 로드할 수 있고, 이전 서버가 애플리케이션과 툴, 운영체제를 설치하고 업드레이드하면서 쌓인 지저분한 것들을 제거할 수 있기도 하다. 또한 가상 머신을 만드는 과정에서 불필요한 물리적 드라이버나 서버 프로세스를 발견할 수도 있다. 새로운 VM을 만드는 과정에서 이런 변경사항이 발생하게 된다.

만일 이런 과정을 여러 대의 서버에 수작업으로 수행한다면 매우 반복적이고 시간을 많이 소비하며 오류가 발생할 여지도 커진다. 작업을 간단하게 하기 위해 많은 벤더들이 기존의 물리적 서버를 가상 머신으로 자동 변환해주는 P2V 툴을 만들었다. 가상 서버를 만들어 운영체제를 설치하는 대신 이 툴이 모든 것을 전부 복사해준다. 관리자가 잘 이해하지 못하는 애플리케이션이나 환경을 운영 중인 오래된 서버의 하드웨어가 고장 나면 곤란해진다. 운영체제의 버전이 더 이상 지원되지 않거나 새로운 플랫폼에서 수행되지 않을 수 있다. 이런 경우 P2V를 사용하면 간단하게 해결할 수 있다. 워크로드를 원래의 상태 그대로 옮기기 때문에 하드웨어가 고장 날 걱정 없이 애플리케이션을 운영해야 하는 기간까지 새로운 플랫폼에서 실행할 수 있다. 또 다른 장점은 애플리케이션을 새로운 운영체제로 옮

대부분의 툴은 P2V 외에 V2P(디버깅을 위해)와 V2V(벤더 하이퍼바이저를 변경하기 위해)를 제공한다. 최근 에디션은 P2C(피지컬 투 클라우드)를 지원하기도 한다.

기지 않아도 되기 때문에 중단을 최소화하고 애플리케이션의 수명과 사용성을 늘릴 수 있게 된다.

P2V 변환의 단점은 장점이 될 수도 있다. P2V는 기존 서버를 가상 머신으로 복사한다. 이 과정에서 물리적 드라이버를 가상 드라이버로 변경하고 네트워크를 재설정하는 등의 변경이 발생하지만 P2V는 결과적으로 소스 서버에 있는 것을 타깃 VM으로 복사한다.

하이퍼바이저 솔루션 벤더 외에도 많은 써드파티 제작사에서 P2V 툴을 제공하고 있다. 다음은 툴의 일부 목록이다.

▶ VM웨어 컨버터Converter
▶ 노벨 플레이트스핀 마이그레이트Platespin Migrate
▶ 마이크로소프트 시스템 센터 VMM
▶ 시트릭스 젠컨버트XenConvert
▶ 퀘스트 소프트웨어 v컨버터
▶ 시만텍 시스템 리커버리

다른 P2V 툴과는 달리 VM웨어 컨버터는 V2P 기능을 제공하지 않는다. 이유를 공식적으로 밝히진 않았지만 V2P는 VM웨어가 추구하는 방향과 정반대다.

핫 클로닝과 콜드 클로닝

P2V를 수행하는 두 가지 방법으로 핫hot 방식과 콜드cold 방식이 있다. 이 두 방법은 각자 장점과 단점을 갖는다. 콜드 변환은 소스 머신의 운영을 중단하고 애플리케이션을 셧다운한 후 진행한다. 따라서 그냥 복사만 하면 된다. 이 두 방식은 유사한 프로세스를 거친다.

▶ 기존 서버가 사용하는 리소스를 결정해 가상 머신에 필요한 리소스의 개수를 결정한다.
▶ 정확한 설정으로 가상 머신을 만든다.
▶ 소스(물리적) 서버에서 타깃(가상) 서버로 데이터를 복사한다.
▶ 변환 후 클린업cleanup과 설정 작업을 수행한다. 이 과정에서 네트워크를 설정

하고 가상 서버에서는 필요하지 않은 애플리케이션과 서비스를 제거한다. 또한 새로운 드라이버와 툴을 설치한다.

핫 클로닝^{cloning}은 이름에서 알 수 있듯이 소스 서버가 부팅해 있고 애플리케이션을 수행 중인 상태에서 복사를 진행한다. 이 방식에서는 소스 머신의 데이터가 계속해서 변경되기 때문에 이런 변경사항이 새 VM에 옮겨졌는지 보장할 수 없다. 이 방식의 장점은 P2V를 수행하기 위해 모든 애플리케이션을 중단하지 않아도 된다는 점이다. 핫 클론은 애플리케이션 중단 없이 P2V를 실행할 수 있게 해준다. 애플리케이션 데이터를 어디에서 액세스하느냐에 따라 더 간단해질 수 있다. 데이터가 서버의 로컬 스토리지가 아닌 SAN에 저장돼 있다면 물리적 서버를 바로 P2V할 수 있으며, 변환 후 작업과 검증을 마치면 물리적 서버를 중단하고 가상 머신에서 그 디스크를 마운트하면 된다. 이렇게 하는 것이 로컬 스토리지의 데이터를 P2V하며 SAN으로 옮기는 것보다 시간이 덜 걸릴 수 있다.

P2V에 걸리는 시간은 데이터의 양에 따라 달라지는데, 이는 가상 머신으로 마이그레이션^{migration}할 디스크의 크기와 직접적인 연관이 있다. 디스크가 많거나 양이 많으면 시간이 더 걸린다. 시간은 매우 다른데 한 시간이 걸리는 경우도 있고 하루가 걸리는 경우도 있다. 그러나 대부분의 시스템은 몇 시간 내로 완료되며, P2V를 병렬로 수행할 수 있다. 벤더와 서비스 제공사는 다년간의 경험을 가지고 있으며, 기업의 운영에 대한 영향을 최소화하면서 수백 대의 마이그레이션을 성공적으로 수행할 수 있다. 최종적으로 데이터센터의 물리적 서버의 개수가 매우 줄어들게 된다.

환경 로딩

가상 머신을 만들고 설정하기 위해서는 워크벤치^{workbench}가 필요하다. 타입 1 하이퍼바이저를 PC에 다운로드해 설치할 수도 있지만, 이것은 이 책의 범위를 벗어날 뿐 아니라 불필요하다. 기존의 환경에 타입 2 하이퍼바이저를 사용해 VM을 만들 수 있는 많은 툴이 있다. 이것의 장점은 필요할 때에 가상 머신을 시작하고 작업을 끝낸 후에는 가상 머신을 셧다운하거나 서스펜드^{suspend}한 후 이전의 일반적인 PC 애플리케이션으로 돌아갈 수 있다는 것이다. 애플리케이션 개발자는 이런 툴을 사용해 좀 더 큰 전용 가상 환경으로 마이그레이션될 가상 머신을 만든다. 다음은 이런 애플리케이션의 목록이다.

- ▶ VM웨어 워크스테이션^{Workstation}
- ▶ VM웨어 플레이어^{Player}
- ▶ VM웨어 퓨전^{Fusion}(매킨토시용)
- ▶ 패러럴즈 데스크톱
- ▶ 버추얼박스(오픈소스)
- ▶ 마이크로소프트 윈도우 버추얼 PC

가상화 워크벤치 툴을 고를 때 고려해야 할 사항은 어떤 운영체제를 사용하는지와 툴에 지불해야 할 것이 무엇인가다. 이 책에서는 대부분 VM웨어 플레이어를 사용하고 플레이어가 제공하지 않는 기능은 VM웨어 워크스테이션을 사용한다. 어도비 아크로뱃 리더를 사용해 다른 사람이 작성한 PDF 문서를 읽을 수 있듯이 VM웨어 플레이어는 가상 머신을 실행할 수 있게 한다. 이 툴을 사용해 VM을 만들 수도 있다. VM웨어 플레이어를 사용하는 이유는 다음과 같다. 우선 공짜로 다운로드할 수 있다. 다음으로는 VM웨어가 시장점유율이 가장 높으며 많이 사용하는 솔루션을 사용하는 것이 유리하기 때문이다. 또한 만일 이 책을 대학교 교재로 사용하는 경우에는 많은 대학에서 마이크로소프트, 레드햇, 시스코, VM웨어와 제휴해 그들의 솔루션을 거의 공짜로 학생에게 제공하고 있기 때문이다. 따라서 VM

◀

예제에서는 윈도우7 SP1 시스템에서 VM웨어 플레이어 4.0.1 버전과 VM웨어 워크스테이션 8.0.1 버전을 사용할 것이다.

웨어 워크스테이션도 학생들이 저렴하게 또는 공짜로 사용할 수 있을 것이다.

그림 4.1에서처럼 www.VMware.com/downloads를 통해 VM웨어 웹사이트에 접속해 VM웨어 플레이어를 다운로드할 수 있다. 페이지의 링크를 통해 릴리스노트를 읽고 독자의 컴퓨터가 소프트웨어를 실행하기 위한 요구 조건을 충족시키는지 확인한다. 대부분 메모리를 많이 사용하게 된다. 타입 2 하이퍼바이저는 네이티브 운영체제 위에서 실행되기 때문에 호스트 운영체제와 VM웨어 플레이어그리고 실행할 VM에게 충분한 메모리를 제공해야 한다. 보통 한 번에 한 개의 VM을 실행할 것이기 때문에 프로세서 리소스는 병목이 되지 않는다. 개발 또는테스트 환경에서는 그럴 일이 거의 없지만 여러 개의 VM을 사용하는 경우에는얘기가 달라진다.

VM웨어 플레이어의 최신 버전은 64비트 컴퓨터 환경이어야한다. 32비트 시스템을 사용하는 경우에는 3.0 버전을 사용해야 하며 그림과 다른 화면일 것이다. VM웨어 플레이어의 다운로드 페이지인 www.VMware.com/downloads/에서는 최신 버전뿐만 아니라 이전 버전도 다운로드할 수 있다. 여기서 3.0 버전을 다운로드할수 있다.

그림 4.1 VM웨어 플레이어 다운로드

그림 4.2와 같이 플레이어의 실행 파일을 다운로드한 후 아이콘을 더블 클릭해 설치한다.

그림 4.2 VM웨어 플레이어 패키지

그림 4.3에서처럼 윈도우 사용자 계정 컨트롤 윈도우가 나타난다. Yes를 선택
한다. 플레이어 설정 화면이 나온다. Next를 선택한다.

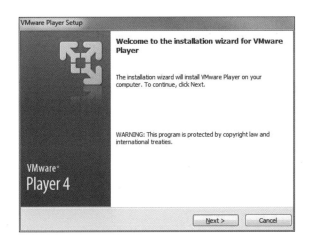

그림 4.3 플레이어 설정 윈도우

그림 4.4와 같이 설치할 폴더를 선택하는 화면이 나타나면 Change 버튼을 클릭해 목적지 폴더를 설정하고 Next를 클릭해 계속 진행한다.

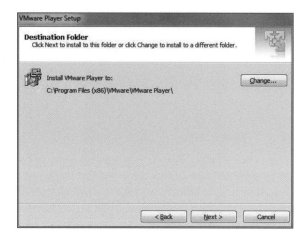

그림 4.4 설치 폴더 윈도우

그림 4.5에서처럼 소프트웨어 업데이트 윈도우가 나온다. 업데이트 체크를 원하지 않으면 체크박스를 해제한다. Learn More 링크를 클릭해 업데이트 과정을 알아볼 수 있다. Next를 클릭한다.

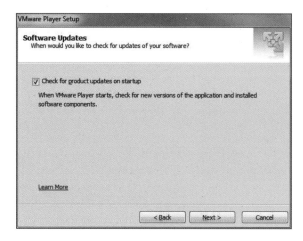

그림 4.5 소프트웨어 업데이트 윈도우

그림 4.6처럼 사용자 경험 개선 프로그램 윈도우가 나온다. 사용자 피드백을
VM웨어에 제공하는 것을 원하지 않으면 체크박스를 해제한다. Learn More 링크
를 클릭하면 피드백 과정에 대해 알 수 있다. Next를 클릭한다.

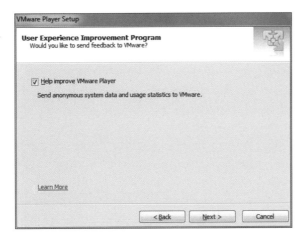

그림 4.6 사용자 경험 개선 프로그램 윈도우

그림 4.7과 같이 바로가기Shortcuts 생성 윈도우가 나타난다. 바로가기를 만드는
것을 원하지 않으면 체크박스를 해제한다. Next를 클릭한다.

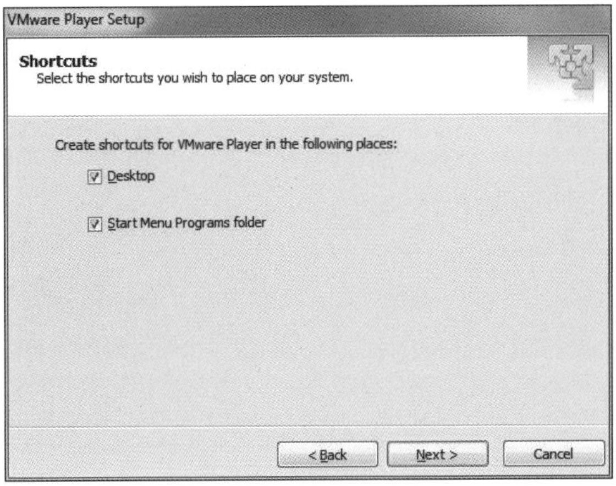

그림 4.7 바로가기 윈도우

그림 4.8과 같이 최종 결정 화면이 나타난다. Back 버튼을 눌러 이전의 선택사항을 하나하나 확인할 수 있다. Continue를 클릭해 VM웨어를 설치한다.

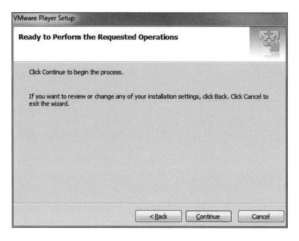

그림 4.8 설치 전 마지막 화면

VM웨어 플레이어가 설치되며 그림 4.9와 같이 진행 상황을 알려주는 화면이 나타난다. 이 과정은 몇 분 정도가 걸린다.

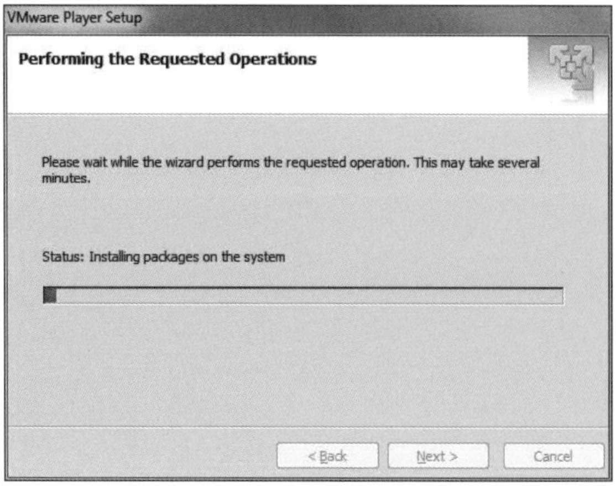

그림 4.9 설치 진행 화면

그림 4.10에서처럼 설치가 완료됐으며 시스템을 재부팅해야 한다고 알려주는 화면이 나온다. 바로가기를 만들었다면 바탕화면에 바로가기가 보일 것이다. Restart Now를 선택해 윈도우를 재시작한다.

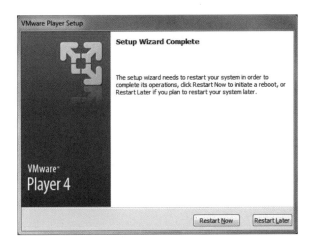

그림 4.10 설치 완료

VM웨어 플레이어 살펴보기

이제 플레이어를 설치했으니 VM을 만들기 전에 잠시 둘러보자. VM웨어 플레이어를 시작하기 위해 아이콘을 더블 클릭한다. 그림 4.11은 처음 시작 시 나타나는 사용자 라이선스 약관으로, 계속하기 위해서는 수락해야 한다. Yes 라디오 버튼을 선택하고 OK를 클릭한다.

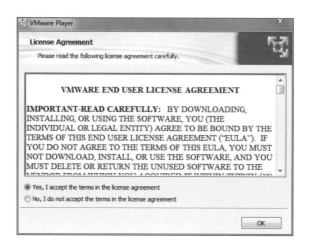

그림 4.11 라이선스 동의 윈도우

그림 4.12는 플레이어의 메인 윈도우다. 화면의 오른쪽에는 메인 메뉴를 통해
수행할 수 있는 기능 중 일부가 아이콘으로 나타나 있다. 아이콘이나 옆에 있는
텍스트를 선택해 동작을 수행할 수 있다. 왼쪽의 집 모양 아이콘을 선택하면 메인
윈도우로 돌아간다.

그림 4.12 VM웨어 플레이어 메인 윈도우

파일^File 메뉴를 살펴보자. 이 메뉴에는 다음과 같은 항목이 있다.

- ▶ 새 가상 머신 만들기^Create a New Virtual Machine
- ▶ 가상 머신 열기^Open a Virtual Machine
- ▶ 가상 어플라이언스 다운로드^Download a Virtual Appliance
- ▶ 플레이어 설정^Player Preference
- ▶ 나가기^Exit

다른 윈도우 애플리케이션과 같이 특정 명령을 수행하는 단축키도 있다. 만들기^Create와 열기^Open는 이름만으로도 기능을 알 수 있으며 이 두 기능을 많이 사용하게 될 것이다. 나가기^Exit 역시 이름만으로도 기능을 알 수 있다. 가상 어플라이언스 다운로드는 기본 브라우저를 사용해 VM웨어 가상 어플라이언스 마켓플레이스^marketplace를 열고 미리 만들어진 VM을 검색하거나 수천 개의 VM을 살펴볼 수 있다. 가상 어플라이언스는 14장, '가상 머신에서의 애플리케이션 이해'에서 살펴볼 것이다. 마지막으로 플레이어 설정을 선택한다. 그림 4.13에서처럼 플레이어가 애플리케이션과 어떻게 작동할지를 결정할 수 있는 여러 가지 선택사항이 나온다.

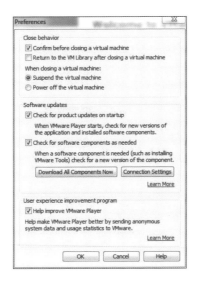

그림 4.13 플레이어 설정

가상 머신 메뉴에는 다음 항목이 있다.

▶ 가상 머신 설정^{Virtual Machine Settings}

▶ 제거 가능한 디바이스^{Removable Devices}

▶ 유니티 사용^{Enter Unity}

▶ 파워^{Power}

▶ Ctrl-Alt-Del 보내기^{Send Ctrl-Alt-Del}

▶ VM웨어 툴 설치^{Install VMware Tools}

현재 만들어지거나 실행 중인 가상 머신이 없기 때문에 모든 아이템이 회색이며 선택할 수 없다. 이들은 가상 머신을 만드는 과정에서 살펴보기로 한다.

도움말^{Help} 메뉴에는 다음 항목이 있다.

▶ 도움말 토픽^{Help Topics}

▶ 게스트 운영체제 설치 가이드^{Guest Operating System Install Guide}

▶ PC 마이그레이션^{Migrate Your PC}

▶ 온라인 커뮤니티^{Online Community}

▶ 제품 기능 요청^{Request a Produce Feature}

▶ 힌트^{Hints}

▶ VM웨어 워크스테이션으로 업그레이드^{Upgrade to VMware Workstation}

▶ 소프트웨어 업데이트^{Software Updates}

▶ 메시지 로그^{Message Log}

▶ VM웨어 플레이어에 대해^{About VMware Player}

도움말 토픽은 도움이 필요한 여러 토픽에 대해 검색하거나 브라우징할 수 있다. 게스트 운영체제 설치 가이드는 어떤 게스트 운영체제가 지원되는지에 대한 정보와 올바르게 가상 머신에 설치하는 방법을 제공하는 페이지에 대한 링크를 제공한다. PC 마이그레이션은 무료로 PC를 VM으로 변경할 수 있는 VM웨어 컨

버터 유틸리티로 연결시킨다. 온라인 커뮤니티는 VM웨어 플레이어 온라인 토론
장의 링크를 제공한다. 제품 기능 요청에서는 VM웨어 플레이어 제품 관리 팀에게
기능 개선을 요청할 수 있다. 힌트 옵션은 힌트 기능을 끄고 켤 수 있다. VM웨어
워크스테이션으로 업그레이드는 VM웨어 워크스테이션 제품 페이지의 링크를 제
공한다. 소프트웨어 업데이트를 선택하면 VM웨어 플레이어의 새로운 버전을 다
운로드할 수 있는지 체크한다. 메시지 로그는 처음에는 회색으로 돼 있는데, 시스
템 메시지를 보여준다. 마지막으로 VM웨어 플레이어에 대해 윈도우는 VM웨어 플
레이어의 버전, 호스트 정보 등 VM웨어 플레이어 설치에 대한 정보를 알려준다.

새 가상 머신 만들기

관리자가 가상화의 통합으로 인한 장점을 경험하면 가상화를 빠르게 확장해 그런
장점을 더 얻으려 한다. 앞에서 봤듯이 봉쇄는 새로운 애플리케이션 워크로드를
처음부터 가상 머신에 배치하는 것이다. 통합 전략의 장점은 대부분의 워크로드
를 가상 머신으로 배치해 하드웨어 설치 비용을 상당히 줄이는 것이다. 이 과정에
서 워크로드 설정이 진행되기도 한다.

　　새 애플리케이션을 위해 물리적 서버를 구매하는 경우에는 서버의 설정이 가
정에 의해 진행된다. 첫 번째 가정은 서버를 얼마나 사용할 것인가다. 일반적인
서버의 수명은 3~5년으로 이 기간이 지나면 좀 더 빠르고 유지가 저렴한 새로운
장비로 교체한다. 시스템을 그 기간 동안 잘 사용하기 위해서는 피크^{peak} 타임의
성능과 증가, 이 두 가지를 고려해야 한다.

　　서버를 설정할 때에는 애플리케이션의 사용자가 추정하는 애플리케이션의 마
지막 사용량을 고려하게 된다. 예를 들어 처음에는 초당 1,000개의 트랜잭션을 처
리하다가 매년 10% 증가한다면 5년 후에는 초당 1,450건의 트랜잭션을 처리해
야 한다. 그러나 다른 관점에서 보면 첫 해에도 피크 타임에는 초당 1,500건의 트
랜잭션을 처리해야 하는 경우도 있을 수 있다. 그리고 마지막 해에는 초당 2,200

건의 트랜잭션으로 증가할 것이다. 결국 처음부터 두 배 이상의 용량으로 서버를 설정해야 한다는 것이다. 이것이 수년 동안 사용해온 모델이다. 애플리케이션 벤더는 고객과 함께 장기적인 전망을 결정하고 그에 따라 하드웨어를 구성한다. 기업은 이 전망이 맞지 않더라도 하드웨어의 용량에 따른 비용을 지불한다. 만일 이 전망을 생각보다 빨리 넘어선다면 가능한 경우 서버에 리소스를 추가하고 이것이 가능하지 않으면 새로운 서버로 교체했다.

VM 구성에 대한 고려

가상 머신과 가상 인프라스트럭처는 다르게 동작한다. 플랫폼은 여러 워크로드에 할당될 리소스를 갖고 있지만 이 리소스의 할당은 유연하면서 동적이다. 이는 물리적 서버가 고정된 구성을 갖고 있는 것과 정반대다. 애플리케이션 사용자가 가상 환경으로 이동 시 고려해야 할 두 가지 사항은 구성과 리소스 할당이다. 애플리케이션마다 리소스 요구사항이 다르지만 대부분의 워크로드는 가상화로 옮겨질 때에 물리적 서버에서 사용한 것보다 적은 메모리와 프로세서로 설정하게 된다.

이렇게 하는 이유는 여러 가지가 있다. 먼저 가상 환경에서는 리소스를 동적으로 할당할 수 있기 때문에 미래의 부풀려진 요구사항보다는 현재의 상황에 맞게 할당할 수 있다. 앞으로 리소스 쿠션을 설정해 필요한 경우에만 리소스를 사용할 수 있도록 하는 것을 배우게 될 것이다. 이 쿠션은 사용하지 않을 때에는 다른 사용자가 사용할 수 있는 리소스 풀에 속하게 된다. 메모리 관리와 프로세서 활용도가 매우 최적화되기 때문에 처음에는 큰 VM이 아니라 작은 VM으로 시작해 필요한 경우 리소스를 더 추가한다. 모든 VM을 한 개의 가상 CPU(vCPU)를 사용하도록 만들고 성능이 안 좋은 경우 vCPU를 더 추가한다. 대부분의 경우 한 개로도 충분하다.

첫 VM 만들기

앞에서 얘기한 것을 고려해 한 개의 vCPU와 1GB 메모리, 30GB 스토리지, 한 개의 네트워크 연결을 갖는 VM을 만들어보자. VM은 하드웨어 서버와 동일하기 때문에 만들고 난 후에는 운영체제를 로드할 수 있는 컨테이너밖에 없다는 것을 잊지 말자. 5장, '가상 머신에 윈도우 설치하기'에서 윈도우7을 VM에 설치하는 것을 다루고, 6장, '가상 머신에 리눅스 설치하기'에서는 레드햇 리눅스를 VM에 설치하는 방법을 다룬다.

VM웨어 플레이어를 열자. 메인 스크린 또는 파일^{File} 메뉴에서 새 가상 머신 만들기$^{Create\ a\ New\ Virtual\ Machine}$를 선택한다. 그림 4.14는 새 가상 머신 마법사$^{New\ Virtual\ Machine\ Wizard}$ 화면이다. 여기서 세 가지를 선택할 수 있다. 먼저 DVD나 ISO 이미지에서 운영체제를 로드할 수 있는데 이것은 나중에 다루기로 한다. '나중에 운영체제 설치$^{I\ will\ install\ the\ operating\ system\ later}$'를 선택하고 Next 버튼을 클릭한다.

그림 4.14 새 가상 머신 마법사

그림 4.15의 게스트 운영체제 선택$^{Select\ a\ Guest\ Operating\ System}$ 화면에서는 설치할 운영체제를 선택할 수 있다. 가상 머신에 설치할 수 있는 많은 운영체제를 볼 수 있는데, 게스트 운영체제와 버전을 선택한다. 이 VM을 5장에서도 사용할 것이기

때문에 윈도우7 x64를 선택하자. Next 버튼을 클릭한다.

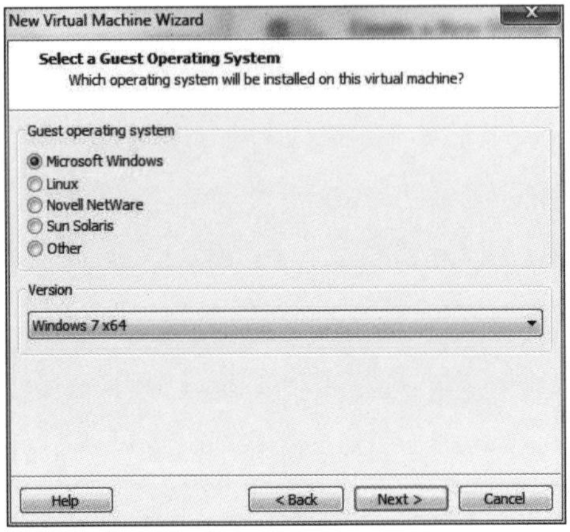

그림 4.15 게스트 운영체제 선택 화면

그림 4.16의 가상 머신 이름 설정^{Name the Virtual Machine} 화면에서는 VM의 이름을 정하고 VM을 구성하는 파일의 위치를 선택한다. 기본 이름을 사용하거나 원하는 이름을 사용할 수 있다. Browse 버튼을 사용해 파일을 만들 위치를 정한다. Next 버튼을 클릭한다.

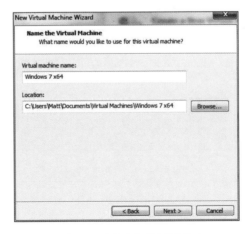

그림 4.16 가상 머신 이름 설정 화면

　　그림 4.17의 디스크 용량 설정^{Specify Disk Capacity} 화면에서는 VM 플레이어의 초
기 디스크 크기를 설정한다. 운영체제의 종류와 버전에 따라 추천 값을 보여주는
데 여기서는 60GB다. 호스트 파일시스템에 큰 파일을 하나 사용하거나 여러 개
의 파일을 사용하도록 설정할 수 있다. 이 VM을 이동할 계획이 없기 때문에 가상
디스크를 단일 파일로 만들고 디스크에는 적은 공간을 할당한다. Next 버튼을 클
릭한다.

그림 4.17 디스크 용량 설정 화면

　　이제 VM을 만들 준비가 됐다. 설정을 보면 플로피 디스크나 프린터와 같은 가
상 디바이스는 선택되지 않은 것을 알 수 있다. 만일 기본 장비 설정을 변경하고
싶다면 하드웨어 변경^{Customize Hardware}을 선택한다. 그림 4.18은 설정된 하드웨어
디바이스와 메모리 설정을 보여준다. 원한다면 좀 더 변경할 수 있지만 여기서는
Close 버튼을 클릭한다.

그림 4.18 하드웨어 변경

그림 4.19는 최종 화면이다. Finish 버튼을 클릭해 VM 생성을 마친다.

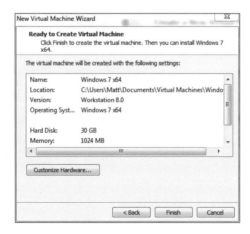

그림 4.19 가상 머신 만들기

이제 가상 머신을 만들었다. 왼쪽 칼럼에서 새 VM을 볼 수 있다. VM이 선택됐기 때문에 오른쪽에 정보와 운영 선택사항이 나타난다. 이것은 다음 장에서 살펴보자.

요점 정리

통합과 봉쇄의 장점으로 인해 많은 기업들이 가상화를 도입하고 있다. 물리적 서버를 가상 서버로 대체하고 있는데, 이런 작업을 수동이 아닌 자동으로 할 수 있는 툴들이 개발되고 있다. 가상 머신으로 새 애플리케이션을 배치하려면 물리적 서버에서와 같이 운영체제를 로드할 가상 하드웨어가 필요하다. 이 가상 하드웨어는 물리적 서버에 비해 설정을 유연하게 변경할 수 있다. 가상 서버는 처음부터 만들든, 기존 서버에서 P2V로 만들든 매우 간단히 만들 수 있다. 사실 만드는 게 너무 쉽기 때문에 어떤 IT 부서에서는 너무 많은 가상 서버를 갖고 있기도 하다. 따라서 관리자가 사용자에게 리소스를 할당할 때, 수명 인자를 사용해 공급하기도 한다. 이렇게 하면 단기간의 프로젝트에서 사용하는 VM의 경우 사용 기간이 지난 후에도 자원을 소모하는 일 없이 올바로 제거될 수 있다.

연습 문제

▶ 하드웨어 변경 화면에서 메모리 설정에는 최대값과 최소값이 있다. 이 값은 어떻게 결정하는가?

▶ 처음으로 VM을 만들 때 시스템에 영향을 주지 않고 제거할 수 있는 디바이스에는 무엇이 있는가? 추가해야 할 디바이스에는 무엇이 있는가?

▶ 파일시스템 탐색기를 사용해 생성된 가상 머신 파일을 살펴보자. 텍스트 에디터로 .vmx 파일을 열어보자. VM에 대해 무엇을 결정할 수 있는가? VM웨어 플레이어 밖에서 VM 설정을 조정할 수 있는 다른 방법은 무엇인가? 어떤 옵션을 사용할 수 있는지 어떻게 알 수 있는가?

가상 머신에
윈도우 설치하기

5

물리적 서버와 같이 가상 머신도 애플리케이션을 실행하고 동작하기 위해서는 운영체제를 설치해야 한다. x86 플랫폼에서 동작하는 여러 운영체제가 있지만 오늘날은 대부분 윈도우의 최신 버전을 사용한다. 따라서 윈도우를 설치하고 가상 환경에 맞게 최적화하는 방법을 익히는 것이 중요하다.

- ▶ 가상 머신에 윈도우 로딩하기
- ▶ 설정 옵션의 이해
- ▶ 새 가상 머신 최적화하기

가상 머신에 윈도우 로딩하기

윈도우 운영체제를 가상 머신에 로딩하는 방법은 여러 가지가 있다. 이전 장에서는 가상 머신을 만드는 과정에서 VM웨어 플레이어가 윈도우를 설치하는 옵션을 제공하는 것을 살펴봤다. 대부분의 가상 머신은 템플릿을 통해 만든다. 템플릿 template은 운영체제를 미리 갖고 있고 애플리케이션도 미리 설치된 가상 머신이다. 이런 미리 만들어진 VM은 실행할 수 없는 상태로 저장되며 관리자가 선택한 구성을 갖는 사본을 빠르게 만들 수 있다. 사본을 만들면 시스템 이름이나 네트워크 주소 등과 같은 개인 및 시스템 설정 작업을 통해 새 VM을 배치할 수 있다. 템플릿은 11장, '가상 머신 복사하기'에서 다룬다.

　주기적으로 윈도우의 새로운 사본을 가진 가상 머신을 만들어야 한다. 어떤 관리자는 새로운 메이저 릴리스마다 새 템플릿을 만들고, 어떤 관리자는 기존 템플릿을 가동해 서비스 팩을 적용하기도 한다. 새로 설치하는 경우 VM의 다른 소프트웨어들도 업데이트하거나 깨끗해지기 때문에 이것을 선호하는 관리자도 있다. 서비스 팩을 포함한 윈도우 배포판이 별도로 서비스 팩을 적용한 것보다 본질적으로 좋다고 믿는 관리자도 있다. 정답은 없다. 각자 자신에게 맞는 방법을 선택하면 된다. 윈도우를 설치한 후에는 VM웨어 툴을 설치한다. 이것은 선택사항이지만 설치하는 것을 강력히 권장한다.

윈도우7 설치

윈도우나 다른 운영체제를 설치하기 위해서는 소스 디스크가 필요하다. 이 디스크는 실제 CD나 DVD일 수 있고, 이런 디스크에 있는 소프트웨어의 이미지 파일이어도 된다. 윈도우의 경우 상점에서 구매한 디스크를 사용하거나 온라인으로 이미지를 다운로드할 수도 있다. 이미지는 백업이나 실행을 위해 CD나 DVD로 구울 수 있다. 수업에서 이 책을 사용하는 경우에는 윈도우의 학생 버전을 사용할 수도 있을 것이다. 여러 대학들이 마이크로소프트와 협약을 맺고 있으므로, 교육용 목적이면 무료 또는 저렴한 비용으로 윈도우를 다운로드할 수 있다.

　다음 과정이 윈도우7 VM을 만들기 위한 유일한 방법은 아니고 한 가지 방법일 뿐이다. 이 예제에서는 윈도우7 SP1의 64비트 버전을 사용했다. 데스크톱에 있는 ISO 이미지를 사용했다.

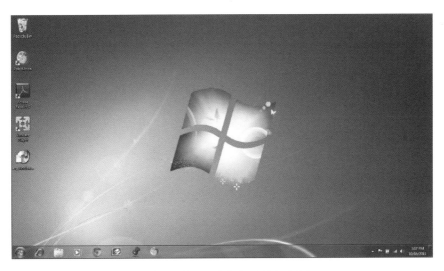

그림 5.1 데스크톱상의 윈도우 ISO 이미지

1. VM웨어 플레이어를 연다.
2. 그림 5.2와 같이 이전에 만들었던 윈도우7 가상 머신을 선택한다. 오른쪽에 있는 가상 머신 열기^{Open a Virtual Machine}를 선택해 VM을 열 수도 있다.

그림 5.2 VM 선택

3. 머신의 상태가 '꺼져 있음^{powered off}'이라는 점에 주목하자. 물리적 서버에서 부팅 시에 윈도우 디스크를 찾기 위해 CD나 DVD 드라이브가 필요한 것처럼 VM에게 ISO 이미지를 사용해 부팅하라고 지시해야 한다. 가상 머신 설정 편집^{Edit Virtual Machine Settings}을 선택한다. 그림 5.3은 이 화면을 보여준다.

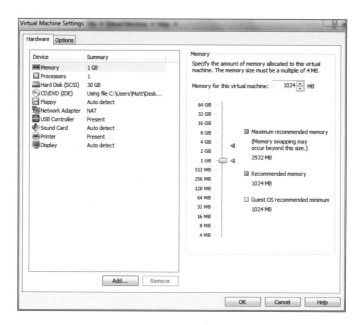

그림 5.3 가상 머신 설정 편집

4. 그림 5.4에서처럼 CD/DVD (IDE)를 선택한다.

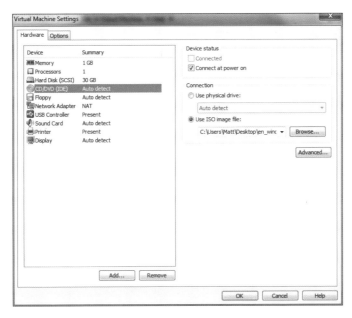

그림 5.4 ISO 이미지를 사용하도록 연결

5. CD/DVD 디바이스에 여러 가지를 설정할 수 있다. 연결^{Connection} 항목에서
   ISO 이미지 파일 사용^{Use ISO image file}을 선택한다. 이것은 VM이 ISO 이미지를
   사용하도록 한다. Browse 버튼을 사용해 ISO 이미지를 검색하고 선택한다.
   OK 버튼을 클릭해 계속 진행한다.

6. 가상 머신 시작^{Play Virtual Machine}을 선택한다. 그림 5.5와 같은 메시지가 나올 것
   이다. 이것은 가상 머신에서 사용할 수 있는 부가적인 하드웨어가 있다는 것
   을 의미한다. OK 버튼을 클릭해 계속 진행한다.

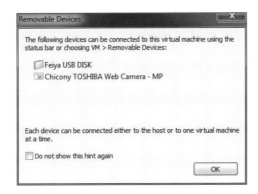

그림 5.5 제거 가능한 디바이스

7. 가상 머신이 부팅되고 윈도우 ISO 이미지를 디스크 드라이브에 있는 DVD
인 것처럼 연결한다. '윈도우2000 또는 이후 버전을 위한 VM웨어 툴 다운로
드하기^{Download VMware Tools for Windows 2000 and Later}' 메시지가 출력되면 다운로드를
취소하고 윈도우7 설치를 계속 진행한다. 그림 5.6과 같이 윈도우 설치^{Install}
^{Windows} 화면이 나타난다. 가상 머신 밖 화면의 아래에 VM웨어 툴을 설치할
수 있다는 알림이 나타난 것을 확인하자. 이것은 설치가 완료된 후 다루기로
한다. 나중에 알려주기^{Remind Me Later}를 선택하면 알림 바가 없어진다.

8. VM 윈도우에서 윈도우 설치^{Install Windows} 화면을 클릭하고 메뉴를 선택한다.
Next 버튼을 클릭해 계속 진행한다.

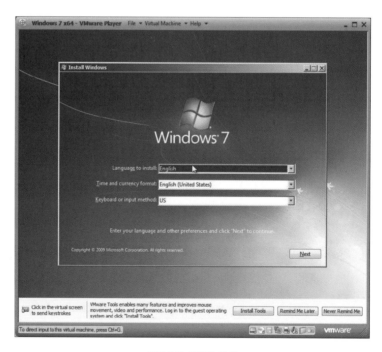

그림 5.6 윈도우 설치

9. 그림 5.7에서와 같이 다음 화면에서는 진행하기 전에 설치와 관련된 정보를
　볼 수 있다. 지금 설치^{Install Now}를 클릭해 진행한다.

그림 5.7 지금 설치

10. 다른 소프트웨어처럼 먼저 라이선스 조항을 수락해야 한다. 그림 5.8과 같이
　체크박스를 선택하고 Next 버튼을 클릭해 계속 진행한다.

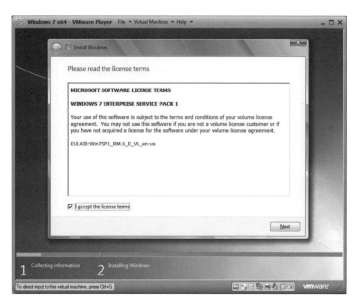

그림 5.8 라이선스 조항

11. 새로 설치하는 것이기 때문에 기존 시스템을 업그레이드하는 것이 아니라 사
용자 지정 설치를 할 것이다. 그림 5.9에서처럼 사용자 지정^{Custom}을 선택한다.

그림 5.9 설치 종류

12. 예제 VM은 30GB의 디스크 드라이브 하나를 갖도록 만들었다. 드라이브 옵
션^{advanced options}을 선택하면 그림 5.10과 같이 디스크 스토리지와 관련된 설정
을 할 수 있다. Next 버튼을 클릭해 계속 진행한다.

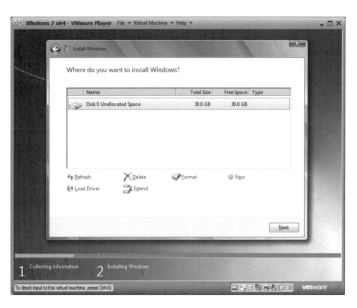

그림 5.10 디스크 선택과 옵션

13. 디스크 스토리지를 포맷하고 파일시스템을 만들고, 파일을 디스크에 복사하는 단계를 거쳐 윈도우 설치가 진행된다. 이 단계가 시간이 가장 많이 걸린다. 그림 5.11처럼 각 단계와 진행 상황을 볼 수 있다.

그림 5.11 설치 진행

14. 이 과정 동안 윈도우가 몇 번 재부팅될 것이다. 그 후 몇 개의 초기화 단계를 수행한다. 그림 5.12는 가장 첫 단계인데, 사용자 이름과 시스템 이름을 입력 하라고 요청한다. 이 두 값에 적당한 값을 입력하고 Next 버튼을 클릭해 계속 진행한다.

그림 5.12 사용자 이름과 시스템 이름 선택

15. 방금 만든 사용자의 비밀번호와 비밀번호를 위한 힌트를 입력해야 한다. 그 림 5.13은 이 화면을 보여준다. 비밀번호와 힌트를 입력하고 Next 버튼을 클 릭해 계속 진행한다.

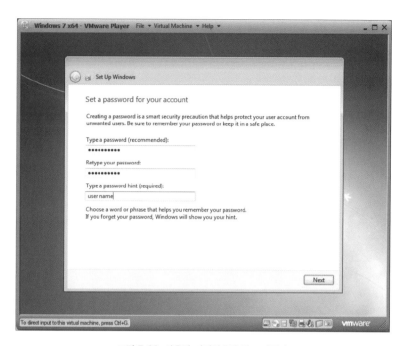

그림 5.13 사용자 비밀번호와 힌트 만들기

16. 그림 5.14는 윈도우 제품 키^Product Key를 입력하는 화면이다. 제품 키를 갖고
있으면 입력한다. 만일 제품 키가 없으면 추후에 입력해도 된다. 입력하지 않
으면 사용 도중에 윈도우가 알려준다. Next 버튼을 클릭해 계속 진행한다.

그림 5.14 제품 키 입력 화면

17. 다음 화면(그림 5.15)에서는 윈도우 업데이트를 설정한다. 무엇을 선택하든 나중에 다시 바꿀 수 있다. 권장 설정 사용^{Recommended Settings}을 선택하고 진행한다.

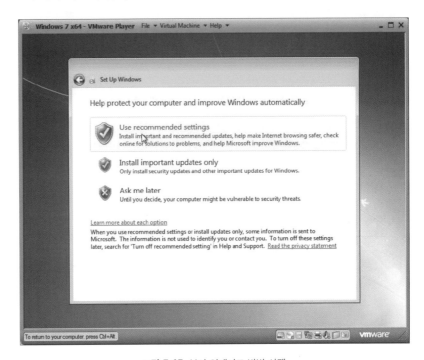

그림 5.15 보안 업데이트 방법 선택

18. 그림 5.16의 다음 화면에서는 시스템의 시간과 날짜를 설정한다. 표준 시간대와 날짜, 시간을 선택한다. Next 버튼을 클릭해 계속 진행한다.

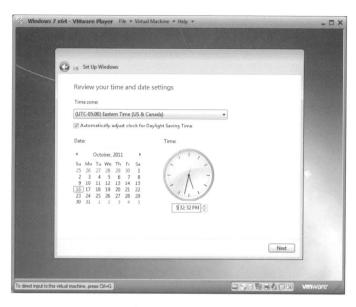

그림 5.16 시간과 날짜 선택

19. 그림 5.17은 네트워크 설정 화면이다. 가상 네트워킹을 살펴볼 때 다시 조정할 수 있다. 홈 네트워크Home Network를 선택한다. 윈도우는 가상 머신과 VM웨어 플레이어를 통해 사용자의 네트워크에 연결을 시도한다.

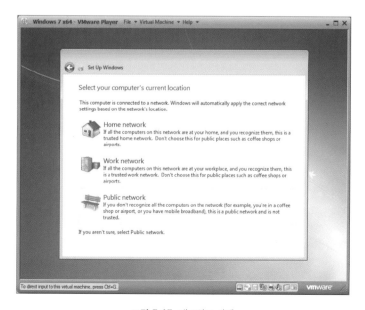

그림 5.17 네트워크 선택

20. 그림 5.18과 같이 윈도우 설치가 끝나고 사용할 수 있게 된다.

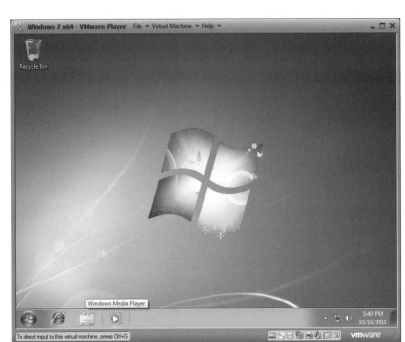

그림 5.18 윈도우7 설치 종료

VM웨어 툴 설치

가상 머신을 사용하기 위해서는 한 가지 단계가 더 남았다. 그것은 VM웨어 툴을 설치하는 것이다. VM웨어 툴은 디바이스 드라이버와 프로세스의 조합으로 사용자의 경험을 강화하고 VM 성능을 향상시키며 가상 머신 관리를 용이하게 한다. VM웨어 툴 설치가 필수사항은 아니지만 모든 VM웨어 환경에서는 강력하게 권장된다.

1. VM웨어 플레이어 윈도우의 상단에 있는 메뉴에서 가상 머신^{Virtual Machine}을 선택한다. VM웨어 툴 설치^{Install VMware Tools} 메뉴를 선택한다. 그림 5.19와 같이 소프트웨어 업데이트^{Software Updates} 화면이 나타나면 다운로드하고 설치

Download and Install를 선택한다.

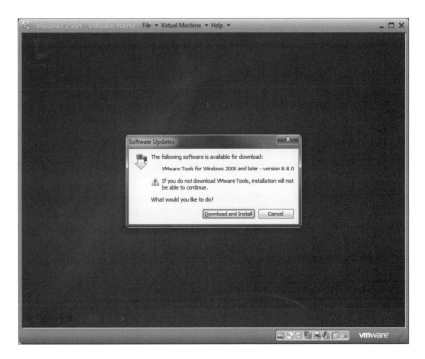

그림 5.19 최신 VM웨어 툴을 다운로드하기

2. 그림 5.20과 같이 다운로드해야 하는 경우에는 호스트 운영체제가 애플리케
   이션을 업데이트해도 되는지 물어본다. Yes를 선택해 진행한다. 업데이트가
   끝나면 윈도우를 닫는다.

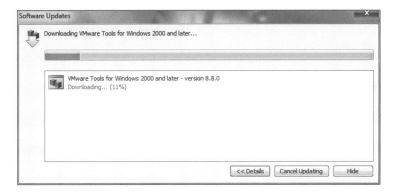

그림 5.20 VM웨어 툴 다운로드 진행

3. 그림 5.21과 같이 자동 실행^AutoPlay 화면이 나온다. setup64.exe 실행을 선택
   한다. 변경 수락 화면이 나타나면 Yes를 선택한다.

그림 5.21 자동 실행

4. 그림 5.22는 VM웨어 툴 설치의 초기 화면이다. VM웨어 플레이어 윈도우의
   하단에 VM웨어 툴이 설치 중이라는 메시지가 나타난다. 이 메시지는 무시해
   도 된다. Next 버튼을 클릭해 계속 진행한다.

그림 5.22 VM웨어 툴 초기 화면

5. 그림 5.23은 설치 유형^{Setup Type} 선택 화면으로 각 선택사항에 대한 간략한 설
   명을 볼 수 있다. 기본 선택은 기본 설치^{Typical}이며 이것을 선택한다. Next 버튼
   을 클릭해 계속 진행한다.

그림 5.23 설치 유형

6. 그림 5.24와 같이 설치 화면이 나타난다. 변경해야 하면 Back 버튼을 사용해
이전 화면으로 이동한 후 변경할 수 있다. 준비가 끝나면 Install을 선택한다.

그림 5.24 설치 준비

7. VM웨어 툴이 설치되면 상태 화면에서 진행 상황을 볼 수 있다. 이것은 보통 매우 빨리 끝난다. 완료되면 그림 5.25와 같은 완료 화면이 나온다. Finish를 선택한다.

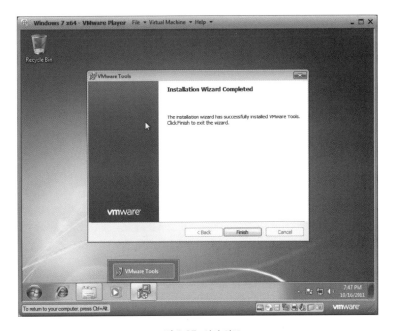

그림 5.25 설치 완료

8. 마지막으로 VM을 재부팅해야 한다. 그림 5.26과 같은 메시지가 나온다. Yes 를 선택해 VM을 재시작한다.

그림 5.26 시스템 재시작

설정 옵션의 이해

이제 VM이 동작하니 하나하나 살펴보자. VM은 물리적 데스크톱과 똑같다는 것
을 알 수 있다. 그림 5.27과 같이 시작Start 아이콘을 클릭하면 윈도우7 SP1을 새
로 설치했을 때와 같은 화면을 볼 수 있다. VM 윈도우의 상단에 있는 VM웨어 플
레이어 애플리케이션 바를 보면 가상 머신을 사용 중이라는 것을 알 수 있다. 그
러나 대부분의 가상 머신은 서버에서 수행되고 연결한 사용자는 그들이 사용하는
물리적 또는 가상 서버를 볼 수 없다.

그림 5.27 윈도우7 VM

　만일 이 VM에 원격 데스크톱 연결을 사용해 네트워크로 접속했다면 물리적
서버를 사용하는지 가상 서버를 사용하는지 알 수 있겠는가? 대답은 '그렇다.'이
다. 이것을 알 수 있는 여러 가지 방법이 있다. 먼저 오른쪽 아래에 숨겨진 아이콘
을 보이게 하면 VM 로고를 볼 수 있다. 이는 VM웨어 툴을 VM에 설치했음을 의
미한다. 이 유틸리티를 열어 그림 5.28과 같이 몇 가지 설정을 볼 수 있다. VM웨
어 툴의 옵션에서 태스크 바에 나타나지 않도록 할 수 있다. VM웨어 툴을 설치하
면 좋지만 필수는 아니라는 것을 다시 기억하자. 따라서 VM웨어 툴이 없다고 해
서 물리적 서버를 사용 중이라는 것을 의미하지는 않는다.

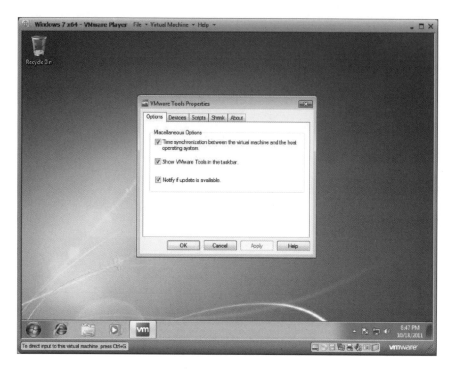

그림 5.28 VM웨어 툴 설정

어떤 시스템을 사용 중인지 더 확실히 알 수 있는 방법이 있다. 시작^{Start} 아이
콘을 클릭하고 장치 및 프린터^{Devices and Printers} 아이콘을 클릭하면, 물리적 벤더 하
드웨어와 맞지 않는 디바이스를 볼 수 있다. 그림 5.29에서는 VM웨어 가상 마우
스와 가상 SCSI 디스크 드라이브를 볼 수 있으며, 장비 아이콘을 클릭하면 좀 더
많은 것을 볼 수 있다.

그림 5.29 윈도우7 디바이스

아이콘을 클릭하면 기본 정보를 윈도우의 하단에서 볼 수 있고, 이 컴퓨터가 VM웨어의 가상 머신이라는 것을 확실히 알 수 있다. PC에서 시작^{Start} ❯ 장치 및 프린터$^{Devices\ and\ Printers}$를 클릭하고 컴퓨터 아이콘을 선택해보자. 차이점을 바로 알 수 있을 것이다. 아이콘을 더블 클릭하면 속성 윈도우가 나오고 VM이 가상 머신임을 알 수 있다. 그림 5.30과 같이 하드웨어^{Hardware} 탭을 선택하고 스크롤해 가상 디바이스를 확인한 후 윈도우를 닫는다.

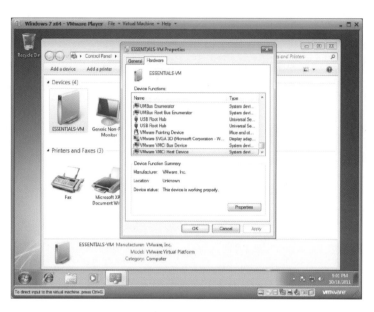

그림 5.30 시스템 속성

물리적 머신이 가지고 있는 것과 가상 머신이 가지고 있다고 생각하는 것이 어떻게 다른지 이해하는 데 도움을 줄 두 가지 아이템을 살펴보자. 다시 시작^{Start} ❯ 컴퓨터^{Computers}를 선택한다. 독자가 생성한 디스크 한 개를 볼 수 있을 것이다. 이 드라이브는 C: 드라이브로 30GB 중에서 약 20GB를 사용할 수 있다. 그렇다면 물리적 시스템에서 이 스토리지의 실제 크기는 얼마일까? 그림 5.31에서와 같이 물리적 시스템에서 같은 과정을 수행하면 물리적 C: 드라이브가 훨씬 더 크다는 것을 알 수 있다. 9장, '가상 머신의 스토리지 관리'에서 좀 더 자세히 살펴볼 것이다.

그림 5.31 디스크 크기

1. 물리적 머신의 속성 윈도우를 최소화하고, 가상 머신의 속성 윈도우 상단에 있는 메뉴 바에서 시스템 속성^{System Properties}을 선택한다. 주요 정보가 표시된다. 윈도우의 버전은 윈도우7 SP1이며, 설정한 대로 1GB의 메모리(RAM)를 갖고 있다. 프로세서 정보도 볼 수 있다.

2. 물리적 머신의 속성 윈도우를 최대화한다. 그리고 메뉴 바에서 시스템 속성을 선택한다. 그림 5.32에서 볼 수 있듯이 물리적 머신은 실제로는 4GB 메모리를 갖고 있으며, 가상 머신에 설정한 크기보다 더 크다는 것을 알 수 있다.

3. 다른 유사점과 차이점을 살펴보고 윈도우를 닫는다.

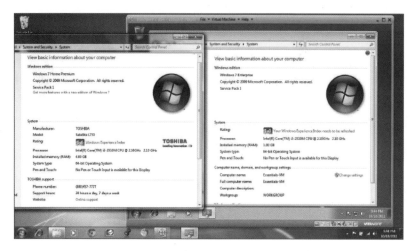

그림 5.32 메모리 크기

윈도우7의 최소 시스템 요
구사항은 http://windows.
microsoft.com/en−US/
windows7/products/system−
requirements에서 볼 수 있다.

설정사항을 유연하게 변경할 수 있는 것을 체험하기 위해 VM의 설정 한 개를
변경해보자. VM에 1GB 메모리를 할당했지만, 윈도우7 시스템 요구사항에 따르
면 여기서 설치한 64비트 버전의 경우 최소 2GB의 메모리가 필요하다. 아직 성
능상 VM에 부하를 주지 않았기 때문에 지금까지는 1GB의 메모리로도 별문제가
없었던 것이다.

1. VM웨어 플레이어 메뉴 바에서 가상 머신을 선택한다.

2. 메뉴에서 가상 머신 설정을 선택한다.

3. 그림 5.33에서 볼 수 있듯이, 하드웨어^{Hardware} 탭에서 메모리 디바이스를 선
   택하면 VM의 메모리를 조정하는 컨트롤이 나온다. VM웨어 플레이어가 지정
   한 최소 크기와 권장 크기, 최대 크기 값을 볼 수 있다. 이런 제안사항 옆의 컬
   러 박스를 클릭하면 이 값으로 조정할 수 있다. 또는 슬라이더를 위, 아래로
   조정하거나 이 가상 머신의 메모리 필드에 값을 입력해 수동으로 조정할 수
   도 있다.

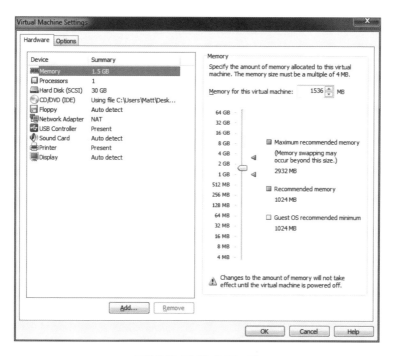

그림 5.33 VM의 메모리 조정

4. 이 가상 머신의 메모리 필드에 1536을 입력해 메모리를 1.5GB로 조정한다. 윈도우 아래에 VM을 재시작하기 전까지는 변경사항이 반영되지 않음을 알리는 경고 창이 나타난다. 이것은 가상 머신의 요구사항이 아닌 운영체제의 요구사항이다.

5. OK를 선택하면 설정을 저장한 후 VM 상태를 저장하고 복원할 것이다. VM 윈도우를 클릭하면 VM이 다시 나타난다.

6. 시스템 속성을 다시 열자. 이제 VM에 1.5GB의 메모리가 적용됐다. 물리적 서버에서 이런 변경을 수행하려면 시스템을 재시작하는 것으로는 안 되며, 실제로 하드웨어에 추가 메모리를 설치해야 한다. 이것은 환경에 따라 수십 분에서 몇 시간이 걸릴 수도 있다. 서버가 수십 대 또는 수백 대 있는 환경을 생각하면, 왜 가상화의 장점 중 하나가 빠른 재설정인지 이해할 수 있을 것이다.

새 가상 머신 최적화하기

방금 수행한 프로세스는 시스템 관리자가 가상 플랫폼에 워크로드를 배치할 때 거치는 과정과 크게 다르지 않다. 운영 효율성을 높이기 위한 자동 설정 등의 기능이 있지만, 이런 것은 차차 다루기로 하고 여기서는 기본 템플릿을 살펴보자. 그러나 이것은 애플리케이션의 가상 머신을 만드는 첫 단계일 뿐이다. 매우 일반적으로 윈도우를 설치했지만, VM의 성능을 높이기 위해서는 두 단계를 더 수행해야 한다. 첫 번째 단계는 가상 머신에만 적용되지만, 두 번째 단계는 물리적 서버에도 적용되는 사항이다.

윈도우 운영체제의 일부로서 동작되는 여러 서비스는 물리적 환경을 운영하는 방법을 최적화해준다. 이들 서비스 중 일부는 가상 환경에서 불필요하기 때문에, 이 서비스는 중단하는 것이 좋다. 예를 들어, 무선 네트워크와 관련된 서비스는 랩톱에서 운영되는 윈도우7에 도움이 되지만, 호스트에서 운영되는 윈도우7 VM에서는 물리적 하드웨어가 무선 네트워크에 접속할 필요가 없기 때문에 필요하지 않다. PC에는 있지만 가상 환경에는 적용되지 않는 다른 물리적 기능들이 더 있다. 전력 관리 기능 역시 VM에 적용되지 않기 때문에 관리자는 보통 이 기능을 비활성화한다. 가상 서버는 개인화 기능을 제거하거나 비활성하는데, 이는 보기 좋은 폰트나 사운드와 같은 기능은 애플리케이션 서버에 필요하지 않기 때문이다. 이런 기능은 디스크 공간을 차지하고 CPU와 메모리 자원을 낭비할 뿐이다.

바탕화면과 화면 보호기도 제거한다. 에어로^{Aero}와 같은 비주얼 효과도 가상 애플리케이션 서버에서는 비활성화한다. 이런 변경의 목적은 VM이 불필요하게 CPU 사이클이나 메모리 블록, 네트워크 대역폭, 디스크 공간을 사용하지 않도록 하기 위함이다. 한 개의 가상 머신에서는 이것으로 인한 효과가 작지만, 한 물리적 서버에 여러 개의 VM을 사용하면 큰 효과를 볼 수 있다. 그리고 가상화는 결국 효율성을 높이기 위한 것이다. 관리자는 이런 최적화를 템플릿에 적용해 이를 새로운 VM으로 복제해 사용한다.

운영체제를 최적화하기 위한 가이드로는 http://www.vmware.com/resources/techresources/10157에 있는 윈도우7을 위한 최적화 가이드 문서가 있다. 이 문서에는 최적화를 자동으로 수행해주는 스크립트도 있다.

앞에서 말한 대로 두 번째 단계는 가상 머신과 물리적 머신에 모두 적용된다. 물리적 애플리케이션 워크로드를 가상 머신으로 옮기는 데 가장 중요한 것 중 하나는 가상 머신에서 동등하거나 더 나은 성능을 제공하기 위해 가상 머신에 충분한 리소스를 할당하는 것이다. 이런 리소스 요구사항을 알기 위해서는 물리적 환경에서 애플리케이션을 운영하며 성능 지표를 수집해야 한다. 이런 정보를 수집하고 이를 바탕으로 가상 머신의 권장 설정과 호스트 서버의 설정을 알려주는 전문 서비스와 자동화 툴이 있다.

이런 정보는 가상 머신을 올바로 설정하기 위해 매우 중요하다. 어떤 애플리케이션은 가상화 환경에 매우 적합하기도 하다. 웹 서버는 물리적 환경에서는 전용 서버에서 운영되지만, 하나의 호스트로 모을 수 있다. 이는 어떤 하이퍼바이저에서는 메모리 최적화 기능을 제공하기 때문이다. 이 주제는 14장, '가상 머신에서의 애플리케이션 이해'에서 더 자세히 다룬다.

요점 정리

윈도우 운영체제를 VM에 설치하는 단계는 지루하기도 하지만 반드시 필요하다. 여러 툴과 프로세스가 가상 머신을 만드는 단계를 간단하게 만들고 수동으로 설치하는 것이 일반적이었던 이전보다 시간을 많이 단축시켜주고 있다. VM의 리소스 할당을 설정하는 방법을 살펴봤지만, 지금은 애플리케이션을 물리적 플랫폼에서 운영하는지 가상 환경에서 운영하는지 신경 쓰지 않아도 된다.

연습 문제

▶ 특정 벤더의 가상화 플랫폼에서 지원하는 윈도우 버전을 조사하라. 여러 운영체제의 오래된 버전을 지원하는 것에는 어떤 장점이 있는가?

▶ 앞의 결과를 다른 벤더와 비교해보라. 모든 벤더가 같은 운영체제를 지원하는가? 이들은 같은 운영체제 버전을 지원하는가? 이런 차이점이 특정 벤더를 선택하는 이유가 될 수 있는지 설명하라.

가상 머신에 리눅스 설치하기 6

오늘날 많은 가상 머신이 마이크로소프트의 윈도우를 운영하고 있지만, 리눅스를 운영하는 가상 머신도 계속 증가하고 있다. 여러 데이터센터에서 마이크로소프트에 대한 라이선스 비용과 의존도를 줄이기 위해 리눅스를 선택하고 있는 것이다. 최근의 애플리케이션은 여러 운영체제에서 실행되는 경우가 많기 때문에, 선택은 벤더가 아닌 사용자의 몫이 되고 있다. 또한 오픈소스 솔루션의 느리지만 꾸준한 채택 또한 이런 변화를 만들고 있다.

▶ 가상 머신에 리눅스 시스템 로딩하기

▶ 설정 옵션의 이해

▶ 새 리눅스 가상 머신 최적화하기

가상 머신에 리눅스 시스템 로딩하기

왜 리눅스인가? x86 서버 영역에서는 마이크로소프트의 윈도우가 여전히 우세이지만, x86 가상화 영역까지 확장하면 윈도우를 사용하지 않는 스마트폰이나 태블릿의 영향 등으로 인해 점점 점유율이 줄어들고 있다. 데스크톱에서는 누가 시장을 점유하고 있는지에 대해 이견이 없다. 하지만 서버 영역은 좀 더 동적으로

벤더에 특화된 유닉스 버전인 HP/UX와 IBM의 AIX, 오라클/썬의 솔라리스는 여전히 상당한 시장점유율을 갖고 있지만 계속 줄어들고 있는 상황이다.

변화하고 있다. 서버 영역에서 윈도우가 우세하게 된 근본 원인은 회사들이 자신의 애플리케이션을 운영하기 위해 전용 하드웨어와 전용 운영체제를 프리미엄 수준의 비용을 투자하며 구매하는 것에 지쳤기 때문이었다. 여러 운영체제가 유닉스 계열의 운영체제이지만, 벤더들은 자신의 서버를 위해 운영체제를 보강해왔다. 이 하드웨어는 일반 윈도우 서버보다 훨씬 비쌌는데, 일반 윈도우 서버는 여러 벤더에서 구매할 수 있었다. 선택할 수 있다는 장점 외에도, 경쟁으로 인해 하드웨어 가격이 낮아져 윈도우가 자금 측면에서 더 좋은 선택이 됐다.

IDC(International Data Corporation)에 따르면, 2011년 첫 분기 때 리눅스의 서버 운영체제 시장점유율은 17%로 16분기 동안 계속 증가했다. 마이크로소프트는 75%였다.

같은 현상이 현재도 일어나는 중이다. 이전과 같이 과거의 유닉스 플랫폼과 윈도우의 가격 차이는 계속 증가하고 있다. 이런 시스템에 묶여 있던 애플리케이션이 지금은 더 낮은 비용으로 리눅스에서 오픈소스로 제공되고 있다. 또한 이전과 같이 리눅스는 여러 벤더가 제공하는 일반적인 하드웨어 서버에서 운영할 수 있다. 가상 환경에서 리눅스 서버는 가상 머신으로 변환돼 같은 하드웨어 호스트에서 윈도우 서버와 같이 운영되고 있다. 유닉스를 리눅스로 마이그레이션하는 경향이 계속되면서, 윈도우 사용자들은 이전에 전용 운영체제에 대해 느꼈던 운영체제 종속에 대한 문제점을 느끼고 있다. 그들은 리눅스를 마이크로소프트에 계속 지불해야 하는 라이선스 비용에 대한 해결책으로 바라보고 있다.

가상 머신에 리눅스 설치하기

리눅스를 VM에 로딩하기 위해 해야 할 것들이 있다. 먼저 사용할 VM이 있어야 한다. 4장, '가상 머신 만들기'에서 설명한 과정을 통해 운영체제를 나중에 설치함Install An Operating System 옵션을 선택해 운영체제가 없는 VM을 하나 더 만든다. 설정은 이전과 비슷하다. 한 개의 CPU와 2GB 메모리, 20GB 디스크를 설정한다. 디스크 설정은 약간 다른데, 이는 리눅스의 요구사항 때문이다. 이것은 설치 과정에서 좀 더 자세히 설명한다.

윈도우와 마찬가지로 리눅스 설치 이미지가 필요하다. 오픈소스 리눅스 제공자는 다양하다. 이 예제에서는 레드햇 엔터프라이즈 리눅스RHEL, Red Hat Enterprise

^{Linux} 6.1을 사용할 것이며, 레드햇 웹사이트에서 다운로드할 수 있다. 수업에서 이 교재를 사용하고 있다면 비용 부담을 줄일 수 있다. 많은 대학교들이 레드햇과 제휴를 맺어 학생들이 교육 목적으로 RHEL을 무료로 다운로드할 수 있도록 하고 있다. 실제 운영에 이 운영체제를 사용하려 한다면, 윈도우와는 달리 라이선스 비용을 지불할 필요 없이 서비스 비용만 지불하면 된다.

시험적으로 사용하기 위해서는 https://www.redhat.com/rhel/details/eval/에서 30일 평가 버전을 다운로드할 수 있다.

이 예제에서는 레드햇 엔터프라이즈 리눅스 6.1, 워크스테이션 에디션의 64비트 버전을 사용한다. 앞으로 설명할 과정은 리눅스 VM을 설치하는 유일한 방법이라기보다는 여러 방법들 중 아웃라인을 제공하는 것으로 이해해야 한다. 그림 6.1에서 볼 수 있듯이 ISO 이미지를 데스크톱에 저장한다.

다른 유명한 리눅스 버전으로는 수세(SUSE)와 우분투(Ubuntu), 센트OS(CentOS) 등이 있으며 다른 여러 버전의 배포판들도 있다.

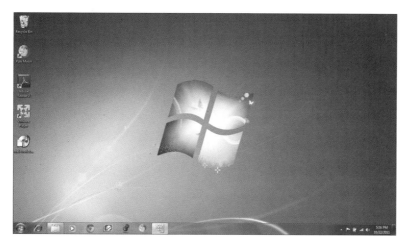

그림 6.1 데스크톱에 저장한 레드햇 리눅스 ISO 이미지

1. VM웨어 플레이어를 연다.
2. 그림 6.2에서처럼 레드햇 6.1 가상 머신을 선택한다. 오른쪽에 있는 가상 머신 열기^{Open A Virtual Machine} 옵션을 선택하거나 메뉴 바의 파일^{File} 메뉴에 있는 가상 머신 열기(Ctrl + O)를 선택할 수 있다. 어떤 방법을 선택해도 좋다.

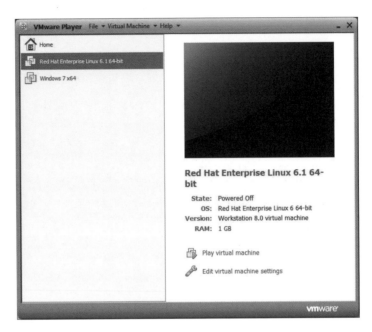

그림 6.2 가상 머신 선택하기

3. VM이 파워 오프 상태임을 확인한다. VM을 ISO 이미지로부터 부팅하도록 해
야 한다. 이것은 물리적 서버를 부팅할 때 ISO 디스크를 찾기 위해 DVD나
CD 드라이버가 필요한 것과 마찬가지다. 가상 머신 설정 변경하기<sup>Edit Virtual
Machine Settings</sup>를 선택하면 하드웨어 설정 화면이 그림 6.3과 같이 나타난다.

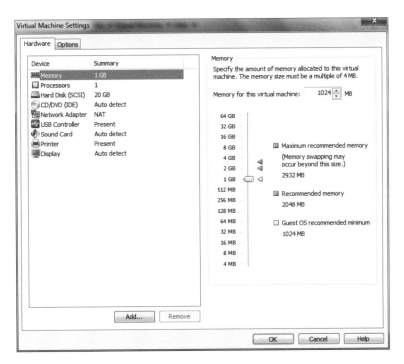

그림 6.3 가상 머신 설정 변경하기

4. 그림 6.4에서처럼 **CD/DVD (IDE)**를 선택한다.

5. CD/DVD 드라이브와 관련된 여러 옵션을 볼 수 있다. 연결^{Connection} 영역에서 ISO 이미지 파일 사용^{Use ISO image file}을 선택한다. 이 옵션은 데스크톱의 ISO 이미지를 부트 소스로 사용하도록 한다.

6. **Browse** 버튼을 사용해 레드햇 리눅스 ISO 이미지를 선택한다. **OK**를 클릭한다.

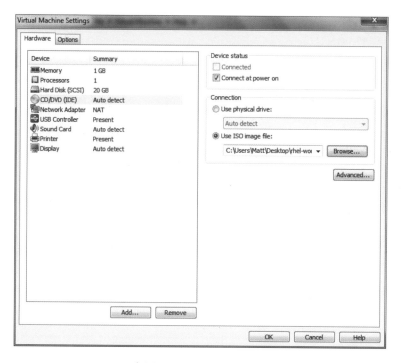

그림 6.4 ISO를 부트 소스로 사용하기

7. 이제 가상 머신 실행하기^{Play Virtual Machine}를 선택한다. 그림 6.5와 같은 메시지
가 나타난다. 리눅스용 VM웨어 툴이 필요하지만 이는 설치 후에 수행하자.
나중에 알려주기^{Remind Me Later}를 선택해 설치를 계속 진행한다.

그림 6.5 리눅스 VM웨어 툴

8. 그림 6.6과 같은 메시지 창이 나타날 수 있다. 이것은 가상 머신에서 사용할
수 있는 부가적인 하드웨어 장치가 있다는 의미다. OK를 선택한다.

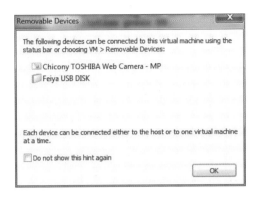

그림 6.6 제거 가능한 장치 메시지

9. 가상 머신이 부팅되고 레드햇 ISO 이미지가 디스크 드라이브의 DVD인 것처럼 연결된다. 그림 6.7과 같이 레드햇 화면이 나타난다. 가상 머신 밖의 화면 아래에 VM웨어 툴 설치와 관련된 옵션을 알리는 알림 바가 있다. 이것은 설치를 마치고 진행하도록 한다. 나중에 알려주기를 선택하면 알림 바가 사라진다.

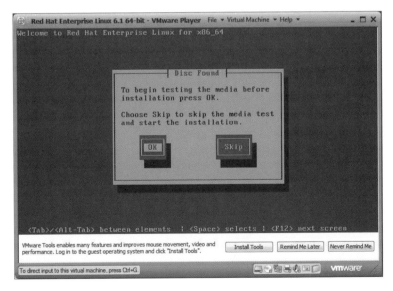

그림 6.7 레드햇 설치 화면

10. VM 윈도우에 설치 미디어를 검사할 수 있는 옵션이 나타난다. 이 작업은 설치를 진행하기 전에 물리적 미디어의 데이터 손상을 체크한다. 다운로드 버전은 손상이 있을 확률이 매우 낮다. 테스트 수행을 선택하면 테스트는 몇 분정도 걸리며 작업 진행 상황을 알리는 상태 바가 나타난다. 테스트가 끝나면 그림 6.8과 같은 화면이 나타난다.

11. 스페이스바를 사용해 OK를 선택한다.

12. 미디어 테스트 화면으로 돌아온다. 탭 키를 누르고 스페이스바를 사용해 계속 진행한다.

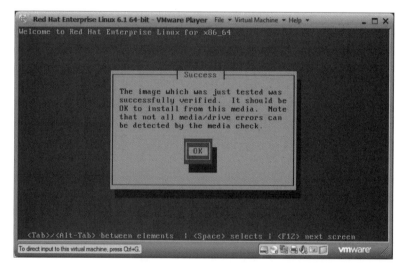

그림 6.8 미디어 테스트가 완료됐다.

13. 그림 6.9와 같은 환영 스크린이 나타날 것이다. 만일 이 화면이 나오지 않으면 윈도우 상단에 있는 가상 머신 전원 선택^{Power Selection}에서 전원 끄기^{Power Off}를 선택해 가상 머신을 끈다. 그리고 가상 머신 메뉴의 전원 선택 또는 오른쪽 칼럼에서 가상 머신 실행하기^{Play Virtual Machine}를 선택한다. 레드햇 환영 스크린은 60초 동안 나오며 이 시간이 지나면 옵션을 선택할 수 없다.

14. 기존 시스템을 설치 또는 업그레이드하기Install Or Upgade An Existing System 옵션을
선택한다.

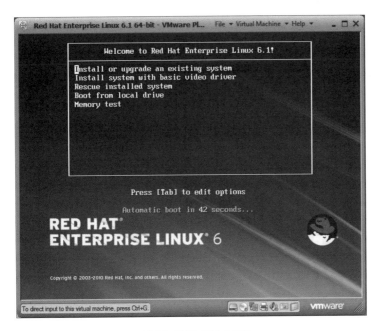

그림 6.9 RHEL 환영 스크린

15. 로딩 후 첫 화면이 나타난다. Next를 클릭한다.

16. 화면 아래가 보이지 않으면 Ctrl+Alt 키를 눌러 VM웨어 플레이어를 빠져나간
후 아래로 스크롤한다. 또는 VM웨어 플레이어의 오른쪽 상단에 있는 최대화
아이콘을 클릭해 전체 화면으로 볼 수 있다.

17. 언어 목록이 나온다. 영어가 선택돼 있을 것이다. Next를 클릭한다.

18. 두 번째 언어 선택 화면이 나온다. U.S. English가 선택돼 있을 것이다. Next를
클릭한다.

19. 스토리지 디바이스 화면이 나타난다. 그림 6.10과 같이 기본 스토리지 디바이
스Basic Storage Devices를 선택한다. Next를 클릭한다.

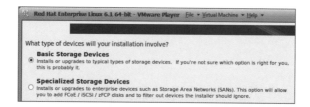

그림 6.10 스토리지 디바이스 선택

20. 그림 6.11과 같이 레드햇 인스톨러가 VM에 생성한 20GB의 가상 디스크를
인식했다는 안내 창이 나온다. 네, 데이터를 삭제합니다^Yes, discard any data를 선
택한다.

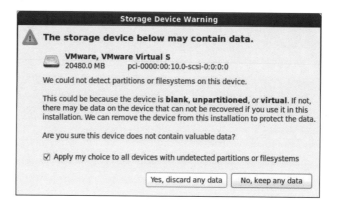

그림 6.11 제공된 스토리지를 사용

21. 그림 6.12와 같이 새 가상 서버의 이름을 지어야 한다. 적당한 이름을 입력하
고 Next를 클릭한다.

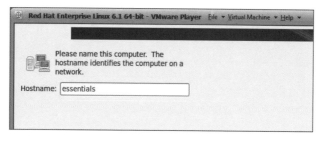

그림 6.12 호스트네임 입력

22. 다음 화면에서는 그림 6.13과 같이 타임 존을 선택한다. 목록에서 고르거나 지도 화면에서 도시를 선택할 수 있다. 시스템 시간을 설정하는 필드도 있지 만 기본으로 남겨둘 수도 있다. Next를 클릭한다.

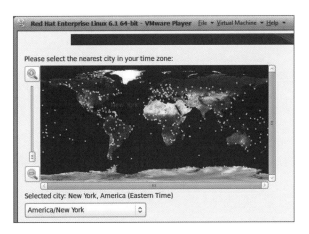

그림 6.13 타임 존 선택

23. 다음 화면에서는 루트 암호를 설정한다. 루트는 리눅스 시스템의 마스터 관 리 계정이다. 그림 6.14와 같이 암호를 입력하고 확인을 위해 한 번 더 입력 한다. Next를 클릭한다. 암호의 복잡성에 따라 경고 메시지가 나올 수도 있다. Cancel을 클릭하거나 새로운 암호를 다시 입력할 수도 있고, 입력한 암호를 그대로 사용하도록 할 수도 있다.

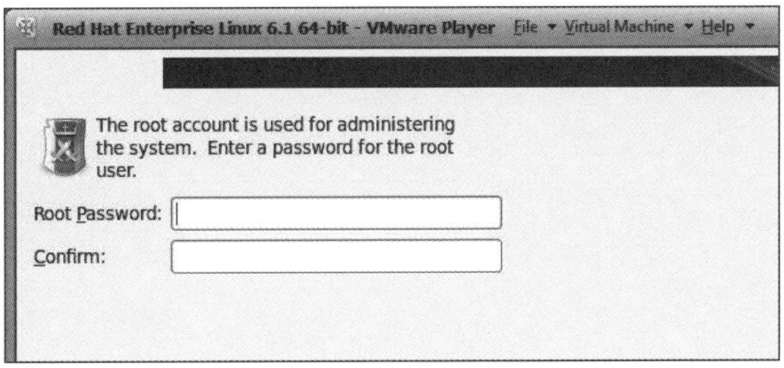

그림 6.14 루트 암호 입력

24. 그림 6.15와 같이 설치 유형을 선택한다. 전체 가상 드라이브를 모두 사용하도록 모든 공간 사용하기^Use All Space를 선택한다. 왼쪽 하단에 두 개의 추가 선택사항이 있다. 파티션 레이아웃 리뷰 및 수정^Review And Modify Partitioning Layout 체크박스를 선택한다. 이렇게 하면 인스톨러가 파티션을 어떻게 만들지 볼 수 있다. Next를 클릭한다.

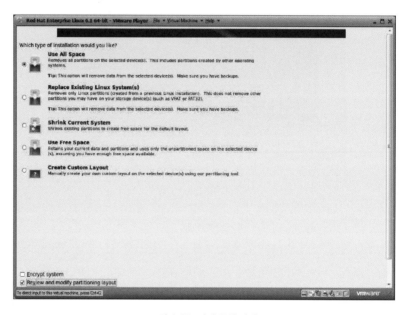

그림 6.15 설치 유형 선택

25. 그림 6.16은 인스톨러가 만들 파티션 매핑을 보여준다. 500MB의 부트 파티션으로 sda1과 나머지 용량으로 구성된 두 개의 파티션을 만들 것임을 볼 수 있다. 두 번째 파티션은 두 개의 파일시스템으로 나뉘는데, 2GB는 시스템에서 스왑 영역으로 사용하고 나머지 17.95GB는 운영체제와 애플리케이션, 사용자 파일에 사용한다.

26. 기본 설정을 변경하려면 파티션을 선택하고 Edit 및 Delete 버튼을 사용할 수 있다. Create 버튼을 사용해 파티션을 추가할 수도 있다. 하지만 현재 가상 머신에 할당된 20GB 이내의 크기여야 한다.

27. Next를 클릭해 진행한다.

그림 6.16 디스크 파티션 생성 내역

28. 그림 6.17과 같이 가상 디스크를 포맷할 것이라는 경고 메시지가 출력된다.
Format을 클릭한다.

29. 확인 메시지가 출력된다. 변경사항을 디스크에 기록^{Write Changes To Disk}을 선택
한다.

그림 6.17 스토리지 포맷 경고 메시지

30. 가상 디스크 드라이브에 파티션을 생성하면 그림 6.18과 같은 부트 로더 화
면이 나온다. 이 단계에서는 방금 생성한 부트 파티션에 부트 소프트웨어를

설치한다. VM의 전원을 켜면 이 소프트웨어가 RHEL을 초기화한다. Next를
클릭한다.

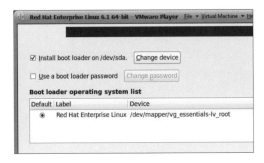

그림 6.18 부트 로더

31. 그림 6.19와 같이 패키지 그룹^{Package Group} 선택 화면이 나타난다. 패키지에 따
라 다른 종류의 애플리케이션을 설치한다. 이 예제에서는 기본 데스크톱 에
디션을 설치한다. 다른 패키지를 선택하면 패키지에 포함된 애플리케이션을
변경할 수 있다.

32. Next를 클릭한다.

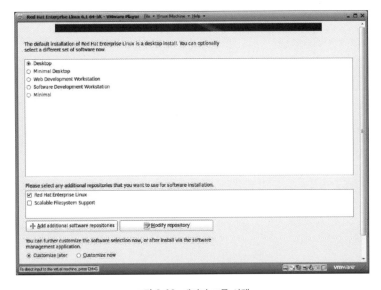

그림 6.19 패키지 그룹 선택

33. 인스톨러가 선택한 패키지 간의 의존성 관계를 점검하고 설치를 시작한다. 상태 바가 소프트웨어 패키지의 설치 진행 상태를 보여준다. 커피를 다시 채우거나 간식거리를 가져오기에 좋은 시간이다.

34. 이 예제에서는 설치에 25분이 걸렸다. 실제 시간은 독자의 하드웨어 사양에 따라 다를 것이다. 몇 가지 설치 후 설정 단계가 진행된다. 그림 6.20과 같이 설치가 끝났다는 메시지가 나타난다.

35. Reboot를 선택한다.

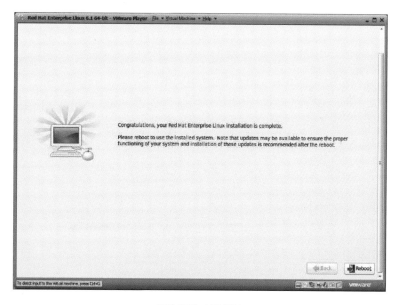

그림 6.20 설치 종료

36. 재부팅 후에 리눅스를 설정한다. 이 단계는 윈도우 설정 과정과 비슷하다. 그림 6.21과 같이 환영 화면이 나오고 진행 단계를 볼 수 있다. Forward를 선택한다.

그림 6.21 환영 화면

37. 그림 6.22와 같이 최종 사용자 라이선스 동의 화면이 나타난다. 라이선스에
동의함License Agreement을 선택하고 Forward를 클릭한다.

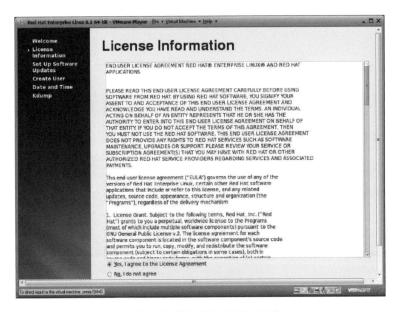

그림 6.22 최종 사용자 라이선스 동의

38. 그림 6.23은 네트워크 연결이 아직 활성화되지 않아서 시스템 업데이트를 설
정할 수 없다는 것을 보여준다. Forward를 클릭한다.

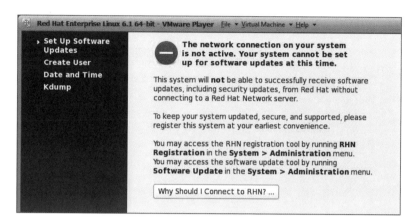

그림 6.23 소프트웨어 업데이트

39. 관리 루트 사용자 외에 한 개의 사용자를 만들어야 한다. 그림 6.24에서처럼 사용자 이름과 사용자 전체 이름, 비밀번호를 입력한다. **Forward**를 클릭한다.

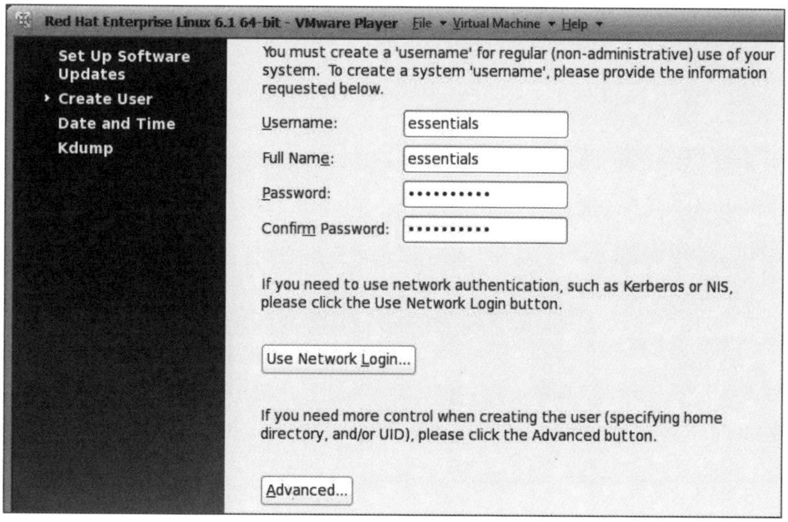

그림 6.24 사용자 생성

40. 루트 비밀번호와 같이, 비밀번호가 복잡하지 않으면 경고 메시지가 출력된다. 좀 더 복잡한 비밀번호를 입력하거나 **Yes**를 클릭해 진행할 수 있다.

41. 그림 6.25와 같이 시스템 날짜와 시간을 설정한다. **Forward**를 클릭한다.

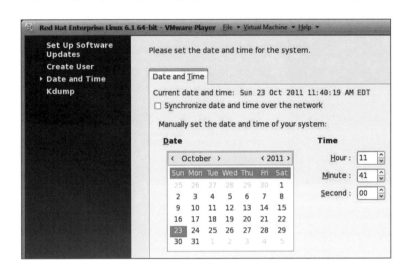

그림 6.25 날짜와 시간 설정

42. 그림 6.26에서 보는 것처럼 kdump를 설정하기 위한 메모리가 부족하다는 메시지가 출력된다. kdump 프로세스는 시스템에 장애가 발생할 때 실행된다. 이 메시지는 4GB 이하의 메모리를 가진 시스템에서 출력되며 이는 알려진 버그다. 향후 업데이트 버전에서는 이 문제가 해결되고 메시지가 나타나지 않을 것이다. 여기서는 문제가 되지 않으니 **OK**를 선택한다.

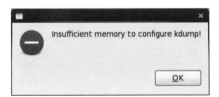

그림 6.26 kdump 메모리 경고

43. kdump 화면이 나타난다. **Finish**를 클릭한다.

44. 그림 6.27과 같이 가상 머신이 재부팅되고 로그인 화면이 나타난다. 루트 계정으로 VM웨어 툴을 설치해야 하므로 **Other**를 선택한다.

45. 사용자 이름 필드에 'root'를 입력하고 Login을 선택한다.

46. 생성한 비밀번호를 입력하고 Login을 클릭한다.

47. 루트 계정을 사용하는 것에 대한 경고 메시지가 출력된다. Close를 선택한다.

그림 6.27 로그인

VM웨어 툴 설치하기

윈도우를 설치할 때와 마찬가지로 VM웨어 툴을 설치하면 사용자 인터페이스를 향상시키고 성능을 높이며 VM을 관리하는 데 도움이 된다. VM웨어 툴을 설치하는 것이 필수는 아니지만 설치하는 것이 좋다. 젠 플랫폼을 위한 유사한 유틸리티도 존재하는데 이것은 12장, '가상 머신의 디바이스 관리'에서 다룬다.

1. VM웨어 플레이어 윈도우의 가상 머신 메뉴에서 VM웨어 툴 설치Install VMware Tools를 선택한다. 그림 6.28과 같이 리눅스용 VM웨어 툴을 다운로드하는 화면이 나타난다.

2. Download and Install을 클릭한다.

그림 6.28 리눅스용 VM웨어 툴 다운로드하기

3. 다운로드의 진행 상태를 보여주는 상태 바가 나온다. 예제에서 사용한 윈도
우7에서는 VM웨어 플레이어의 소프트웨어 업데이트를 검증해야 하지만 계
속 진행해 다운로드를 완료한다. 그림 6.29와 같이 VM웨어 플레이어가 VM
윈도우의 하단에 설치를 완료하기 위한 단계를 표시한다.

▶ VM에 로그인한다.

▶ 가상 CD 드라이브를 마운트한다.

▶ 터미널을 실행한다.

▶ tar 유틸리티로 인스톨러의 압축을 푼다.

▶ vmware-install.pl을 실행한다.

그림 6.29 툴 지시사항

4. 이미 로그인을 했으며 VM웨어 툴 가상 CD도 자동으로 마운트됐다. 그림
6.30에서처럼 아카이브 파일을 드래그해 바탕화면으로 옮길 수 있다.

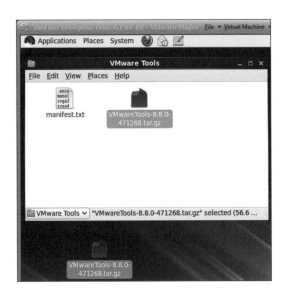

그림 6.30 아카이브 복사

5. 아카이브 파일을 더블 클릭해 리눅스 아카이브 관리자Linux Archive Manager를 실
  행한다.

6. Extract를 클릭한다.

7. 그림 6.31과 같이 바탕화면을 선택해 이곳에 폴더를 만든다.

8. 스크롤을 내리고 Extract를 클릭해 진행한다.

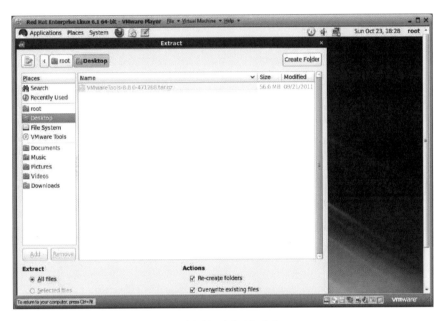

그림 6.31 파일 압축 해제

9. 압축 해제가 끝나면 Quit를 클릭해 아카이브 관리자를 종료한다.

10. 바탕화면에서 vmware-tools-distrib 폴더를 더블 클릭한다.

11. vmware-install.pl 파일을 더블 클릭한다.

12. 그림 6.23에서와 같이 파일을 실행할지 아니면 파일의 내용을 출력할지 묻는
   화면이 나온다. Run In Terminal을 선택한다.

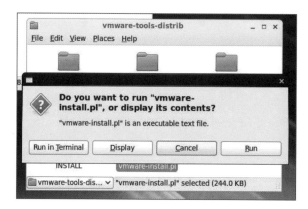

그림 6.32 설치 스크립트 실행

13. 터미널에서는 기본 설정 값과 함께 입력을 요청하는 메시지가 나온다. 그림
6.33과 같이 모든 선택사항에 대해 엔터 키를 입력해 기본값을 사용한다.

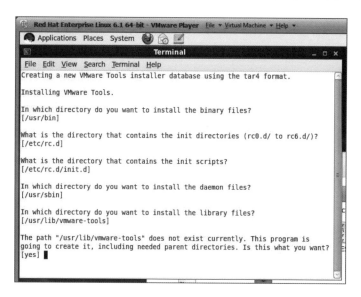

그림 6.33 설치 옵션 선택

14. 그림 6.34에서처럼 설치가 성공적으로 끝나면 VM웨어 툴을 설정한다. 엔터
키를 입력해 설정 스크립트를 실행한다.

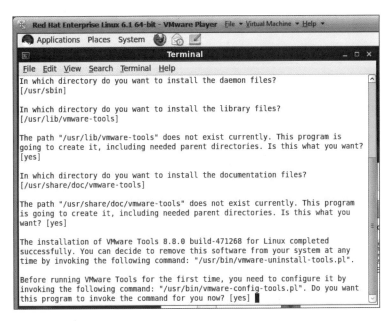

그림 6.34 설정 스크립트 실행

15. 설정이 끝나면 터미널 윈도우는 자동으로 닫힌다. 이제 VM웨어 툴이 설치됐다.

16. 툴 아카이브 파일과 압축을 해제한 디렉터리를 삭제해도 된다.

설정 옵션의 이해

이제 리눅스 VM을 만들었다. 이제 VM에 대해 좀 더 자세히 살펴보자. 가장 먼저 주목할 점은 가상 머신이 기대한 바대로 물리적 서버와 똑같다는 것이다. 그리고 이 경우에 가상 머신을 사용하는지는 쉽게 알 수 있다. VM 윈도우의 상단에 있는 VM웨어 플레이어 애플리케이션 바를 보면 된다. 그러나 대부분의 가상 머신은 서버에서 실행되고 사용자는 접속해 사용하므로, VM을 호스트하고 있는 물리적 서버는 볼 수 없다.

1. VM 설정을 확인하기 전에 빠르게 조정할 수 있는 것들이 있다. 먼저 화면 해 상도를 조정하자. 예제 화면은 두 방향의 스크롤 바를 갖고 있으며 화면의 하 단부는 보이지 않는다. 화면은 다음과 같이 조정한다. 먼저 리눅스 툴 메뉴에 서 시스템System ➤ 설정Preferences 메뉴에 있는 디스플레이 유틸리티를 실행한 다. 그리고 그림 6.35처럼 작은 해상도를 설정한다. **Apply**를 클릭한다.

2. 해상도가 적당하면 설정 유지Keep This Configuration를 선택한다. 데스크톱보다 VM웨어 플레이어 윈도우가 작아야 한다.

3. VM웨어 플레이어 윈도우를 최대화해 전체 화면을 사용하면(VM웨어 플레이어 윈도우의 오른쪽에 있는 최대화 아이콘을 선택하거나 윈도우의 코너로 드래그한다.), 하단에 휴지통과 워크스페이스 아이콘을 포함한 전체 리눅스 바탕화면을 볼 수 있다.

4. 또한 윈도우의 크기를 조정하면 디스플레이 설정 유틸리티의 해상도 값이 달 라지는 것을 볼 수 있다. 디스플레이 설정 윈도우를 닫고 진행하자.

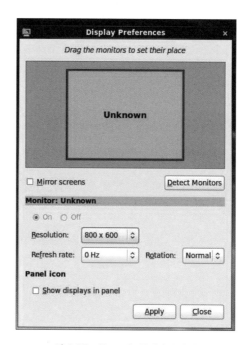

그림 6.35 리눅스 디스플레이 유틸리티

네트워크 연결이 아직 동작하지 않으면 몇 가지 설정을 진행해야 한다.

네트워크에 연결하기

화면 상단 오른쪽의 아이콘을 보면 네트워크 연결 상태를 바로 알 수 있다. 브라우저를 열어 VM이 인터넷에 연결됐는지 알 수 있다. 호스트 머신이나 PC가 나오지 않고 VM이 인터넷에 연결돼야 한다.

5. VM웨어 플레이어의 메뉴 바에 있는 가상 머신 메뉴에서 가상 머신 설정^{Virtual Machine Settings}을 선택한다.

6. 그림 6.36과 같이 왼쪽 칼럼에서 네트워크 어댑터^{Network Adapter}를 선택한다.

7. NAT: 호스트 IP 주소 사용^{NAT: Used To Share The Host's IP Address}을 선택한다. 네트워킹에 대해서는 10장, '가상 머신의 네트워킹 관리'에서 다룬다.

8. OK를 선택한다.

그림 6.36 네트워크 연결 설정

9. 오른쪽 상단 코너에 있는 네트워크 아이콘을 클릭한다.

10. 사용 가능 표시 아래에 있는 시스템 eth0 엔트리를 선택한다.

11. 이제 네트워크가 연결돼야 한다.

터미널 서비스 클라이언트나 VNC 클라이언트를 사용해 이 VM에 연결한 경우 다음과 같이 물리적 서버가 아닌 VM이라는 것을 알 수 있다.

12. 시스템 툴에 있는 리눅스 애플리케이션 메뉴에서 시스템 모니터를 선택한다.

13. 시스템 모니터 윈도우가 나오면 프로세스^{Precesses} 탭을 선택하고 그림 6.37에서처럼 아래로 스크롤한다. 여기에서 VMTools 데몬이 실행 중인 것을 볼 수 있다.

14. 윈도우를 최소화하고 진행하자.

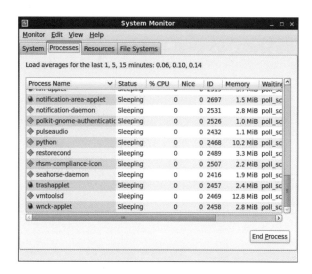

그림 6.37 리눅스 VMTools 데몬

VMTools를 설치하지 않았다면 다음과 같이 확인할 수 있다.

15. 시스템 툴의 리눅스 애플리케이션 메뉴에서 디스크 사용량^{Disk Utility}을 선택한다. 그림 6.38에서와 같이 스토리지 디바이스 칼럼에서 21GB 하드 드라이브 엔트리를 선택한다. 모델명에서 이 드라이브가 VM웨어 가상 드라이브임을 확인할 수 있다. 볼륨 섹션의 용량 엔트리가 524MB라는 점에 주목한다. 이것이 디스크의 부트 섹션에 할당된 .5GB다.

16. 스토리지 디바이스 칼럼에서 4.2GB 하드디스크 엔트리를 선택한다. 시스템 스웹 영역에 4GB가 할당된 것을 볼 수 있나.

17. 스토리지 디바이스 칼럼에서 17GB 하드디스크 엔트리를 선택한다. 시스템에 사용자 영역이 할당된 것을 볼 수 있다.

18. 윈도우 VM에서와 같이 VM에 할당한 20GB 스토리지 영역이 있으며 리눅스 운영체제에서 부트 파티션과 스왑 영역, 사용자 공간으로 사용하고 있음을 알 수 있다. 이전과 같이 물리적 디스크는 이것보다 크다는 것을 알 수 있다.

19. 디스크 유틸리티 윈도우를 닫고 계속 진행하자.

그림 6.38 리눅스의 가상 디스크

20. 시스템 모니터를 다시 열자. 그림 6.39와 같이 시스템System 탭을 선택한다.

21. 여기서 VM이 설정한 대로 2.0GB의 메모리를 갖고 있음을 볼 수 있다. 역시 실제 물리적 하드웨어의 메모리는 이것보다 크다는 것을 알고 있다.

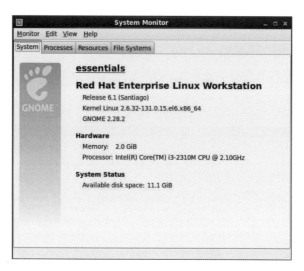

그림 6.39 리눅스 RHEL 시스템 설정

이제 완전히 동작하는 리눅스 가상 머신을 갖게 됐다. 가상 머신 안에서 리눅스는 사용자가 할당한 프로세서와 메모리 자원을 사용하며 물리적 머신의 일부 리소스만을 사용한다. VM은 실제 물리적 스토리지를 추상화한 스토리지에 액세스하며 물리적 머신의 네트워크 포트를 사용하는 네트워크에 액세스한다.

새 리눅스 가상 머신 최적화하기

지금까지 소개한 일반적인 리눅스 설치 방법은 교육용이나 테스트 및 개발 목적으로 사용할 수 있지만 운영 시스템은 가능한 한 최대한 최적화해야 한다. 비효율적인 VM은 시스템 리소스를 낭비하고 여러 VM이 있는 경우에는 데이터센터 리소스를 낭비한다. 가상화와 통합의 스케일에 대한 경제학은 성능에도 적용된다. VM을 최대한 효율적으로 하는 것은 이런 성능 향상을 증가시키며 통합 비율을 높여주고 지속적으로 비용을 절약하게 한다.

리눅스에는 운영체제 부팅의 일부 과정으로 많은 수의 프로세스(또는 리눅스/

유닉스 용어로 데몬^{daemon})를 실행한다. 이전에 사용했던 시스템 모니터 유틸리티의 프로세스 탭은 이런 프로세스의 목록을 보여주고 각각의 기능에 대한 짧은 설명도 제공한다. 운영 시스템에 대한 VM을 만들 때에는 이런 프로세스의 일부를 비활성화시켜야 한다. 사용할 애플리케이션과 하드웨어 설정에 따라 어떤 데몬을 제거할지 결정할 수 있다. 한 예로 선입 선출 방식^{FIFO, First-In, First-Out}으로 모든 I/O를 시스템에 전달하는 NOOP 스케줄러를 다른 곳에서 대신 최적화해준다고 가정하고 제거할 수 있다. 또는 스토리지에 접근할 수 있는 다른 방법이 있다면 NFS 데몬을 비활성화시킬 수 있다.

리눅스 배포판은 여러 가지 패키지로 구성된다. 각 패키지는 여러 애플리케이션이나 기능을 포함하고 있다. 특정 가상 머신의 운영에 꼭 필요한 패키지만을 설치해 스토리지의 공간을 절약하고 데몬의 개수를 줄여 CPU와 메모리 사용량을 낮출 수 있다. VM에서 실행되는 모든 것은 리소스를 사용한다. 운영체제를 간결하게 만드는 것이 여러 가지 면에서 좋다.

리눅스 가상 머신에 특히 중요한 요소로는 시간 동기화가 있다. 컴퓨터는 1초보다 작은 단위로 수행되는 연산을 모니터링하고 제어한다. 애플리케이션은 비즈니스 트랜잭션 등과 같은 작업을 여러 기술이 효율적으로 동작하게 하는 것을 보장하기 위해 시간을 사용한다. 컴퓨터의 클럭을 믿을 수 없다면 결과도 믿을 수 없게 된다. 컴퓨터들 간에 시간을 동기화하기 위해 네트워크 시간 프로토콜^{NTP, Network Time Protocol}을 사용해 시간을 동기화할 수 있는 시간 서버를 사용한다. 한 컴퓨터의 CPU가 약간 느려서 동기화에서 뒤처진다고 해도 항상 NTP 서버가 믿을 수 있는 시간을 제공한다. 가상 머신은 물리적인 프로세서를 갖지 않기 때문에 게스트 운영체제는 시간을 맞출 방법이 필요하다. 가상 머신은 NTP 서버와 동기화할 수 있는 호스트 머신을 사용해 이를 해결한다. 이렇게 해서 한 호스트의 모든 가상 머신이 같은 시간을 공유할 수 있다. 같은 NTP 서버를 사용하는 머신은 역시 동기화를 보장한다. 리눅스 시스템은 이런 시간 체크를 리눅스 커널 안에 구현했기 때문에 가상 환경에서 해결해야 할 점들이 있다. NTP 설정과 관련한 방법은 네트워크 시간 프로토콜 프로젝트 웹사이트(www.ntp.org)에서 찾을 수 있지만 여러 하이퍼바이저 벤더의 사이트에 더 최신의 정보들이 많다. 리눅스 커널이 안정되며 이런 이슈들이 대부분 해결됐지만, 이 사항은 알아두고 있어야 한다.

마지막으로 물리적인 세계에서와 마찬가지로 가상 머신의 성능을 판단하기 위해서는 메트릭^{metric}이 필요하다. 애플리케이션을 가상화하기 전에 먼저 성능을 측정해 이를 기준으로 삼아야 한다. 그리고 그 값을 주기적으로 측정해 가상 환경에서 애플리케이션의 성능이 잘 나오는지 확인해야 한다. 애플리케이션이 업데이트되거나 워크로드가 바뀌고 하드웨어도 변경되는 경우 이 메트릭을 활용해 성능을 평가하는 데 사용할 수 있다.

요점 정리

리눅스 운영체제는 비용과 성능, 오픈소스의 장점 등으로 인해 데이터센터 서버 시장에서 점유율을 높이고 있다. 과거에는 유닉스 버전으로만 제공되던 애플리케이션이 지금은 리눅스 버전으로 포팅돼 제공되고 있다. 벤더들도 오픈소스 버전을 채택하고 자신의 플랫폼에 맞게 커스터마이징하고 있다. 두 가지 예로 레드햇 기반의 오라클 리눅스와 IBM의 z/리눅스가 있다. z/리눅스는 메인프레임 시스템에서 동작한다. 이런 흐름이 계속되면서 중요 비즈니스 애플리케이션 플랫폼으로 크게 성장할 전망이며, 이런 워크로드를 가상화하는 것도 계속 증가할 것이다.

연습 문제

▶ 가상 머신 설정의 VM 메모리를 2.5GB(2,560KB)로 변경해보자. 메모리 변경사항이 적용되는가?

▶ 애플리케이션 메뉴에 있는 시스템 모니터를 실행한다. 프로세스 탭을 선택하고 프로세스 목록을 확인한다. 데몬 프로세스는 관례상 d로 끝난다. 몇 개의 데몬이 실행 중인가? root 사용자로 사용자를 스위치한다. 시스템 메뉴에서 사용자를 변경할 수 있다. 로그아웃을 선택하고 사용자 스위치를 선택하고 root로 로그인한다. 다시 시스템 모니터를 열고 데몬을 확인하자. 데몬의 개수에 변화가 있는가? 그렇다면 그 이유가 무엇이라고 생각하는가?

가상 머신의 CPU 관리

CPU는 서버, 랩톱, 태블릿, 모바일 디바이스와 같은 모든 컴퓨터의 심장이다. 따라서 프로세서 가상화는 물리적 자원의 활용도를 높이는 것뿐만 아니라 가상 머신의 성능을 향상하는 데도 매우 중요하다. 가상화 작업 자체만이 아니라 VM의 CPU를 올바로 할당하고 설정해야 한다. 잘못된 설정은 성능 문제를 일으키고 가상화를 무용지물로 만들 것이다.

▶ CPU 가상화의 이해
▶ VM CPU 옵션 설정
▶ VM CPU 튜닝

CPU 가상화의 이해

메모리, 네트워크 I/O, 스토리지 I/O 등과 더불어 CPU는 핵심 리소스 중 하나이며 서버의 성능을 결정하는 요소다. 포펙과 골드버그가 정의한 바에 따르면, 가상화의 핵심 성질 중 하나는 가상 머신과 이에 대응하는 물리적 서버 간에 성능 차이가 거의 없어야 한다는 것이다. 만일 컨텐션^{contention}이 발생하거나 부족한 자원이 있는 경우, 하나의 리소스에서라도 이런 병목이 발생하면 전체 가상 서버의 성능이 저하된다. 이런 리소스 중 CPU를 가장 먼저 살펴보고자 한다.

초기의 전자 컴퓨터는 2,000평방 피트의 공간을 차지하고 무게도 30톤이나 됐다. 머신의 대부분은 실제 처리 작업, 즉 결과를 제공하는 계산을 지원하는 역할을 수행했다. 이 초기 컴퓨터는 말 그대로 수작업으로 프로그래밍했으며 수행할 계산을 제공하기 위해 컴퓨터 과학자가 전선과 기판을 재구성했다. 프로그램을 변경하려면 전선을 뽑아 새로운 계산을 위한 배치로 다시 연결해야 했다. 오늘날 컴퓨터는 방을 가득 채우던 거대한 컴퓨터에 비해 매우 빠르고 강력하다.

중앙 처리 장치CPU, Central Processing Unit는 컴퓨터 내부에 있는 컴퓨터이며, 머신에서 실행되는 프로그램으로부터 요청된 프로그램을 실행한다. CPU가 실행하는 프로그램은 상대적으로 작은 명령어 집합의 형태를 갖는다. 이 명령어는 명령어와 함께 CPU에 전달한 데이터에 대한 연산을 수행한다. 이런 명령어를 수행하는 속도가 CPU의 성능과 직접적으로 관련 있다. 그러나 실행하는 명령어의 개수보다는 특정 시간 동안 실행하는 명령어의 개수라고 하는 것이 더 정확하다. 만일 어떤 애플리케이션의 워크로드를 특정 시간 동안 실행할 수 없다면, CPU가 구식이거나 애플리케이션의 처리 시간이 오래 걸리는 것과는 상관없이 느린 것으로 보일 것이다. 이를 해결하는 방법은 잘 알려져 있다. 하드웨어에 추가 CPU를 장착하는 것이다. 또는 곧 다루게 될 하이퍼스레딩이나 14장, '가상 머신에서의 애플리케이션 이해'에서 다룰 리소스 풀링과 같은 방법을 사용할 수도 있다.

가상화의 관점에서 중요한 것은 'CPU를 어떻게 가상화할 것인가?'다. 이 질문에 대한 간단한 답은 '보통 그렇게 하지 않는다.'이다. CPU를 에뮬레이트하는 가상화 솔루션도 있지만 대부분 가상화 처리에 대한 오버헤드가 너무 커지므로 성능과 확장성 면에서 문제가 발생한다. 대신 하이퍼바이저가 가상 명령어를 수행하는 물리적 호스트 서버의 프로세서 시간을 나눠 스케줄하는 방식을 택한다. 그림 7.1은 이에 대한 간략한 예제를 보여준다. 첫 번째 가상 머신이 가상 하드웨어에서 명령어를 실행해야 하고 하이퍼바이저에게 이를 요청한다. 하이퍼바이저는

최초의 컴퓨터라 여겨지는 1946년의 에니악(ENIAC)은 30톤의 무게에 방만 한 크기였고 초당 5,000번의 덧셈 연산을 수행할 수 있었다. 오늘날의 마이크로프로세서는 훨씬 작은 크기이며 수십억 개의 연산을 수행할 수 있다.

가상 머신의 요청에 대한 실행 세션을 스케줄한다. 물리적 CPU는 데이터에 대해 명령어를 실행하고 결과를 하이퍼바이저에게 반환하며 하이퍼바이저는 이 결과를 첫 번째 가상 머신에게 반환한다. 물리적 CPU가 할 일이 없게 되면 하이퍼바이저는 두 번째 가상 머신의 다음 명령을 스케줄한다. 이런 방식으로 가상 머신은 빠르고 효율적으로 동작하며 물리적 리소스인 CPU 역시 효과적으로 활용된다. 또한 가상 CPU는 물리적 CPU로 매핑되지 않는다. 하이퍼바이저는 가상 머신을 위해 사용 가능한 CPU에 작업을 스케줄한다. 따라서 특정 가상 머신의 작업이 여러 호스트 프로세서에서 실행될 수 있다.

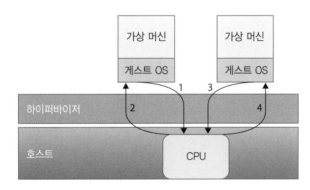

그림 7.1 호스트 CPU를 사용하는 VM

각 가상 머신이 한 개의 가상 CPU만을 가지고 각 물리적 서버가 한 개의 물리적 프로세서만을 갖는다면 상황은 간단하다. 물론 현실은 훨씬 복잡하다. 우선 오늘날 대부분의 서버는 한 개 이상의 프로세서를 갖는다. 이것은 하이퍼바이저에 할당할 수 있는 CPU 시간이라는 리소스를 더 제공할 수 있다는 점을 제외하고는 큰 차이가 없다. 또 다른 점은 최신 CPU에 한 개 이상의 프로세서를 갖는다는 점이다. CPU의 각 프로세서는 코어[core]라고 하며 오늘날 개인용 컴퓨터는 멀티코어 CPU를 갖는다. 표 7.1은 여러 프로세서의 코어 개수를 보여준다. 초기에는 두 개의 코어(듀얼코어)나 네 개(쿼드코어) 프로세서가 출시됐다. 오늘날 서버는 8, 12개 또는 그 이상의 코어를 갖는다. 이미 언급했듯이 각 CPU에 코어가 늘어나면 가상 머신이 사용할 수 있는 프로세싱 자원이 늘어나게 된다.

2009년 인텔은 '단일 칩 클라우드 컴퓨터'라 불리는 실험적인 48코어 CPU를 선보였다. 이 매우 작은 크기의 칩은 오늘날의 쿼드코어급에 해당하는 전력만을 사용한다.

표 7.1 프로세서 설정에 따른 코어 개수

프로세서 개수	싱글코어	듀얼코어	쿼드코어
1	1	2	4
2	2	4	8
4	4	8	16
8	8	16	32

물리적 서버 CPU와 가상 머신 CPU를 구별하기 위해 앞으로 가상 머신 CPU를 vCPU라 하겠다. 가상 머신에 vCPU를 추가하면 어떻게 될까? 가상 머신에 두 개의 vCPU를 설정하면 하이퍼바이저는 두 개의 물리적 CPU에 작업을 할당해야 한다. 이것은 작업을 수행하기 위해서는 두 개의 물리적 CPU가 동시에 사용 가능해야 함을 의미한다. 가상 CPU는 물리적 CPU의 시간을 나눠 스케줄할 뿐이라는 것을 다시 기억하자. 여러 vCPU를 가진 VM의 경우에는 한 개 이상의 물리적 CPU가 필요하다. 여러 vCPU를 가진 시스템에서는 스케줄링 알고리즘에 따라서 대기 시간이 길어지는 경우가 발생할 수 있다. 이는 작업이 많은 환경이나 CPU의 개수가 적은 경우에 문제가 될 수 있다. 예를 들어 네 개의 vCPU를 갖는 가상 머신을 네 개의 물리적 CPU를 가진 서버에서 운영하면 이 가상 머신이 동작하기 위해서는 네 개의 CPU가 모두 사용 가능해야 한다. 한 개의 vCPU를 갖는 VM은 한 개의 CPU만 있으면 되기 때문에 좀 더 빨리 리소스를 확보할 수 있다. 두 개의 vCPU를 갖는 VM도 네 개의 vCPU를 갖는 VM보다는 스케줄하기가 쉬워진다. 스케줄링 모델을 완화하면 CPU 할당 시 엄격하게 하기보다는 시간 차이를 둠으로써 이런 일이 덜 발생하게 할 수 있다. 이는 여러 vCPU를 가진 가상 머신에게 불리하다.

지금까지는 다중 vCPU 시스템을 가진 단순한 물리적 CPU의 스케줄링만을 살펴봤으며 단일 코어 프로세서만을 다뤘다. 다중 코어 프로세서에서는 좀 더 복잡해진다. 칩 기술이 발전하며 제조사들은 더 작은 패키지가 더 많은 프로세싱 능력을 갖추도록 했다. 오늘날 '프로세서'는 여러 CPU의 패키지이며 다중 '코어'라고도 한다. vCPU를 물리적 CPU에 매핑하는 것이 아니라 vCPU를 물리적 CPU의 하나의 코어에 할당하는 것으로 바뀐다. 앞의 예제에서 네 개의 코어를 가진(쿼드 코어) 네 개의 CPU가 있는 서버의 경우 하이퍼바이저는 16개의 코어를 스케줄한다. 물론 16개의 코어 중 네 개가 사용 가능한 경우가 네 개의 코어 중 사용 가능한 네 개를 얻는 것보다 가능성이 크다. CPU를 가상화하는 것은 결국 시간 스케줄링이기 때문에 성능의 관점에서 보면 스케줄링을 효율적으로 해야 처리량이 늘어난다. 물리적 코어 또는 가상 코어가 많아지면 스케줄링이 복잡해지지만 리소스가 많을수록 장점이 많아진다.

이것에 대해 좀 더 자세히 살펴보자. 호스트에 몇 개의 가상 머신을 설치할지 고려할 때에 한 가지 기준은 물리적 CPU와 vCPU의 개수다. 네 개의 단일 코어 CPU를 가진 간단한 모델에서는 게스트가 하나의 물리적 CPU를 독점하지는 않기 때문에 네 개 이상의 vCPU를 할당할 수 있다. 대신 각 게스트는 물리적 CPU를 부분적으로 사용하고 서버의 각 CPU에 한 개 이상의 vCPU를 할당하게 된다. 그렇다면 문제는 '몇 개의 vCPU를 할당할 수 있는가?'이다.

각 벤더마다 지원하는 권고사항이나 한계가 다르다. 이론적인 한계까지 사용하는 경우는 거의 없지만 각 호스트마다 할당할 수 있는 vCPU의 최대 개수가 다르다. 보통 벤더가 권고하는 CPU당 vCPU의 개수가 한계인 경우가 많다. 이 책을 쓰는 시점에서 마이크로소프트의 하이퍼-V$^{Hyper-V}$는 CPU당 여덟 개의 vCPU를 지원한다. 네 개의 단일 코어 CPU 서버에서는 32개의 단일 vCPU를 가진 VM을 사용할 수 있다. VM웨어의 최신 버전은 네 개의 단일 CPU 서버에서 CPU당 25 vCPU 또는 100개의 단일 vCPU를 지원한다. 물론 이 숫자들은 실제 가상 머신의 워크로드에 따라 달라진다.

한 가지 문제는 하이퍼스레딩$^{hyper-threading}$이다. 이것은 인텔^{Intel}의 기술로 각 코어의 연산을 병렬화해 두 개의 논리적 코어로 보이게 하는 기술이다. 이 기술을 사용하려면 운영체제가 다중 프로세서나 하이퍼스레드 기술을 지원해야 한다. 대부분의 하이퍼바이저는 이 두 요건을 충족시킨다.

여기에서 설명한 예제는 가이드라인일 뿐이며 실제 성능은 서버의 하드웨어 설정과 게스트의 워크로드에 따라 달라진다. 잘못 구성된 호스트는 올바로 구성된 호스트보다 적은 VM을 지원하게 된다. 또한 적은 CPU 자원을 사용하는 가상 머신이라면 더 많은 개수를 지원할 수 있을 것이다. CPU는 매우 중요한 리소스이며 올바로 설정하지 않으면 컨텐션contention으로 인해 병목이 발생하므로 성능이 저하된다.

VM CPU 옵션 설정

가상 CPU는 가상 머신의 성능 향상을 위해 조정할 수 있는 아이템이 매우 적다. 사실 가상 머신의 일부로서 조정할 수 있는 것은 vCPU 개수 하나뿐이다. 최근까지는 가상 머신을 셧다운했을 때에만 가상 머신의 프로세서 개수를 늘릴 수 있었다. 이것은 CPU를 추가해도 운영체제가 추가된 CPU를 인식하지 못하기 때문이다. 오늘날 리눅스와 윈도우 서버 2008 R2는 프로세서를 운영 중에 추가할 수 있다. 이것은 애플리케이션이나 사용자에게 중단 없이 프로세서를 추가해 성능을 높일 수 있음을 의미한다. 아직은 운영 중인 가상 머신의 CPU 개수를 줄일 수 없다. 이런 경우에는 VM을 셧다운하고 CPU 개수를 변경한 후 시스템을 재부팅해야 한다. 이것은 운영체제가 아직 운영 중 제거 기능을 지원하지 않기 때문이다.

1. 가상 머신의 프로세서 개수를 알거나 변경하기 위해서는 VM웨어 플레이어의 가상 머신 선택Select Virtual Machine을 선택한다.
2. 메뉴에서 가상 머신 설정Virtual Machine Settings을 선택한다.
3. 그림 7.2와 같이 하드웨어 윈도우의 왼쪽 프로세서 라인을 선택하면 프로세서 옵션이 나온다.
4. 프로세서 코어 개수Number of Processor Cores 드롭다운 메뉴를 선택하면 가상 머신의 vCPU를 네 개까지 설정할 수 있다. 한 개 이상의 vCPU가 필요하다면

이곳에서 vCPU 개수를 늘릴 수 있다. VM웨어 플레이어는 한 가상 머신의 vCPU 개수를 네 개로 제한한다. 그러나 VM웨어나 그 외 벤더의 다른 티어 1 하이퍼바이저 솔루션은 더 많은 vCPU를 사용할 수 있다.

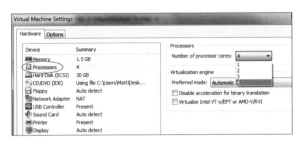

그림 7.2 가상 머신의 프로세서 설정

VM CPU 튜닝

CPU는 가상 머신의 성능을 조정하는 데 매우 중요하지만 튜닝할 수 있는 사항이 별로 없다. 기본적으로 가상 머신에 할당하는 vCPU 개수를 조정하고 이 vCPU가 가상 머신에게 어떻게 보여질지를 제어할 수 있다. 이것 외에는 가상 머신의 성능에 영향을 주기 위해 물리적 서버의 설정을 변경할 수 있는 것이 매우 적다.

다중 vCPU와 단일 vCPU의 선택

가상 머신을 만들 때 가장 중요한 것은 VM에 할당할 가상 CPU의 개수를 정하는 것이다. 이것은 한 개 또는 그 이상을 설정하면 되는 간단한 사항이지만, 가상 머신의 성능에는 매우 큰 영향을 미친다. 물리적 서버와 마찬가지로 가상 머신에 여러 CPU를 할당하면 활용할 수 있는 CPU가 늘어난다. 그러나 vCPU가 늘어나면 동시에 스케줄해야 할 vCPU의 개수가 늘어나기 때문에 성능을 떨어뜨릴 수 있으며 바쁜 시스템에서는 이렇게 할 수 없다. 그럼에도 불구하고 관리자는 가상 머신에 vCPU를 많이 할당하고는 한다.

이렇게 하는 주요한 이유는 애플리케이션 사용자나 벤더가 가상 머신의 성능에 대해 잘 모르기 때문이다. 물리적 세계에서는 '많으면 많을수록 좋다.'가 적용됐다. 앞에서 봤듯이 프로세서의 속도와 효율이 높아져도 이런 프로세서의 활용도는 그렇지 않았다. 이것은 하드웨어 벤더들이 더 많은 코어를 가진 프로세서를 사용해도 애플리케이션은 CPU 성능의 일부만 사용하기 때문이다. 따라서 기업에서는 가상화 프로젝트를 진행할 때 애플리케이션 사용자가 가상 머신에도 이전과 같은 설정을 사용했다. 그들은 애플리케이션이 두 개의 듀얼코어 프로세서를 가진 물리적 서버에서 실행되고 있다고 생각해, 물리적 서버가 프로세서의 5%조차 사용하지 못해도 가상 머신 역시 네 개의 vCPU를 가진다고 생각한다.

그렇다고 여러 vCPU가 필요한 애플리케이션이 없다는 것은 아니다. 이런 애플리케이션에는 여러 vCPU를 할당해야 한다. 그러나 대부분의 가상 머신에는 하나의 vCPU만 할당해도 충분하다. 워크로드를 P2V 전환하기 전에 기본 기대 CPU 성능을 측정할 수 있는 여러 성능 도구가 있다. 가상 머신의 장점은 성능 요구사항이 바뀌는 것에 따라 빠르고 쉽게 변경할 수 있다는 것이다. 물리적 서버처럼 향후 3년간의 워크로드를 대비해 설정하는 것이 아니라, 가상 머신의 경우 필요에 따라 바꿀 수 있다. 이미 vCPU를 애플리케이션 중단 없이 추가할 수 있음을 확인했다. 따라서 여러 개의 vCPU를 설정하기보다는 한 개의 vCPU로 설정하고 환경 변화에 맞춰 개수를 늘리는 것이 좋다.

VM웨어 플레이어에서 다중 코어 vCPU를 만드는 방법은 이 책의 범위를 벗어난다. 이것에 대한 정보는 http://kb.vmware.com/kb/1010184를 참조하라.

마지막으로 제한된 개수의 CPU만을 사용할 수 있는 운영체제도 있다. 윈도우XP 프로페셔널과 같은 경우 최대로 사용할 수 있는 물리적 프로세서는 두 개다. 윈도우XP 프로페셔널을 네 개의 프로세서를 가진 서버에 로딩하면 두 개의 프로페셔널만 사용한다. 마찬가지로 네 개의 vCPU를 가진 가상 머신에 윈도우XP 프로페셔널을 설치하면 두 개의 vCPU만 사용한다. 그러나 다중코어 프로세서를 가진 가상 머신을 만들면 더 많은 리소스를 사용할 수 있다. 예를 들어, 어떤 하이퍼바이저는 듀얼코어 vCPU를 만들 수 있는 기능을 제공한다. 두 개의 듀얼코어 vCPU를 가진 가상 머신을 만들면, 윈도우XP 프로페셔널은 두 개의 듀얼코어 CPU를 가진 물리적 서버와 같이 네 개의 CPU를 사용하게 된다.

하이퍼스레딩

하이퍼스레딩^{hyper-threading}은 프로세서 스케줄링을 좀 더 효율적으로 만듦으로써 성능을 향상시키는 인텔^{Intel}의 마이크로프로세서 기술이다. 하이퍼스레딩 기술 이 전에는 한 프로세서에서 한 번에 한 명령어 집합만을 실행할 수 있었다. 하이퍼스 레딩은 각 물리적 프로세서에 두 개의 논리적 프로세서를 제공한다. 각 논리적 프 로세서는 작업의 각 스레드를 담당할 수 있어 두 개의 스레드를 스케줄링할 수 있 다. 하이퍼스레딩은 프로세서의 성능을 두 배로 만들지는 않는다. 그러나 적당한 환경에서는 30%의 성능 향상을 얻을 수 있다.

하이퍼스레딩을 사용하기 위해서는 몇 가지 조건이 있다. 우선 하이퍼스레딩 을 지원하는 인텔 마이크로프로세서를 사용해야 한다. 운영체제는 다중 프로세서 와 하이퍼스레딩을 지원해야 한다. 윈도우와 리눅스는 하이퍼스레딩을 지원하며 대부분의 하이퍼바이저도 지원한다. 이것은 각 물리적 프로세서나 물리적 서버의 코어에서 두 개의 스레드를 스케줄할 수 있음을 의미한다. 하이퍼스레딩을 지원 하는 시스템인지 확인하는 방법은 다음과 같다.

1. 윈도우의 시작^{Start} 버튼에서 제어판^{Control Panel}을 선택한다.
2. 제어판에서 시스템 및 보안^{System and Security}을 선택한다.
3. 시스템^{System} 엔트리에서 시스템^{System}을 선택한다.
4. 그림 7.3과 같이 왼쪽 메뉴에서 성능 정보 및 도구^{Performance Information and Tools} 를 선택한다.

그림 7.3 시스템 스크린 제어판 메뉴

5. 그림 7.4에서처럼 고급 도구^{Advanced Tools}를 선택한다.

그림 7.4 성능 정보 및 도구 메뉴

6. 그림 7.5에서와 같이 시스템 정보^{System Information}의 자세한 시스템 정보 보기 ^{View Advanced System Details}를 선택한다.

그림 7.5 고급 툴 메뉴

그림 7.6의 프로세서 아이템 옆에 두 개의 프로세서 코어와 네 개의 논리적 프로세서를 가지고 있음을 볼 수 있다. 이것은 각 코어에서 두 개의 스레드를 실행할 수 있음을 의미한다. 이 물리적 시스템에서는 하이퍼스레딩이 활성화 돼 있다.

System Manufacturer	TOSHIBA
System Model	Satellite L755
System Type	x64-based PC
Processor	Intel(R) Core(TM) i3-2310M CPU @ 2.10GHz, 2100 Mhz, 2 Core(s), 4 Logical Processor(s)
BIOS Version/Date	INSYDE 1.70, 4/19/2011
SMBIOS Version	2.7
Windows Directory	C:\windows
System Directory	C:\windows\system32
Boot Device	\Device\HarddiskVolume1

그림 7.6 시스템 정보 요약

인텔 서버와 AMD 서버

가상화에서 자주 제기되는 질문 중 하나는 어떤 x86 칩셋이 최적인가 하는 것이다. 현재로서는 특정 x86 칩셋이 우월하다고 말할 수 없는 것이 최선의 답이다. 이것의 증거는 기업에서 서버의 칩셋을 기준으로 하드웨어를 선택하지 않는 것을 들 수 있다. 기업은 통합을 위해 가상화 환경으로 이동하거나 현재의 가상화 환경을 교체할 때에 서버 하드웨어를 교체하거나 플랫폼을 개선한다. 이런 작업을 하며 때로는 다른 x86 마이크로프로세서로 교체하기도 한다. 예를 들어 인텔에서 AMD로 변경한다. 성능 관점에서 CPU의 성능은 거의 변화가 없지만 운영 성능에 있어서는 상당한 변화가 있다.

하이퍼바이저는 AMD와 인텔 플랫폼에서 모두 수행된다. 사실 운영 관점에서는 어떤 칩을 사용하는지 구별할 수 없다. 그러나 인텔과 AMD 서버를 혼합해서 사용하는 경우에는 이슈가 발생할 수 있다. 추후에 성능과 가용성을 향상하기 위한 클러스터링clustering 호스트를 다룰 것이다. 지금은 클러스터링의 기능 중에 가상 머신의 애플리케이션을 중단시키지 않고 가상 머신이 동작하는 도중에 가상 머신을 다른 서버로 옮길 수 있는 기능이 있다는 것만 알아두자. 이 기능은 많은 물리적 호스트에서 가상 머신을 동적으로 로드 밸런싱하고 관리를 위해 물리적 호스트를 떼어내는 데 사용한다. 이것은 같은 벤더의 마이크로프로세서를 사용하는 물리적 서버에서만 가능하다. 혼합된 환경에서는 마이크로프로세서마다 명령어 집합이 다르기 때문에 AMD 호스트와 인텔 호스트 사이에서 가상 머신을 실행 중에 마이그레이션할 수 없다. AMD 호스트와 인텔 호스트 간에 가상 머신을 옮기려면 가상 머신을 셧다운해야 다른 칩셋을 가진 호스트에서 다시 재시작할 수 있다.

요점 정리

CPU는 컴퓨터를 여러 방법으로 제어하는 엔진이다. 가상 머신은 여러 VM 간에 CPU를 공유하기 때문에 물리적 서버보다 CPU를 많이 사용한다. 물리적 환경과 가상 환경을 잘못 설정하면 애플리케이션과 사용자에게 문제가 발생한다. 오늘날 물리적 서버는 다중 프로세서나 멀티코어를 사용한다. 각 코어는 하나의 vCPU에 대응하는 작업을 하도록 해 좀 더 나은 성능과 유연함을 제공할 수 있다. 하이퍼스레딩과 같은 CPU 기술 역시 가상 머신과 vCPU에서 사용할 수 있다.

연습 문제

▶ 네 개의 코어와 네 개의 프로세서를 가진 가상 호스트가 있다. 벤더의 가이드라인에 따르면 가상 솔루션은 물리적 CPU당 18개의 vCPU까지 지원할 수 있다. 피크 타임을 위해 20%의 성능을 보존하려는 경우 이 호스트에 몇 개의 단일 vCPU를 가진 가상 머신을 사용할 수 있는가?

▶ 구매 부서에서 쿼드코어 서버 대신 추가 호스트를 구매하기로 결정해 여덟 개의 코어를 가진 CPU를 가상화에 사용할 수 있게 됐다. 그러나 이제 네 개의 vCPU를 가진 17대의 가상 머신으로 구성된 애플리케이션을 추가로 지원해야 한다. 이 17대의 VM을 추가했을 때 20% 보존율을 유지하기 위해서는 단일 vCPU를 가진 가상 머신을 이 호스트에 몇 개 설치할 수 있는가?

가상 머신의 메모리 관리

메모리는 CPU와 마찬가지로 가상 머신의 중요 요소다. CPU와 달리 메모리는 가장 빨리 사용되는 자원이다. 하이퍼바이저는 서버의 물리적 메모리와 가상 머신에 할당된 데이터 블록 간의 처리를 통해 메모리를 추상화한다. 하이퍼바이저와 관리자가 메모리를 어떻게 관리하는지가 물리적 리소스의 효과적인 사용에 중요하다.

▶ 메모리 가상화의 이해
▶ VM 메모리 옵션 설정
▶ VM 메모리 튜닝

메모리 가상화의 이해

15년 전만 하더라도 컴퓨터 메모리라는 개념은 컴퓨터 기술에 종사하는 사람들에게만 알려져 있었다. 이들은 메모리라고 하지 않고 랜덤 액세스 메모리^{RAM,} Random Access Memory라고 불렀다. RAM은 디스크와 같은 스토리지 디바이스로 여겨졌다. 하지만 디스크 스토리지 디바이스에서 데이터를 액세스하는 것보다 메모리의 데이터를 액세스하는 것이 훨씬 유연하고 빨랐다. 시스템 메모리의 크기는 킬로바이트^{kilobyte}에서 메가바이트^{megabyte} 크기 정도의 디스크에 비해 매우 작았다. 앞서 언급한 개인용 컴퓨터나 스마트폰과 같은 장비는 기가바이트^{gigabyte} 메모리를 갖고 있다. 아이패드^{iPad}나 다른 태블릿도 비슷하다. 이런 장비 외에도 우리가 일상적으로 사용하는 여러 장비가 메모리를 사용한다. 디지털 카메라와 MP3 플레이어, 게임기 모두 이런 전자기기에 속한다. 이런 장비가 보급되면서 메모리가 컴퓨팅에 무엇을 제공하는지 일반 대중도 이해할 수 있게 됐다. 12살 어린이에서부터 70대 할아버지까지 메모리가 무엇인지 알고 있는 경우가 많아졌다.

||||||||||||||||||||||||||||||||||||||||||||||||||||||||||||||||||||||||||||||||||||||||||||||||||||||||||||

전자기기의 메모리 증가

1980년대의 상업적인 초기 개인용 컴퓨터는 64KB의 메모리를 갖고 있었다. 코모도어(Commodore) 64라는 인기 상품은 이 크기의 RAM을 가졌기 때문에 그와 같은 이름이 붙여졌다. 오늘날에도 메모리 크기를 제한하는 요소에는 비용과 대용량 메모리를 다룰 수 있는 칩(CPU), 운영체제의 기능 등이 있다. 애플 아이패드2는 512MB 메모리를 사용하는데 이는 코모도어 64가 사용한 메모리의 8,000배다.

―――――――――――――――――――――――――――――――――――――

메모리는 컴퓨터의 작업 공간이다. 운영체제가 시작되면 항상 사용되는 루틴이 메모리에 로드되고 계속 머문다. 프로그램을 실행하면 실행 속도를 빠르게 하고 재사용 시에 빨리 액세스하기 위해 이 루틴도 메모리에 복사된다. 프로그램이 데이터를 사용하면 이 데이터도 메모리로 이동하고 계산 과정에서 사용하는 여러 정보도 CPU에 빨리 전달하기 위해 메모리에 저장되며 CPU가 수행한 결과도 메모리에 다시 기록된다. 메모리가 많으면 컴퓨터는 더 많은 데이터를 더 빨리 액세스하고 처리할 수 있다. 게임기와 DVD 플레이어, 디지털 비디오 레코더$^{DVR,\ digital\ video\ recorder}$에서는 화면 출력을 부드럽게 하기 위해 데이터를 저장할 버퍼 메모리를 사용한다. 실시간 멀티미디어가 시장에 보급되며 메모리가 매우 중요해졌다.

가상화에서도 마찬가지다. 다른 리소스와 비교해 메모리는 가상 환경의 성능에 가장 큰 영향을 미치는 요소 중 하나다. CPU 가상화에서처럼 가상 머신을 위해 물리적 서버의 메모리를 추상화한다. 가상 환경에서 메모리가 어떻게 사용되는지 이해하기 위해 5장, '가상 머신에 윈도우 설치하기'에서 만든 윈도우 가상 머신을 다시 살펴보자. 그림 8.1과 같이 처음에는 1GB 메모리를 사용했지만 나중에 1.5GB로 늘렸다. 물리적 시스템은 이보다 많은 메모리를 가지고 있다. 테스트 장비에서는 4GB를 사용했으며, 오늘날의 서버인 경우 수백 기가바이트 메모리를 사용하기도 한다. 중요한 것은 가상 머신의 운영체제는 1.5GB만 할당된 것으로 인식한다는 점이다.

그림 8.1 가상 머신의 메모리

하지만 운영체제와 애플리케이션(예를 들어, 마이크로소프트 워드와 어도비 아크로뱃 리더, 모질라 파이어폭스)을 저장하고, 이런 애플리케이션에서 사용하는 데이터를 저장하기에는 1.5GB의 용량은 부족하다. 따라서 운영체제는 물리적 메모리와 디스크 스토리지 간에 프로그램과 데이터를 지속적으로 이동하는 방식을 사용한다. 메모리 블록은 페이지page라고 하며 일정한 크기를 갖는다. 현재 대부분의 아키텍처는 4KB 크기의 페이지를 사용한다. 메모리 블록을 해제하고 다른 정보를 로드하면 이전의 덜 자주 사용되는 블록은 디스크에 기록한다. 디스크는 물리적 메모리를 확장한 것처럼 사용하고, 페이지를 디스크에 기록하는 과정은 페이징paging 이라 한다. 메모리 페이지를 복사하는 파일은 페이지 파일이라 한다. 프로세서는 캐시cache라 불리는 물리적 메모리를 가지며, CPU가 수행할 작업을 저장하는 큐로 사용한다. 그림 8.2는 이 과정을 간략히 보여준다. 디스크 스토리지는 메모리에 비해 매우 느리기 때문에 페이지는 성능 면에서 비용이 매우 많이 드는 작업이다.

그림 8.2 메모리 페이지 이동

VM 메모리 옵션 설정

가상 머신의 매우 중요한 부분임에도 불구하고 메모리에 대해 설정할 수 있는 것은 크기를 변경시키는 것밖에 없다. 하이퍼바이저에서는 호스트 전반의 메모리 사용량을 조절할 수 있지만, 이것은 다음 절에서 다루기로 한다. 물리적 서버와 마찬가지로 가상 머신이 잘 동작하기 위해서는 리소스가 충분히 있어야 한다. 너무 많은 메모리를 사용하게 하면 메모리가 낭비되고 다른 가상 머신에서 사용하지 못한다. 메모리가 너무 부족하면 메모리가 계속 물리 디스크로 페이징돼 성능이 저하된다. 따라서 이를 감안해 메모리의 크기를 잘 선택해야 한다. 다음은 메모리 크기를 설정하기 위한 가이드 라인이다.

1. 가상 머신을 만들었을 때에 이미 본 것이지만, 가상 머신의 메모리 설정 부분을 다시 한 번 살펴보자. VM웨어 플레이어에서 윈도우7 가상 머신을 선택한다.
2. 오른쪽 하단 또는 가상 머신^{Virtual Machine} 메뉴에서 가상 머신 설정 변경^{Edit The Virtual Machine Settings}을 선택한다.
3. 하드웨어 장비 중 메모리가 선택돼 있을 것이다. 그림 8.3과 같이 오른쪽 패널에서 윈도우7 가상 머신의 메모리 설정을 볼 수 있다. 이전에 봤듯이 슬라이더를 위아래로 조정해 메모리를 조정할 수도 있고, 이 가상 머신의 메모리에 값을 직접 입력할 수도 있다.
4. VM웨어 플레이어는 최소 추천 메모리, 추천 메모리, 최대 추천 메모리 값을 제공한다. 최소값은 게스트 운영체제에 따라 결정되고 최대 크기는 호스트 서버의 메모리 크기에 따라 결정된다.
5. Cancel을 클릭해 가상 머신 설정 윈도우를 닫는다.

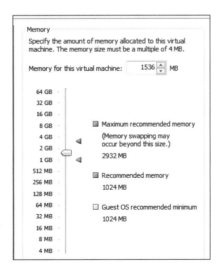

그림 8.3 가상 머신의 메모리 관리

유튜브(YouTube)에서 여기서 소개하는 기능들에 대한 데모 동영상을 찾을 수 있다. 운영 중인 시스템에 메모리를 추가하는 방법을 보기 위해서는 http://www.youtube.com/watch?v=NdpWjAligoA를 방문하라.

전에 봤듯이 메모리 설정은 가상 머신의 운영체제에 따라 다르다. 재부팅 없이 메모리를 동적으로 추가하는 것은 운영체제에서 이 기능을 지원해야 사용할 수 있다. 윈도우2003과 2008, 2008 R2 그리고 최신 리눅스 배포판에서는 핫애드Hot-Add 메모리를 지원한다. 윈도우는 별다른 설정 없이 자동으로 추가 메모리를 인식한다. 현재 리눅스 버전에서는 시스템에서 메모리를 사용하기 전에 메모리 상태를 온라인으로 설정하는 명령을 사용해야 한다. 가상 머신의 메모리를 줄일 수도 있지만 현재 운영체제들은 메모리를 줄이려면 재부팅해야 한다.

VM 메모리 튜닝

가상 환경에서 메모리를 다룰 때에는 컨텍스트가 중요하다. 지금까지는 가상 머신 외부에서 메모리를 바라봤다. 가상 머신에 할당된 메모리의 양만큼 가상 머신이 사용할 수 있다. 물리적 호스트에 수백 기가바이트의 메모리가 있다고 하더라도 각 개별 가상 머신은 이 사실을 알지 못한다. 그림 8.4는 이 모델을 간략하게 보여준다.

두 가상 머신에 각각 4GB와 2GB의 메모리가 할당됐고 이 가상 머신의 게스트 운영체제는 이 메모리만 인식한다. 실제로 물리적 호스트에는 16GB의 메모리가 있다. 두 가상 머신에 6GB를 할당했지만 호스트에서는 여전히 10GB의 메모리를 사용할 수 있다. 그러나 이것은 정확하다고 할 수 없다.

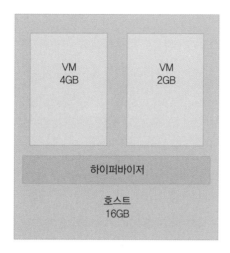

그림 8.4 가상 머신과 호스트의 메모리

메모리 오버헤드 계산

하퍼바이저는 운영체제가 그러하듯 메모리의 일부를 자신의 프로세스를 위해 남겨둬야 한다. 과거에는 이 영역이 물리적 메모리의 20% 정도까지 차지하기도 했지만 최신 하이퍼바이저 기술은 이 영역의 크기를 매우 줄일 수 있게 됐다. 호스트에서 수행되는 각 가상 머신마다 가상 머신이 사용할 메모리 외에도 약간의 영역을 더 남겨둔다. 이 추가적인 메모리는 메모리 매핑 테이블(가상 머신 메모리 주소를 물리적 메모리로 연결함)과 같은 운영에 필요한 작업에 사용된다. 실제 오버헤드의 크기는 하이퍼바이저의 구현과 각 가상 머신의 메모리 설정에 따라 다르다. 여기에서는 1GB의 메모리가 하이퍼바이저 오버헤드와 가상 머신의 오버헤드를 다 포함할 수 있으며, 어떤 인자를 변경하든 간에 충분한 메모리를 할당하고 있다고 가정한다. 이렇게 하면 사용 가능한 메모리는 9GB다.

이제 가상 머신을 좀 더 추가해보자. 4GB 가상 머신 두 개와 1GB 가상 머신 한 개를 추가하면 남은 메모리를 다 사용하게 될 것이다. 실제로는 여러 가지 이유로 이렇게 모든 메모리를 다 사용하지는 않는다. 가장 큰 이유는 관리자가 항상 안 좋은 상황을 대비해 리소스를 남겨두기 때문이다. 가상 머신이 커지거나 예상치 못한 성능 요구사항이 생기는 것에 대비해 여분의 메모리나 리소스를 남겨두는 것이 좋다. 이 모델은 이제 15GB 물리적 메모리를 사용하는 다섯 개의 가상 머신을 갖게 됐다. 하지만 이것은 그다지 효율적이지 않다. 가상화 관점에 봤을 때에 우리는 공유 자원인 메모리를 실제로 공유하지 않기 때문에 리소스의 활용도를 높였다고 할 수 없다. 각 가상 머신은 메모리만 봤을 때에는 정해진 메모리를 각자 사용하는 물리적 서버와 비슷하다. CPU 가상화와 메모리 가상화를 비교해본다면 둘이 매우 유사하다는 것을 알 수 있다. 두 리소스 모두 가상 디바이스를 서비스하는 것처럼 보이지만, 하이퍼바이저가 더 큰 물리적 디바이스에 대한 할당을 관리하고 있다.

하이퍼바이저는 어떤 페이지가 물리적 메모리에 기록될지를 결정하며, 앞서 말한 테이블을 이용해 각 가상 머신에 할당된 메모리가 어떤 물리적 서버의 메모리로 매핑됐는지 기록한다. 하이퍼바이저는 이런 물리적 환경과 가상 환경의 전체적인 메모리의 관점에서 매우 독특한 기능을 갖게 된다. 고정된 크기의 메모리를 갖기보다는 워크로드에 따라 메모리가 변경될 수 있다면 어떻겠는가? 이렇게 하려면 더 이상 필요치 않은 메모리 페이지를 회수할 수 있는 방법이 있어야 한다. 최신의 스토리지 기술은 중복 제거와 압축 기술을 통해 성능을 높이고 비용을 절감한다. 이것을 메모리에도 적용할 수 있을까? 이 두 질문에 대한 대답은 모두 '그렇다.'이다.

메모리 최적화

앞에서 말한 다섯 개의 가상 머신은 15GB 메모리를 서로 나눠 할당받았지만 실제로 사용하는 메모리는 더 적을 것이다. 애플리케이션 관리자들은 보통 앞으로의 증설과 부하가 몰리는 상황을 고려해 더 많은 메모리를 요구하기 때문이다. 물리적 서버의 설정은 동적으로 바꾸기 어렵기 때문에 향후의 필요에 대비해 더 많은 메모리를 설치한다. 이런 관습을 가상 환경에서도 적용하는 경우가 많다. 결과적으로 가상 머신에 필요보다 더 많은 메모리를 할당하게 된다. 하이퍼바이저에는 이런 상황을 해결하기 위한 기능이 있다. 하이퍼바이저는 물리적인 메모리 연산과 이런 연산에 대한 가상 머신의 뷰를 제어하기 때문에 가상 머신에게 일정한 양의 메모리가 있다고 알려주며, 실제로는 이 메모리의 양을 유동적으로 조절한다.

예를 들어 가상 머신에 2GB의 메모리를 할당했다고 하더라도 실제로는 그렇지 않다. 하이퍼바이저는 다른 가상 머신을 위해 메모리를 사용할 수 있다. 메모리 할당은 최고 수위를 결정하는 것으로 봐야 하며, 실제로 사용하는 양은 하이퍼바이저가 조정한다. 게스트 운영체제의 입장에서 이 가상 머신은 2GB를 갖고 있는 것처럼 보인다. 가상 머신의 메모리를 회수하기 위한 벌루닝^{ballooning}이라는 기법이 있다. 그림 8.5는 메모리를 벌루닝하는 예제다. 가상 머신의 메모리를 회수하기 위해 메모리의 페이지를 다른 스토리지 디바이스(이 경우는 디스크의 페이지 영역)로 플러시한다. 벌룬 드라이버가 동작해 (가상적으로) 메모리를 부풀려 운영체제가 메모리에서 페이지를 플러시하도록 한다. 운영체제는 어떤 페이지가 최근에 사용되고 수정됐는지 알기 때문에 이 페이지를 제거할 후보로 선택한다. 페이지가 플러시되면 벌룬 드라이버는 줄어들며 하이퍼바이저가 물리적 메모리를 회수한다. 이 과정은 보통 메모리에 대한 경쟁이 많은 경우 발생한다.

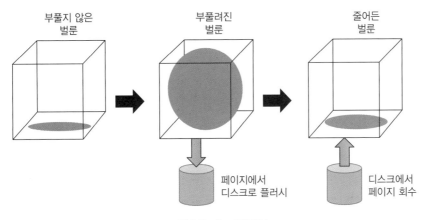

그림 8.5 메모리 벌루닝

이런 메모리의 유연성으로 인한 부작용은 가상 머신에 실제 할당한 메모리보다 적은 물리적 메모리를 사용하는 것이다. 앞의 다섯 개의 가상 머신이 평균적으로 절반 정도의 메모리를 사용한다면 실제로 7.5GB 메모리는 사용하지 않게된다. 메모리를 100% 모두 사용하는 것은 바람직하지 않다. 부하가 몰리는 상황에 대처할 여유가 없기 때문이다. 물리적 메모리의 10%를 버퍼로 남겨둔다고 해도 여전히 6GB 메모리를 더 사용할 수 있다. 각 가상 머신이 자신에게 할당된 메모리의 절반만 사용하고 있기 때문에 가상 머신을 더 추가해 전체적으로 12GB의 메모리를 사용할 수 있다. 여기서는 4GB VM과 네 개의 2GB VM을 추가해 가상 머신의 개수를 두 배로 늘릴 수도 있다. 이렇게 실제 물리적 메모리보다 더 많은 가상 메모리를 사용하는 것을 메모리 과다 사용memory overcommitment이라고 한다. 그림 8.6의 간단한 예제를 보자. 이 그림에서 얇은 블록은 특정 가상 머신에 할당된 메모리 블록을 나타낸다. 호스트에는 16GB의 메모리가 있지만 세 개의 가상 머신에 24GB 메모리가 할당돼 있다.

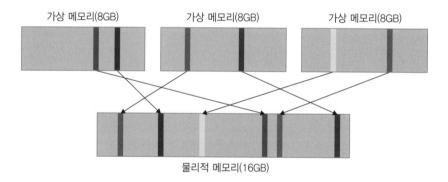

그림 8.6 메모리 과다 사용

메모리 과다 사용은 강력한 가상화 기술이지만 효과적으로 사용하기 위해서는 가상 머신의 메모리 사용 특성을 잘 이해해야 한다. 작업이 많지 않은 가상 머신이나 필요보다 많은 메모리가 할당된 가상 머신의 경우 앞의 예제에서처럼 하이퍼바이저가 가상 머신의 메모리를 관리하게 해 응집 비율을 높일 수 있다. 가상 머신이 절반의 메모리를 사용하는 예제는 과다 사용 비율을 2:1이라고 하자. 많은 가상 환경에서 메모리 과다 사용이 발생하고 있으며 1.5:1에서 2:1의 비율로 사용하고 있다. 특성을 잘 알고 있는 애플리케이션 환경의 경우 매우 예외적이긴 하지만 10:1에서 20:1의 비율까지도 사용할 수 있다.

과다 사용 외에 가상 환경의 메모리 효율성을 높이기 위한 다른 기법들도 있다. 이런 기법 중에는 페이지 공유 기법이 있는데, 이 기법은 스토리지 벤더가 중복된 데이터 블록을 한 복사본만 저장해 저장 공간을 절약하는 데이터 중복 제거 기법과 유사하다. 열 개의 가상 머신이 있을 때 이 가상 머신이 같은 운영체제 또는 같은 애플리케이션을 사용하는 것은 흔한 일이다. 대규모 인터넷 서비스 기업들은 하드웨어부터 운영체제까지 동일한 설정을 사용하는 수십 개에서 수백, 수천 개의 애플리케이션 웹 서버를 운영한다. 가상 머신이 운영체제의 페이지나 애플리케이션 프로그램의 페이지를 메모리에 로드하면 가상 머신마다 같은 내용을 갖게 된다. 하이퍼바이저가 가상 머신과 물리적 메모리 간의 모든 페이지 이동을 관리하기 때문에 어떤 페이지가 물리적 메모리에 있는지 알 수 있으며, 물리적 메모리에 동일한 사본을 만들지 않고 이 메모리를 사용하도록 할 수 있다. 그림 8.7은 이런 공유 과정을 보여준다. 한 가상 머신이 공유된 메모리 페이지에 기록하는 경우 하이퍼바이저는 이 가상 머신만이 사용하기 위한 페이지 사본을 만든다. 이 과정을 카피 온 라이트copy-on-write라고 한다.

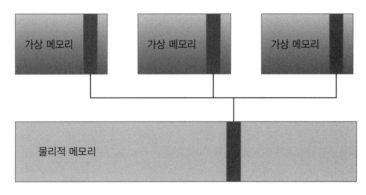

그림 8.7 페이지 공유

페이지 공유는 가상 머신 간뿐만 아니라 같은 가상 머신 내에서도 발생할 수 있다. 공유 페이지를 중복할 필요 없이 가상 머신이 사용하도록 더 많은 메모리를 회수할 수 있다. 실제로 페이지 공유는 실제 물리적 메모리의 10~40%를 절약할 수 있다. 가상화는 앞서 말한 인터넷 서비스 기업들이 과다 사용과 페이지 공유를 통해 수백 대의 애플리케이션 웹 서버를 응집해 물리 환경을 갖추는 비용을 줄이는 것뿐만 아니라 훨씬 더 효율적인 장점도 제공한다. 페이지 공유의 또 다른 장점은 VDI, 즉 가상 데스크톱 인프라스트럭처Virtual Desktop Infrastructure다. VDI는 지금까지 다룬 서버 가상화가 아닌 데스크톱 컴퓨터를 가상화하는 것이다. VDI는 윈도우 운영체제와 설치가 허가된 윈도우 애플리케이션으로 구성된 가상 머신을 만든다. 가상 데스크톱이 모두 같기 때문에 VDI는 페이지 공유 기법을 적용하기에 가장 적합하다고 할 수 있다.

가상 머신을 부팅하면 하이퍼바이저는 스왑swap 공간이라 불리는 영역을 디스크에 할당한다. 스왑 공간은 페이징이 발생하는 경우 메모리 페이지를 저장하기 위해 사용한다. 하이퍼바이저가 메모리를 회수해야 되면 벌룬 드라이버를 사용해 사용할 수 있는 메모리 페이지를 확보한다. 벌룬 드라이버가 충분한 메모리를 확보하지 못하면 하이퍼바이저는 모든 가상 머신의 메모리 페이지를 스왑해 물리적 메모리에서 물리적 디스크로 기록한다. 예상하다시피, 디스크 읽기와 쓰기는 메모리 I/O보다 훨씬 오래 걸리기 때문에 스왑이 발생하면 가상 머신의 성능이 저하된다. 스와핑은 메모리 경쟁이 발생하는 경우 최후로 선택하는 방법이다. 이것이 가상 환경에서 메모리 설정과 지속적인 모니터링이 중요한 이유다.

새로운 메모리 관리 기법 중 하나는 메모리 압축이다. 압축의 목적은 페이지 스와핑이 너무 많은 시간을 소비하고 리소스를 많이 사용하기 때문에 이를 늦추기 위한 것이다. 하이퍼바이저는 메모리의 일부를 압축 캐시로 사용한다. 페이징이 필요한 경우 압축이 성공적일지 판단하는 알고리즘을 사용해 페이지를 검사한다. 페이지를 압축할 수 있으면 디스크로 스와핑하지 않고 캐시로 옮긴다. 이들을 복구하는 과정은 반대다. 압축과 압축 해제는 페이지 스와핑보다 훨씬 빠르다.

이런 메모리 관리 기술을 사용해 가상 머신은 물리적 서버보다 메모리를 효율적으로 사용할 수 있다. 이런 메커니즘이 없다면 가상 머신에 할당할 메모리를 관리하기 위해 서버에 더 많은 메모리를 설치해야 할 것이다. 예로 든 서버에서는 부하가 몰리는 상황과 하이퍼바이저 오버헤드를 제외하고도 약 12GB의 메모리를 사용할 수 있었다. 페이지 공유와 벌루닝을 사용해 이 메모리의 활용도를 두 배로 높일 수 있었다. 만일 추가 메모리를 구매해야 했다면 저사양의 서버라 해도 수천 달러의 비용이 들었을 것이다. 엔터프라이즈급 시스템은 보통 128GB나 258GB, 또는 그 이상의 메모리를 장착한다. 이런 메모리 최적화 기술은 추가 메모리를 사야 하는 비용뿐만 아니라 수만 달러에 달하는 서버의 구매 비용도 낮춰줄 수 있다. 대규모 환경에서는 이런 비용 절감의 효과가 상당하다.

벤더별 메모리 최적화 기술

가상화가 제공하는 메모리 최적화 기술을 설명하며 어떤 하이퍼바이저가 어떤 기술을 제공하는지 설명하지 않았다. 그런 이유 중 하나는 각 벤더가 새로운 버전을 발표하며 이전 버전에 없었던 기능을 계속 추가하고 있기 때문이다. 각 벤더는 같은 기능을 제공하면서도 다른 구현 방식을 택하기도 한다. 표 8.1과 같이 대표적인 세 개의 벤더는 메모리 과다 사용 기능을 제공하지만 이들은 모두 아키텍처가 다르다. 특정 벤더가 현재 모든 기능을 제공하고 있지 않더라도 앞으로 더 추가될 수 있다. 또한 혁신을 통해 새로운 기술이 지속적으로 추가될 것이다.

표 8.1 메모리 최적화 기술

	VM웨어 v스피어 (v스피어 5.0)	마이크로소프트 하이퍼-V (서버 2008 R2)	젠 계열 (젠서버 6.0)
과다 사용	제공	제공	제공
벌루닝	제공	제공	제공
페이지 공유	제공	없음	없음
압축	제공	없음	없음

요점 정리

메모리는 가상화에 있어 가장 중요한 리소스 중 하나다. 메모리가 충분하지 않거나 잘못 설정되면 가상 환경의 성능에 문제가 발생할 수 있다. 지난 몇 년간 무어의 법칙에 따라 가상 환경에 더 많은 메모리를 공급할 수 있게 돼, 기업이 각 물리적 서버에 더 많은 가상 머신을 사용할 수 있게 됐다. 또한 예전에는 가상화의 대상이 될 수 없었던 큰 규모의 서버도 가상화할 수 있게 됐다. 기본적인 메모리 가상화 기술 외에도 벤더들은 성능을 높이고 응집 비율을 높이기 위해 메모리의 사용 효율을 높일 수 있는 많은 메모리 최적화 기술을 개발하고 있다.

연습 문제

가상화 호스트로 사용할 서버에 32GB 메모리가 있다. 이 호스트에 32개의 애플리케이션 서버를 P2V하려고 한다. 각 애플리케이션 서버는 현재 4GB 메모리를 가진 물리적 서버에서 운영하고 있다. 애플리케이션 서버는 모두 윈도우 서버 2008을 사용하고 있다.

▶ 메모리 최적화 기술을 전혀 사용하지 않으면 이 서버에서 호스트할 수 있는 가상 머신은 최대 몇 개인가?

▶ 메모리 과다 사용을 통해 페이지 공유와 벌루닝을 사용한다고 하자. 1.25:1의 비율로 과다 사용하면 몇 개의 가상 머신을 호스트할 수 있는가?

▶ 가상 환경으로 옮기기 위해 최저 성능 기준을 알아보는 과정에서 각 시스템이 평균적으로 1GB의 메모리만을 사용하는 것을 알았다. 과다 사용 비율이 그대로라면 몇 개의 가상 머신을 호스트할 수 있는가?

▶ 향후 증설이나 위급 상황에 사용할 메모리를 남겨두기로 했다고 하자. 90%의 활용도를 한계라고 할 때 몇 개의 가상 머신을 사용할 수 있는가?

가상 머신의 스토리지 관리

9

데이터 스토리지는 요즘 어디서나 볼 수 있다. 컴퓨터나 스마트폰과 같은 기기들은 물론이고 DVR이나 GPS와 같이 우리가 미처 생각하지 못한 기기들에도 정보를 저장하고 액세스하는 것은 우리의 일상이 됐다. 가상화에서 스토리지 리소스를 추상화하기 위해서는 계획을 잘 세워야 한다. 하지만 너무 많은 선택과 전략이 있기 때문에 스토리지 가상화는 실패하는 경우가 많다. 하지만 오늘날 스토리지 기술은 가상 환경에 잘 맞으며, 모델을 실현하기 위한 많은 기술들이 개발됐다.

- ▶ 스토리지 가상화의 이해
- ▶ VM 스토리지 옵션 설정
- ▶ VM 스토리지 튜닝

스토리지 가상화의 이해

데이터 스토리지는 계속해서 증가한다. 지난 5~10년간 자신의 환경이 어떻게 변화했는지 살펴보면 데이터 스토리지가 얼마나 필수적이고 널리 사용되고 있는지 이해할 수 있다. 냉장고에서 자동차까지 모든 기기들이 어느 정도의 데이터 스토리지를 갖고 있다. GPS(위성 위치 확인 시스템^{Geographic Positioning System})나 DVR(디지털 영상 녹화기^{Digital Video Recorder})도 데이터 스토리지를 사용하며 우리가 매일 사용하고 있다. PC와 스마트폰, 뮤직 플레이어, 태블릿 등과 같은 컴퓨팅 장비들은 새로운 모델이 출시될 때마다 스토리지가 증가하고 있다. 전통적인 기업 데이터센터가 다루고 저장하는 데이터의 양도 지난 몇 년간 매우 많이 증가했다. 이런 데이터 증가의 원인 중 한 가지는 현재의 데이터 유형이 과거와는 다르기 때문이다. 이전에는 텍스트 정보나 글, 숫자 등과 같은 데이터만 저장하고 처리했다. 하지만 최근의 웹사이트를 방문하면 동영상과 같은 시각 정보나 음악 정보, 그리고 다양한 폰트와 색상으로 꾸며진 텍스트 정보를 쉽게 접할 수 있다. 이런 것들은 단순한 텍스트 정보보다 더 많은 공간을 필요로 한다. 페이스북^{Facebook}과 트위터^{Twitter} 같은 소셜 미디어도 계속 유행하고 있다. 위키피디아^{Wikipedia}와 이베이^{eBay}, 아마존 ^{Amazon}, 구글^{Google}, 애플^{Apple}의 iCloud도 데이터 증가의 원인이다.

디지털 정보의 양은 어느 정도인가?

2008년도의 버클리 대학(University of California at Berkeley) 연구에 따르면 그 해 생성된 디지털 정보는 약 8엑사바이트(800경 바이트)이며 이는 미국 의회 도서(Library of Congress)의 5만 7,000배라고 한다. 또한 이 연구에서는 6개월마다 데이터의 양이 두 배씩 증가할 것으로 전망했다. 증가 속도는 계속 빨라지고 있으며, 2010년도에는 1제타바이트(1섹스틸리온, 10의 21제곱)를 넘어섰으며 약 1,000배 더 빨리 증가하고 있다. IDC의 디지털 유니버스 리포트(Digital Universe Report)는 2011년에 생산된 디지털 데이터가 2제타바이트(2섹스틸리온 바이트)에 달하는 것으로 밝히고 있다.

컴퓨터 관점에서는 컴퓨팅 장비가 무엇이든 간에 처리할 정보를 얻는 과정이 매우 비슷하다. 이전에 살펴봤듯이 운영체제가 여러 I/O 디바이스에 대한 액세스를 제어한다. 애플리케이션 프로그램이 메모리에 로드되고, 기능을 수행하기 위해 운영체제에게 정보를 달라고 요청한다. 운영체제는 이 요청을 스토리지 서브시스템에게 넘기는데, 이는 보통 스토리지 디바이스(또는 디바이스 그룹)의 프론트엔드에 있는 요청을 최적화하기 위한 시스템이다. 서브시스템은 정보의 위치를 찾아내고 이를 데이터 블록의 형태로 운영체제에게 반환한다. 운영체제는 이 데이터 블록을 프로그램에 전달한다. 프로그램은 자신의 작업을 처리하고 다른 정보가 더 필요하면 앞의 과정을 반복한다. 애플리케이션이 데이터 블록의 정보를 갱신하면 이 블록을 운영체제를 거쳐 스토리지 서브시스템으로 전달해, 이 블록을 다시 요청하기 전에 변경된 정보를 물리적 스토리지 디바이스에 기록한다. 이런 과정은 PC에서 이메일을 확인하거나 DVR에 녹화된 영화를 보는 경우에 유사하게 수행된다.

가상 환경에서는 이 과정을 어떻게 수행할까? 디스크 드라이브에서 정보를 얻는 예를 하나 살펴보자. 그림 9.1은 애플리케이션 프로그램이 스토리지 컨트롤러에게 데이터를 요청하는 과정을 보여준다. 운영체제에게 요청이 전달되면 운영체제는 이 요청을 어느 I/O 디바이스에 전달할지 결정한다. 호스트 시스템 내부에 있는 직접 연결 스토리지^{DAS, Direct attached storage}는 컴퓨터 하드웨어의 물리적 프로세서 카드인 스토리지 컨트롤러가 관리한다. SAN(스토리지 영역 네트워크^{Storage Area Network}) 또는 NAS(네트워크 연결 스토리지^{Network Attached Storage})는 전용 스토리지 네트워크나 NIC(네트워크 인터페이스 컨트롤러^{Network Interface Controller})를 통해 컴퓨터와 연결하는 디스크 스토리지 장치다. NIC는 컴퓨터를 네트워크에 연결하는 물리적 카드다. SAN은 파이버 채널 컨트롤러^{FCC, Fibre-Channel Controller}라 불리는 전용 컨트롤러 또는 호스트 버스 어댑터^{HBA, Host-Bus Adapter}를 사용해 연결한다. 이런 물리적 I/O 카드와 스토리지 컨트롤러, 네트워크 컨트롤러는 디바이스 드라이버를 사용해 운영체제와 통신한다. 로컬 디스크나 컴퓨터 내부에 있는 정보를 요청하면 이 요청은 SCSI 드라이버에게 전달된다. 물리적 환경에서는 이런 SCSI 드라이버 요청을 물리적 스토리지 컨트롤러가 처리하지만, 가상 환경에서는 하이퍼바이저에게 전달된다. 가상 머신에게는 SCSI 컨트롤러가 있는 것처럼 보이지만, 실제로는 하이퍼바이저가 스토리지 I/O 요청을 전달하는 데 사용하는 추상 레이어일 뿐이다. SCSI 에뮬레이터는 요청을 분류해 호스트에 있는 모든 가상 머신의 요청을 큐에 저장한다. 그 후 물리적 호스트의 스토리지 컨트롤러와 연결된 하이퍼바이저의 스토리지 디바이스 드라이버에게 요청이 전달된다. 하이퍼바이저는 반대 경로를 통해 데이터 블록을 요청한 VM에게 전달한다. 가상 머신의 운영체제는 가상 스토리지 컨트롤러로부터 정보를 받아 애플리케이션에게 전달해 요청을 완료한다.

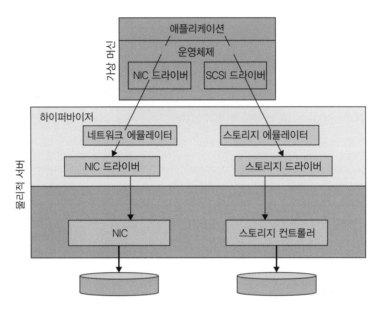

그림 9.1 가상 스토리지 경로

지금까지 설명한 모델은 VM웨어 하이퍼바이저가 사용하는 모델이다. 하지만 2장, '하이퍼바이저'에서 설명했듯이 VM웨어와 다른 하이퍼바이저는 I/O 처리 방식의 아키텍처에 있어서 중요한 차이를 갖는다. 그림 9.2는 젠^{Xen} 모델의 데이터 요청 처리 경로를 보여주는데, 기본 구조는 다른 젠 계열 하이퍼바이저나 마이크로소프트의 하이퍼-V와 동일하다. 이 모델에서는 사용자 도메인에 지정된 가상 머신의 애플리케이션이 I/O를 요청한다. 이 요청은 게스트 운영체제를 거쳐 프론트엔드 디바이스 드라이버로 전달된다. 앞 예제의 스토리지, 네트워크 드라이버와 같이 이 모델 역시 네트워크와 블록 프론트엔드 드라이버를 모두 갖고 있다. 이 프론트엔드 드라이버는 하드웨어에 직접 액세스할 수 있는 권한을 가진 유일한 게스트인 Dom0 게스트에 있는 백엔드 드라이버에 연결한다. 백엔드 드라이버

는 모든 사용자 게스트(사용자 도메인)의 요청을 받아 이를 Dom0 디바이스 드라
이버에게 전달한다. 디바이스 드라이버는 요청한 데이터를 가진 하드웨어 디바이
스와 연결돼 있다. 이 모델에서는 Dom0가 직접 스토리지 디바이스와 연결돼 있
기 때문에 하이퍼바이저는 관여하지 않는다. 앞의 예제에서처럼 데이터를 요청한
애플리케이션에 데이터 블록을 전달하는 과정은 요청 경로의 반대다.

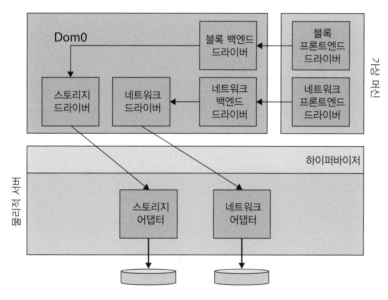

그림 9.2 가상 스토리지 경로

　프로세서 가상화나 메모리 가상화와 마찬가지로 스토리지 가상화 역시 가상
머신이 물리적 디바이스를 제어하고 있는 것처럼 보이게 하기 위해 물리적 리소
스를 추상화한 것이다. 가상 스토리지를 설정하면 게스트 운영체제에 보이듯이
가상 머신이 사용하는 윈도우 D: 드라이브가 물리적 윈도우 드라이브의 논리적인
표현임을 알 수 있다. 물리적인 관점에서 물리적 스토리지 디바이스의 데이터 블
록은 다양한 스토리지 옵션을 사용할 수 있으며, 여러 가지 연결 방식으로 하이퍼
바이저 호스트에 연결됐을 수 있다. 가상화 관점에서 가상 머신의 운영체제와 애
플리케이션은 윈도우 D: 드라이브처럼 보일 뿐이다.

가상화 스토리지 아키텍처에서 중요한 것 중 하나는 공유 클러스터 스토리지다. SAN이나 NAS를 사용하면 서버 외부에 있는 디스크 스토리지에 액세스할 수 있다. 또한 여러 컴퓨터가 같은 물리적 드라이브에 액세스할 수도 있다. 물리적 인프라스트럭처와 가상화 인프라스트럭처 모두 SAN과 NAS를 사용할 수 있으며, 때로는 가상 환경으로의 전환을 더욱 쉽게 해주기도 한다. 예를 들어, 내부 스토리지를 사용하는 물리적 서버를 P2V해 가상 머신으로 만드는 경우를 생각해보자. 이때는 데이터 디스크를 가상 머신이나 공유 스토리지 장비와 같은 새로운 환경으로 마이그레이션해야 한다. SAN에 데이터를 저장하는 물리적 서버를 P2V하는 경우를 생각해보자. 이 경우에는 데이터 디스크를 모두 복사할 필요 없이 가상 머신에서 리마운트만 하면 된다. 따라서 이런 경우 관리자가 가상 환경을 테스트해보고 문제가 있는 경우 쉽게 이전 환경으로 돌아갈 수 있게 해준다. 기업에서는 종종 물리적 호스트를 P2V해 하드웨어 장애에 대비한 복구 방편으로 사용하기도 한다. 클러스터링은 13장, '가용성의 이해'에서 다룬다.

파일시스템 옵션

하이퍼바이저는 각 VM이 스토리지 어레이에 직접 연결하는 것보다 관리를 쉽게 하기 위해 물리적 스토리지를 추상화하는 파일시스템을 제공한다. VM웨어는 VMFS(Virtual Machine File System)을 사용하고 하이퍼-V는 CSV(Cluster Shared Volume), 젠은 XFS를 사용하며, 각각은 게스트의 가상 하드 드라이브를 저장하기 위해 사용된다. 로 디바이스 매핑(RDM, raw device mapping)이나 패스 스루(pass-through) 디스크를 사용해 가상 머신이 하이퍼바이저를 거치지 않고 직접 스토리지에 액세스할 수도 있다. RDM은 앞에서 말한 물리적 머신과 가상 머신 간에 리마운팅만으로 스토리지를 옮기기 위해 예외적으로 사용하는 경우가 대부분이다. 이런 파일시스템의 초기 버전에서는 로 디바이스 매핑이 가상화 오버헤드로 인해 성능 문제를 일으키는 경우가 있었다. 현재 버전에서는 로 디바이스에 대해서도 동일한 성능을 제공하고 있다.

앞에서 다룬 설정 외에도 비용이 한정된 경우에 사용할 수 있는 새로운 솔루션이 있다. 소규모 기업은 비용 때문에 공유 스토리지를 구매하기 어려울 수 있으며 개별 호스트 안에서 가상화하는 방법밖에 없는 경우가 있다. 이 방법은 비용 면에서는 장점이 있지만 하나의 호스트에만 장애가 발생해도 여러 워크로드에 영향을 끼칠 수 있기 때문에 전체 가용성을 떨어뜨리게 된다. 기업은 이런 이유로 인해 공유 스토리지를 구매할 수 있기 전까지 가상화를 미루기도 한다. 새로운 솔루션은 별도의 디스크 그룹의 풀을 하나의 공유 자원으로 보이게 해 여러 시스템에서 사용할 수 있게 해준다. 그림 9.3은 이런 구조를 보여준다. 이런 솔루션으로는 HP의 P4000 레프트핸드LeftHand SAN 솔루션과 VM웨어의 가상 스토리지 어플라이언스가 있다. 이 두 솔루션은 모두 기존 스토리지를 사용해 공유 풀을 만든다. 따라서 고비용의 스토리지 어레이를 구매할 필요가 없어졌다.

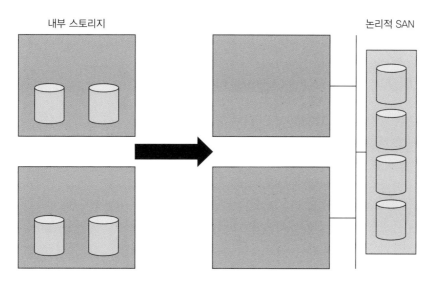

그림 9.3 스토리지 어레이 장비가 없는 스토리지 풀

VM 스토리지 옵션 설정

메모리, CPU와 같이 가상 머신의 스토리지를 변경할 수 있는 몇 가지 옵션이 있다. 가상 머신에 스토리지를 연결하고 설정할 수 있는 매우 많은 방법이 있지만 이것은 물리적 환경에도 동일하게 존재하는 방법들이다. 다음 절에서 이런 설정 방법을 더 다루기로 하고, 이번 절에서는 관리 인터페이스를 사용해 가상 스토리지 설정을 변경할 수 있는 방법에 대해 설명한다.

1. 가상 머신이 실행 중이면 셧다운한다. 전원이 내려가면 가상 머신 설정을 수정하고 하드디스크[Hard Disk] 옵션을 선택한다. 그림 9.4와 같이 디스크 용량과 물리적 시스템의 파일시스템에 존재하는 파일 이름, 몇 가지 유틸리티 등과 같은 C: 드라이브의 기본적인 정보를 볼 수 있다. 유틸리티 메뉴에서는 몇 가지 툴을 선택할 수 있다.

2. 조각 모음[defragment]은 물리적 디스크에서와 같이 가상 디스크의 데이터 파일을 좀 더 작게 재배열한다. 하지만 여기에서는 빈 공간을 반환하지 않는다. 확장[expand]은 가상 디스크 드라이브에 공간을 추가한다. 축소[compact]는 빈 공간을 반환해 가상 디스크의 크기를 줄인다. 이 공간을 사용하려면 가상 머신을 꺼야 한다.

그림 9.4 가상 하드디스크 옵션

3. 시스템에 두 번째 디스크를 추가해보자. 스크린 왼편에 있는 장치 정보^{Device}

   Summary에서 **Add**를 선택한다. VM웨어 플레이어가 새로운 디스크 파일을 만들

   수 있는 권한을 요청하는 화면이 뜨면, 권한을 허용하도록 **Yes**를 선택한다.

4. 그림 9.5는 하드웨어 추가 마법사^{Add Hardware Wizard}의 첫 화면을 보여준다. 하드

   디스크가 이미 선택됐기 때문에 **Next**를 선택해 진행한다.

그림 9.5 하드웨어 추가 마법사

5. 그림 9.6은 디스크 선택 화면이다. 이미 선택돼 있는 첫 번째 라디오 버튼은

   호스트 운영체제에 파일을 만들어 새로운 가상 디스크를 만드는 옵션이다.

   다른 옵션도 있다. 기존 가상 디스크 사용하기^{Use An Existing Virtual Disk}는 이전에

   만든 디스크에 연결해 재사용할 수 있도록 한다. 물리적 디스크 사용하기^{Use A}

   Physical Disk는 가상 디스크가 물리적 디바이스에 직접 액세스하도록 한다. **Next**

   를 선택해 진행한다.

그림 9.6 디스크 선택

6. 그림 9.7과 같이 디스크 종류 선택Select a Disk Type 윈도우가 나타난다. 버스bus
타입을 선택할 수 있지만 권장사항인 SCSI를 사용하자. Next를 선택한다.

그림 9.7 디스크 종류 선택

7. 다음으로, 새 드라이브에 할당할 용량을 선택한다. 그림 9.8에서 최대 용량과
추천 용량이 주어졌음을 볼 수 있다. 디스크의 모든 용량을 한 번에 할당할
수도 있고, 또는 필요할 때마다 증가하도록 할 수도 있다. 기존에 C: 드라이브
를 만들 때처럼 디스크 파일을 하나로 만들거나 여러 개의 파일로 나눌 수도

있다. 각 선택에 따른 장점과 단점이 설명돼 있다. 여기서는 5GB를 할당하고 단일 파일로 가상 디스크를 만든다. Next를 선택해 진행한다.

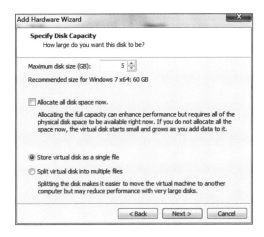

그림 9.8 디스크 용량 선택

8. 그림 9.9는 하드웨어 추가 마법사의 마지막 화면이며 가상 디스크 파일의 이름과 위치를 설정한다. 마법사에서는 기본으로 기존 디스크 이름의 숫자를 증가시킨 파일명을 사용한다. 또한 디스크의 위치도 기본으로 기존의 가상 머신 폴더를 사용한다. Browse를 선택해 이미 만들어진 파일과 폴더를 볼 수 있다. 선택이 끝나면 탐색Browse 창을 닫고 Finish를 선택한다.

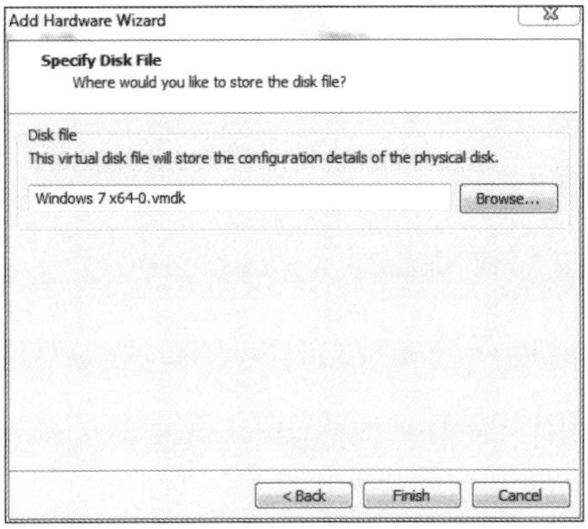

그림 9.9 디스크 파일 지정

9. 가상 머신 설정^{Virtual Machine Settings} 윈도우에서 새 디스크가 생겼음을 볼 수 있다. 그림 9.10과 같이 새 디스크의 용량을 확인하고 최대 크기와 실제 크기가 다름을 확인하자. 이는 공간을 미리 할당하도록 하지 않았기 때문이다. 유틸리티를 선택하면 디스크 사이즈 확장만 나오는 것을 볼 수 있다. 이것은 새 디스크를 만드는 과정이 아직 끝나지 않았기 때문이다. 지금은 디스크를 설정하고 가상 머신에 연결해둔 상태이며, 아직 윈도우가 사용할 수 있도록 포맷과 초기화가 되지 않았다.

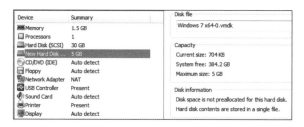

그림 9.10 새로운 하드디스크

10. OK를 선택해 가상 머신 설정 윈도우를 닫고, 가상 머신 실행^{Play Virtual Machine}을 선택해 가상 머신의 전원을 켠다. VM웨어 플레이어 윈도우의 하단에 두 개의 디스크 아이콘이 있음을 확인하자. 이 아이콘 위에 마우스 커서를 올리면 30GB의 C: 드라이브와 새로 만든 5GB 드라이브를 확인할 수 있다.

11. 가상 머신의 전원이 켜지면 시작^{Start} 버튼을 눌러 제어판^{Control Panel}을 실행한다. 시스템 및 보안^{System And Security}에서 관리 도구^{Administrative Tools}를 클릭하고, 컴퓨터 관리^{Computer Management}를 더블 클릭한다. 왼편의 패널에서 저장소^{Storage} 아이템을 클릭해 디스크 관리를 선택한다.

12. 유틸리티가 그림 9.11과 같이 새로운 디스크(Disk 1)가 있음을 인식하고 아직 초기화되지 않았으며 어떤 조치를 취할지 알려준다. 윈도우를 이동시켜 기존 장비를 확인하고 선택한 디스크가 맞는지 확인하자. OK를 클릭해 진행한다.

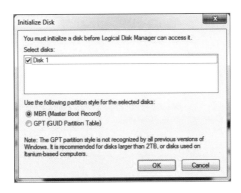

그림 9.11 새 디스크 초기화

13. 이 시스템이 새 디스크를 인식했고, 이 디스크는 온라인 상태가 됐다. 하지
만 아직 윈도우가 사용할 수는 없다. 그림 9.12와 같이 디스크의 할당되지 않
은 영역에서 마우스 오른쪽 버튼을 클릭하면 메뉴가 나온다. 새 단순 볼륨^{New}
Simple Volume을 선택한다. 볼륨 마법사^{Volume Wizard}가 실행된다. Next를 선택해 진
행한다.

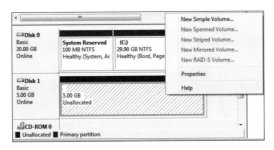

그림 9.12 새 단순 볼륨 옵션

14. 최대 볼륨 크기와 최소 볼륨 크기가 나오며, 이 한계 내에서 MB 단위로 선택
할 수 있다. 이미 최대값으로 설정돼 있으니 Next를 선택해 진행한다.

15. 다음 화면에서 새 디스크의 문자를 할당할 수 있다. 이미 E:가 선택돼 있지만 드
롭다운 메뉴를 클릭해 다른 문자를 선택할 수 있다. Next를 선택해 진행한다.

16. 다음 화면은 포맷 관련 설정이다. 여기서는 기본 설정을 사용한다. 볼륨 레이
블만 'Second Drive'로 변경하자. Next를 선택한다.

17. 마법사의 마지막 화면으로, 지금까지 설정한 내역을 확인한다. 내용을 확인하고 Finish를 클릭한다. 몇 분 후 그림 9.13과 같이 'Second Drive'라는 새로운 디스크가 포맷돼 E: 드라이브로 마운트됐음을 볼 수 있다.

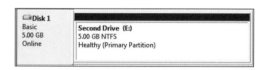

그림 9.13 새로운 드라이브 초기화

18. 윈도우7에 드라이브가 마운트되면, 이를 자동으로 인식해 저장소 관리 유틸리티를 종료할 때 자동 실행 윈도우가 나타난다. 시작^{Start} 버튼에서 컴퓨터를 선택하면 그림 9.14와 같이 이 드라이브를 확인할 수 있다. 이 드라이브는 윈도우가 관리를 위해 사용하는 영역을 제외하고는 완전히 비어있는 상태다.

그림 9.14 두 개의 하드 드라이브

VM 스토리지 튜닝

이미 언급했듯이 스토리지는 종종 성능 문제를 일으키곤 한다. 문제의 원인은 다양하지만 주로 가상화가 스토리지 처리량에 어떤 영향을 주는지 잘못 이해했기 때문이다. 이 문제는 특정 스토리지나 연결 프로토콜에만 관련된 문제가 아니다. 가상 환경에서 성능 문제의 주된 원인은 응집^{consolidation}이다. 수백 대의 물리적 서버를 줄일 수 있다는 장점이 곧 문제를 일으키는 원인이 되기도 한다. 여러 워크로드를 가상 머신을 이용해 하나의 물리적 서버에 배치하면 단순히 메모리와 프로세싱만을 모으는 것이 아니라 스토리지 I/O 요청도 합쳐진다. 가상화를 처음 시작하는 사람들은 프로세서와 코어, 메모리가 더 많이 필요하다는 사실은 이해하지만, 스토리지와 다음 장에서 설명할 네트워크 처리량이 늘어난다는 사실을 간과하곤 한다.

경보를 듣고 출동하는 소방차를 상상해보자. 펌프차가 끼익 소리를 내며 화재현장에 도착하고 소방수들이 나와 장비를 장착하기 시작한다. 소방수 두 명이 가까이에 있는 급수전에 호수를 연결해 화염을 진화하려고 한다. 하지만 물을 튼 순간 그들은 일반 정원용 호수를 잘못 가져왔으며 나오는 물의 양으로는 불을 끌 수 없다는 것을 깨달았다. 가상화 서버가 충분한 스토리지 처리 능력을 가지지 못해 호스트하고 있는 가상 머신의 요청을 처리하지 못하는 경우가 바로 이와 동일하다. 응집을 통해 물리적 서버의 개수를 줄일 수 있지만 I/O를 줄이지는 못한다. 오히려 가상화를 통해 더 적은 채널을 사용하게 되고 이로 인해 문제가 더 심각해진다. 또한 가상 머신을 쉽고 빠르게 만들 수 있기 때문에 이전의 물리적 환경보다 많은 가상 머신을 만들게 되어 문제는 더욱 심각해진다.

다행히 현업에서는 어떤 스토리지를 사용하든 간에 충분한 파이프pipe(처리 용량)를 제공하는 것이 일반적이다. 물리적 환경에서의 좋은 사례는 가상 환경에서도 바로 적용된다. 오랫동안 적용돼온 기준이 있다. 첫 번째는 스핀들spindle이 많으면 많을수록 좋다는 것이다. 이는 스토리지 어레이가 데이터 블록을 디스크에서 빠르게 읽고 쓰기 위한 여러 전략을 가지고 있으며, 디스크가 여러 개 있으면 더 많은 작업을 동시에 처리할 수 있기 때문이다.

물리적 환경에서 사용하는 여러 스토리지 기술과 기능은 가상 환경에서도 사용할 수 있다. 스토리지 벤더들은 디스크 장애가 발생할 경우 데이터 손실을 막기 위한 가용성 기능을 개발했다. 여기에서는 여러 가지 스토리지 최적화 방법을 소개하는 것이 목적이고, 이 기술을 자세히 이해하기 위한 세부사항들은 다루지 않는다. 이런 기술 중 하나는 디스크 미러링disk mirroring이다. 디스크 미러링은 한 디스크를 완벽히 복사한 다른 디스크를 사용하는 것을 말한다. 디스크에 장애가 발생하는 경우에도 미러 사본에 모든 정보가 존재한다. 미러 드라이브는 두 디스크에서 읽기 연산을 수행할 수 있기 때문에 단일 디스크를 사용했을 때보다 디스크 경쟁을 반으로 줄이는 이점도 있다. 디스크 스트라이핑^{disk striping} 기술도 있다. 하나의 파일시스템을 여러 디스크로 나눠 저장하기 때문에 데이터를 읽거나 쓸 때 여러 개의 디스크가 동시에 동작하며, 따라서 처리 시간이 상당히 감소한다. 이 두 기술을 동시에 사용하면 디스크 드라이브 비용은 두 배로 증가하지만, 데이터 가용성과 성능을 동시에 높일 수 있다.

가용성과 성능을 위한 RAID

가용성과 처리량을 높이기 위한 여러 스토리지 기술을 폭넓게 RAID라는 이름으로 지칭하고 있다. RAID는 원래 저렴한 디스크의 중복 어레이(Redundant Array of Inexpensive Disk)를 뜻했으며 데이터를 여러 디스크에 나누는 방법에 대한 것이다. 지금까지 여러 RAID 레벨이 정의되고 진화돼 왔다. 각 레벨에서는 서로 다른 데이터 분산 방법과 보호 수준, 성능을 제공한다. 예를 들어, 앞서 얘기한 스트라이핑은 RAID 레벨 0이다. 미러링은 RAID 레벨 0으로 정의됐다. 이 둘을 조합한 것은 RAID 1+0 또는 RAID 10이라고 한다. 데이터의 각 부분(비트나 바이트, 블록)을 다른 디스크에 저장하고 디스크에 장애가 발생한 경우 데이터를 복구하기 위해 필요한 정보를 저장하는 별도의 디스크를 사용하는 다른 RAID 기술들도 있다.

데이터 중복 제거^{data deduplication}라는 기술도 있다. 중복 제거는 8장에서 다룬 메모리 페이지 공유와 유사하다. 회사의 이메일 서버를 생각해보자. 인사부의 부사장이 기업의 정책 변화를 설명하는 12페이지 문서를 5,000명의 직원에게 보냈다. 5,000명 직원 모두 이 문서가 중요하다는 것을 알기 때문에 2MB의 이 문서를 저장해뒀다. 이제 이 문서는 기업의 디스크 공간에서 10GB를 차지하게 됐다. 10GB는 그다지 커 보이지 않을 수 있지만, 이런 경우가 매일같이 벌어진다면 얼마나 빠르게 여유 공간이 줄어들지 짐작할 수 있을 것이다. 중복 제거 기술은 스토리지 시스템에서 같은 데이터 청크를 찾아내 원본을 선택하고 나머지 사본들은 이 원본을 포인팅하도록 하는 것이다. 데이터 청크는 작은 크기의 데이터 스트링이거나 좀 더 큰 데이터 블록, 또는 전체 파일일 수도 있다. 각 경우 모두 실제 데이터의 한 개 사본만 저장된다. 이제 10GB가 아니라 2MB와 5,000개의 포인터로 크기가 압축되며 포인터가 차지하는 공간은 매우 작을 것이다. 그림 9.15는 중복

제거를 적용하기 전과 후의 상태를 보여준다. 실제로 데이터 중복 제거는 데이터의 구성과 중복 정도에 따라 30~90%의 공간을 절약한다.

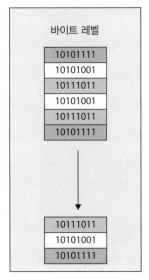
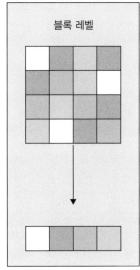
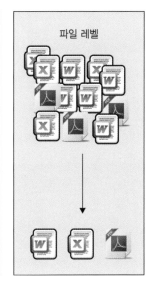

그림 9.15 중복 제거

　파일시스템을 초기에 설정할 때에 관리자는 파일시스템에 할당할 공간을 결정해야 한다. 이것은 이전에 디스크 드라이브를 추가할 때와 마찬가지다. 공간을 할당하면 이 공간은 사용 가능한 공간에서 없어진다. 예를 들어, 300GB의 스토리지가 있고 여기에 세 개의 100GB 파일시스템을 만들었다면 모든 디스크 공간을 다 사용하게 된 것이다. 이것을 두툼한 프로비저닝thick provisioning이라고 한다. 두툼한 프로비저닝의 단점은 파일시스템을 만들며 모든 공간을 다 할당하기 때문에 각 공간은 해당 파일시스템에서만 사용할 수 있다는 것이다. 만일 각 파일시스템에 할당한 공간의 반만 사용한다면 전체 공간의 반인 150GB는 낭비된다.

　그림 9.16은 이것의 해결책인 얇은 프로비저닝의 예를 보여준다. 100GB를 세 파일시스템에 얇은 프로비저닝으로 사용한다면, 각 파일시스템이 50GB를 사용하는 경우 150GB의 공간만 실제로 할당된다. 앞서 설명한 메모리 과다 사용 기술과 같이 얇은 프로비저닝은 실제 물리적 공간보다 많은 스토리지 공간을 프로

비저닝할 수도 있다. 이전 파일시스템과 같은 사용 비율을 가진 두 개의 100GB 파일시스템을 추가로 프로비저닝할 수 있으며, 이렇게 해도 물리적 스토리지를 다 사용하지 않는다. 얇은 프로비저닝은 성능에 영향을 주지 않지만 얇은 프로비저닝의 단점은 두툼한 프로비저닝의 단점보다 훨씬 심각하다. 각 파일시스템은 실제보다 많은 공간을 사용할 수 있다고 생각하기 때문이다. 파일시스템들이 할당한 공간을 모두 사용하려고 하면 문제가 발생하므로, 얇은 프로비저닝을 구현하는 경우에는 스토리지에 대해 명확히 알고 있어야 한다. 하지만 잘 사용한다면 얇은 프로비저닝은 낭비 공간을 줄일 수 있는 좋은 방법이다.

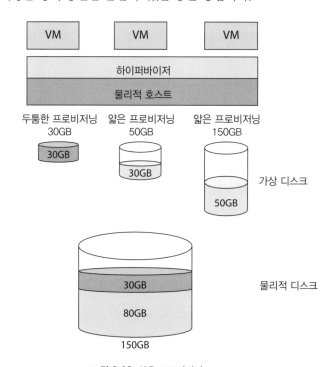

그림 9.16 얇은 프로비저닝

많은 워크로드를 적은 개수의 서버에서 처리할 때 발생하는 또 다른 문제는 여러 워크로드가 같은 스토리지 자원에 대한 액세스 경로를 공유한다는 점이다. 요청과 데이터 블록이 같은 파이프를 통해 전송되며 우선순위에 대한 제어가 거의 없다. 그림 9.17은 이 문제를 설명해준다. 한 애플리케이션이 스토리지 대역폭 대부분을 사용하면 실제로 비즈니스에 더 중요한 다른 애플리케이션의 성능을 저하시킨다. 이 문제에 대한 여러 해결책이 있다. 사용하는 스토리지 솔루션에 따라 스토리지 벤더나 네트워크 벤더가 QoS(서비스 품질^{Quality of Service}) 정책을 제공해 경쟁이 발생하는 경우 특정 트래픽 유형에 더 많은 대역폭을 제공할 수 있다. 하이퍼바이저의 관점에서 VM웨어의 하이퍼바이저는 VM 단위로 스토리지 I/O 우선순위를 할당할 수 있으며, 자원이 제한된 상황에서 중요한 애플리케이션의 자원 할당을 보장할 수 있다. 현재로서는 이 기능이 유일한 솔루션이다.

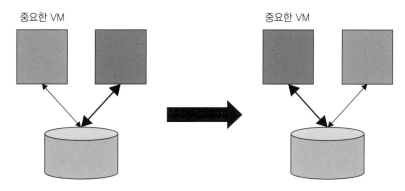

그림 9.17 스토리지 I/O 제어

새로운 스토리지 디바이스가 계속 등장하고 있으며 가상화도 이 하드웨어의 장점을 취할 수 있다. 솔리드 스테이트 디스크 드라이브^{SSD, Solid-State disk drive}는 회전하는 디스크 플래터 대신 솔리드 스테이트 메모리를 사용해 정보를 저장한다. 이것은 무어의 법칙의 산물이라고도 할 수 있다. 메모리 기술이 발전하며 가격을 낮췄고, 더 집적된 큰 메모리 칩이 개발되며 데이터를 메모리에 저장하는 것이 비용적으로 가능하게 됐다. 기존 디스크 스토리지보다 아직 용량은 작지만 데이터 액세스는 훨씬 빠르다. 최신 하드디스크는 약 5ms 만에 정보를 읽을 수 있지만, SSD는 같은 정보를 50배 빠른 .1ms 만에 읽을 수 있다. 가상 환경을 디자인할 때 아키텍트는 특정 기능의 성능을 높이기 위해 전략적으로 SSD를 사용할 수 있다.

가상 데스크톱은 여러 개의 운영체제 이미지를 사용하며 이는 필요할 때마다 같은 내용으로 만들어지고, 각 사용자에게 사용자 설정이 거의 필요하지 않은 형태의 템플릿으로 제공된다. 이 데스크톱 템플릿을 SSD에 저장하면 새 데스크톱을 만들 때 배치 시간을 상당히 줄일 수 있다. 하이퍼바이저를 SSD에 저장하면 호스트를 부팅하거나 재부팅할 때에 인스턴스화 시간을 줄일 수 있다.

마지막으로 스토리지 벤더는 티어 스토리지$^{tiered\ storage}$라는 개념을 개발했는데, 이는 애플리케이션의 요구 조건에 따라 성능과 가용성 정도가 다른 여러 유형의 스토리지를 사용한다. 가장 높은 성능과 가용성을 요구하는 애플리케이션은 빠르고 RAID로 구성된 스토리지에 배치하고, 요구 조건이 엄밀하지 않은 애플리케이션은 덜 빠르고 가용성이 낮은 디스크에 배치할 수 있다. 여러 스토리지 유형을 갖고 있지만 이들 모두 하나의 데이터 스토리지 어레이로 구성된다. 한 애플리케이션의 데이터는 애플리케이션의 요구사항이 바뀌면 티어를 이동할 수 있다. 응답 속도가 중요하거나 서비스 중단보다는 낮은 활용도가 중요한 경우에는 벤더에 따라 티어 간 마이그레이션을 동적으로 진행할 수 있다. 가상 머신은 물리적 레이어 자체에서 제공하는 유동적인 서비스 품질 기능의 혜택을 받을 수 있다. 최신 하이퍼바이저는 스토리지 어레이에게 데이터 블록에 대한 I/O 요청뿐만 아니라 이전에는 하이퍼바이저가 직접 실행했던 데이터 복사나 파일시스템 초기화, 락킹^{locking} 연산 등의 기능을 요청할 수 있다. 스토리지 어레이가 기능을 직접 수행하도록 하면 이런 작업을 하이퍼바이저에서 없앨 수 있으며 더욱 빠르게 작업을 수행할 수 있다.

앞에서 설명한 기술들은 가상화에만 적용되는 기술은 아니며, 고가용성을 가지고 리소스를 효율적으로 사용하면서 좋은 성능을 내는 환경을 구성하고 유지하기 위해 필요한 기술들이다. 물리적 환경에서 중요한 스토리지 구성 방법은 가상 환경에서도 중요하다. 가상 환경은 워크로드를 더 적은 호스트에서 처리해야 하기 때문에 물리적 환경에서처럼 인프라스트럭처가 충분한 I/O 대역폭을 갖도록 해야 한다.

요점 정리

정보 시대가 시작된 이후로 데이터는 기하급수적으로 증가하고 있다. 이와 더불어 데이터 스토리지도 증가하고 있으며 킬로바이트에서 메가바이트, 테라바이트를 지나 페타바이트로 그 용량 단위가 커지고 있다. 가상화에서는 충분한 스토리지 양을 제공하는 것뿐만 아니라 충분한 대역폭을 제공하는 것 역시 중요하다. 다행히 물리적 환경에서 적용된 스토리지 배치와 유지를 위한 많은 기법이 가상 인프라스트럭처에도 적용된다. 얇은 프로비저닝과 데이터 중복 제거 등의 최신 기술로 인해 스토리지를 더 효율적으로 사용할 수 있고, 대역폭 정책을 이용해 관리자가 트래픽 유형이나 개별 가상 머신에게 우선순위를 부여해 서비스 품질 수준을 보장할 수 있게 됐다. 다른 주요 리소스와 마찬가지로 스토리지 아키텍처를 잘못 설계하면 가상 환경의 전체 성능을 심각하게 떨어뜨리게 된다.

연습 문제

▶ 네 개의 식스 코어 프로세서와 256GB 메모리, 1TB 스토리지를 가진 하나의 호스트 서버에 여러 개의 가상 웹 서버를 설치해야 한다. 각 가상 머신은 8GB 메모리와 한 개의 프로세서, 100GB 디스크 스토리지를 사용한다. 몇 개의 가상 머신을 설치할 수 있는가? 가상 머신의 개수를 제한하는 요소는 무엇인가?

▶ 열 개의 웹 서버를 가상 머신으로 배치한 후에 웹 서버의 개수를 두 배로 늘리기 위해 스토리지 추가를 요청했다. 하지만 예산상의 문제로 요청을 거부했다. 몇 주간의 관찰과 정보 수집, 애플리케이션 팀과의 협의를 진행해본 결과, 웹 서버가 실제로는 25GB의 스토리지만 사용한다는 것을 알았다. 100GB는 벤더의 일반적인 요구사항에 따른 숫자였다. 물리적 환경에서는 실제 50GB를 할당했지만 30GB도 사용하지 못했다. 좀 더 조사한 결과, 두툼한 프로비저닝에서 얇은 프로비저닝으로 변경하는 것이 그다지 어렵지 않다는 것을 알게 됐다. 기존 디스크를 얇은 프로비저닝 모델로 전환하기로 결정하고 30GB에 기존 데이터 스토리지와 비상시를 위한 스토리지를 포함하도록 했을 경우에 몇 개의 가상 머신을 더 추가할 수 있는가? 가상 머신의 개수를 늘릴 수 있는 다른 방법이 있는가?

가상 머신의 네트워킹 관리

네트워킹은 신체의 순환계와 같이 중요한 물질을 전달하기 위한 메커니즘이다. 혈액을 통해 장기에 영양을 공급하듯이 컴퓨터는 데이터센터의 애플리케이션의 건강과 안녕에 필수적인 정보를 전달한다. 가상 머신에서도 네트워킹은 매우 중요한 컴포넌트로 호스트의 모든 가상 머신들이 제시간에 데이터를 전달받을 수 있도록 해야 한다. 스토리지 I/O와 마찬가지로 네트워크 I/O 역시 대역폭과 물리적 네트워크 환경의 여러 제한사항에 영향을 받는다. 네트워크를 통해 스토리지 트래픽을 전송하기 때문에 디스크 스토리지 시스템의 성능을 보장하기 위해서도 네트워크를 잘 설정하고 관리해야 한다.

- ▶ 네트워크 가상화 이해
- ▶ VM 네트워크 옵션 설정
- ▶ 가상 네트워크 튜닝

네트워크 가상화 이해

네트워크는 데이터 스토리지보다 우리 일상생활에서 더 많이 사용되고 있다. 스마트폰을 사용해 페이스북 페이지를 업데이트하고 메일과 문자 메시지를 보내며 트윗tweet을 올린다. 스마트폰은 이런 기능을 제공하는 서버에 네트워크를 통해 연결해야 한다. 이동통신사는 데이터 플랜에 따라 과금한다. 이는 수도나 전기와 같은 공공재를 사용한 양에 따라 비용을 지불하는 것과 같다. 자동차의 GPS는 실시간 교통 정보를 얻기 위해 네트워크를 통해 인공위성과 정보를 주고받는다. 가정에서는 케이블 모뎀이나 DSL, 다이얼 접속을 통해 인터넷에 접속한다. 최신 텔레비전과 멀티미디어 기기는 영화나 온디맨드 콘텐츠, 음악, 유튜브YouTube 비디오를 위성통신사나 케이블, 블록버스터Blockbuster, 넷플릭스Netflix, 훌루닷컴Hulu.com, 아마존닷컴Amazon.com 등을 통해 볼 수 있다. 더욱더 많은 연결을 통해 데이터에 액세스하고 대역폭을 통해 전송 속도를 제어한다.

IT 부서와 데이터센터는 이 기술과 이슈를 수십 년간 다뤄왔고 네트워킹은 때로는 매우 어려운 문제이기도 하지만, 매우 잘 정의된 모델을 가지며 성능 향상을 위한 기법이 존재한다. 9장에서 배운 스토리지 기법들과 마찬가지로 네트워크 기법들 역시 가상 환경에 잘 적용된다. 여기서 다루는 네트워킹은 매우 기본적인 범위만 다루며 가상 환경에서 네트워크 트래픽이 어떻게 전송되는지 이해하는 데 충분할 정도만 다룬다. 기본적으로 네트워킹은 가상 머신의 애플리케이션이 호스트 외부에 존재하는 서비스에 연결할 수 있게 해준다. 다른 리소스와 같이 하이퍼바이저가 각 가상 머신과 호스트의 네트워크 트래픽을 관리한다. 애플리케이션이 게스트 운영체제에 네트워크 요청을 전달하면, 게스트 운영체제는 이를 가상 NIC 드라이버에 전달한다. 하이퍼바이저는 네트워크 에뮬레이터로부터 요청을 받아 이를 물리적 NIC를 통해 네트워크로 전송한다. 응답이 도착하면 반대 순서로 애플리케이션에게 전달된다. 그림 10.1은 이 과정을 보여준다.

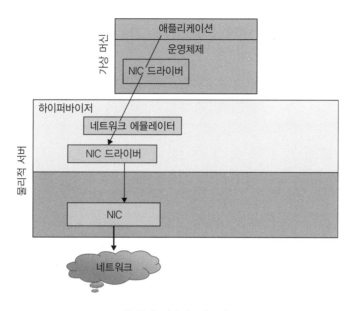

그림 10.1 가상 네트워크 경로

　가상 네크워킹 환경에는 여러 기법이 추가된다. 이들 중 하나는 가상 네트워크가 같은 호스트에 있는 다른 가상 머신에 연결할 수 있는 방법을 제공해야 한다는 것이다. 이런 연결을 위해 하이퍼바이저는 내부 네트워크를 만들어야 한다. 물리적 네트워크에서 일부 컴퓨터 간의 트래픽을 분리시키는 네트워크를 구성하기 위해 하드웨어 스위치를 사용하는 것처럼 호스트 내의 가상 머신이 사용할 수 있는 가상 스위치를 이용해 네트워크를 구성한다. 하이퍼바이저는 가상 네트워크와 함께 가상 스위치도 관리한다. 그림 10.2는 VM웨어 v스피어 호스트 내부의 기본적인 가상 네트워크를 보여준다. 하이퍼바이저에 두 개의 가상 스위치가 있는데, 하나는 외부의 물리적 네트워크에 연결된 물리적 NIC에 연결돼 있다. 다른 가상 스위치는 NIC나 다른 물리적 통신 포트에 연결돼 있지 않다.

　왼쪽의 가상 머신은 두 개의 가상 NIC를 갖는데, 각자 가상 스위치에 연결돼 있다. 즉 서로 다른 가상 네트워크에 연결돼 있는 것이다. 외부 가상 스위치에 연결된 가상 NIC로 전달되는 요청은 물리적 호스트의 물리적 NIC를 통해 외부 네트워크로 전송된다. 이 요청에 대한 응답은 물리적 NIC, 외부 가상 스위치, 그리고

VM의 가상 NIC 순서로 반대 경로를 따라 전송된다. 내부 가상 스위치로 전달된 요청은 외부로 나가지 않으며 내부 가상 스위치에 연결된 다른 가상 머신으로만 전달된다. 오른쪽에 있는 가상 머신은 이 다이어그램에서는 내부 스위치로만 요청을 전송할 수 있고, 오직 다른 가상 머신과 통신할 수 있다. 이것이 가상 환경에서 애플리케이션과 서버를 공격으로부터 방어하는 기본적인 전략이다. 물리적인 NIC와의 연결이 없기 때문에 오른쪽 가상 머신은 외부에 노출되지 않으며 외부 소스로부터 더 안전하다. 왼쪽 가상 머신은 방화벽 역할을 하며 알맞은 보안 절차에 따라 다른 VM에 저장된 데이터를 보호한다.

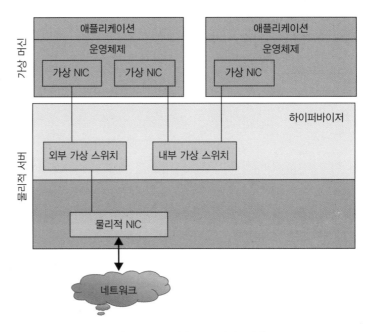

그림 10.2 VM웨어 호스트의 네트워킹

이렇게 내부 스위치를 이용해 가상 머신이 통신하도록 하면, 트래픽이 물리적 호스트 외부로 전송되지 않으며 전부 메모리 내에서 처리될 수 있는 장점이 있다. 이렇게 하면 아무리 데이터센터 내에서 물리적으로 인접한 호스트 간의 데이터 전송이더라도 호스트 외부로 데이터를 전달하는 것보다 훨씬 빠르다. 가상 머신 간에 서로 많은 데이터를 주고받아야 하는 경우에는 이런 가상 머신을 같은 호스트에 배치해 네트워크 지연을 최소화한다. 내부 스위치를 통해 트래픽을 전달하는 것의 또 다른 부수적 결과는 표준 네트워크 툴이 이를 감지하지 못한다는 것이다. 물리적 환경에서 애플리케이션의 성능 문제가 발생하면, 어느 지점에서 문제가 발생한 것인지 파악하기 위해 네트워크 툴을 사용해 데이터 흐름과 유형을 모니터링한다. 내부 스위치의 경우 트래픽이 호스트 밖으로 전달되지 않기 때문에 데이터가 물리적 네트워크로 이동하지 않고, 따라서 기존의 네트워크 모니터링 툴은 무용지물이 된다. 이 문제를 해결하기 위해 가상 환경에 특화된 다른 툴이 있으며 이는 14장, '가상 머신에서의 애플리케이션 이해'에서 다룰 것이다.

물리적 네트워크에서 스위치는 네트워크를 구성하기 위해서뿐만 아니라 네트워크 세그먼트를 고립시키기 위해서도 사용한다. 조직의 서로 다른 부서가 별도의 네트워크 공간을 사용하는 일이 종종 있다. 생산은 테스트, 개발과는 분리되고 급여 애플리케이션은 고색 서비스와 분리된다. 이런 아키텍처는 각 세그먼트의 트래픽을 줄여 성능을 높이고 각 구역의 접근을 제어해 보안을 향상시킨다. 그림 10.3에서 호스트에 두 번째 물리적 NIC를 추가했다. 이 NIC에 직접 연결되는 두 번째 외부 가상 스위치를 추가했다. 다른 가상 머신과 같은 물리적 호스트에 있지만 내부 연결을 통해 서로 통신할 수는 없다. 물리적 네트워크를 통해 연결될 수 있는 경로가 없다면 외부를 통해서도 서로 통신할 수 없다.

9장에서 살펴봤듯이 이 모델은 젠^{Xen}이나 마이크로소프트 하이퍼-V 네트워크 모델과는 약간 차이가 있다. 그림 10.4에서는 모든 네트워크 트래픽이 사용자(DomU)나 자식 파티션으로부터 Dom0나 부모 파티션을 지나 전송되고 있다는 것을 보여준다. 자식 파티션에 있는 애플리케이션의 요청은 가상 어댑터를 통해 부모 파티션의 가상 스위치로 전달된다. 가상 스위치는 물리적 NIC에 연결돼 있으며 요청은 물리적 네트워크로 전송된다. 두 번째 스위치는 물리적 NIC에 연결돼 있지 않고 내부 네트워크만 지원한다. 이 가상 스위치에만 연결된 가상 머신은 외부 네트워크로 직접 연결할 수 없다.

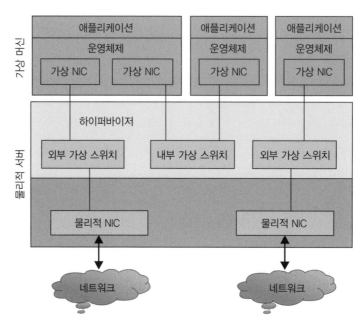

그림 10.3 다중 외부 스위치

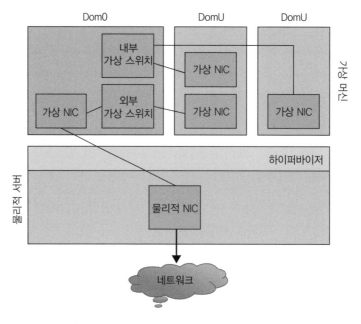

그림 10.4 젠 또는 하이퍼-V 호스트의 네트워킹

반대로 이 가상 머신은 이 가상 스위치에 연결된 가상 머신만 접근할 수 있으며 외부에서는 접근할 수 없다. 이 모델에서는 부모 파티션이 물리적 NIC를 직접 제어하기 때문에 하이퍼바이저는 네트워크 I/O를 관리할 수 없다.

애플리케이션 데이터 외에 네트워크를 통해 스토리지 데이터를 다뤄야 하는 경우도 있다. 9장, '가상 머신의 스토리지 관리'에서 NFS나 iSCSI와 같은 TCP/IP에 기반한 프로토콜을 통해 스토리지에 연결할 수 있음을 배웠다. 이런 프로토콜도 네트워크 트래픽과 같이 물리적 경로와 가상 경로를 통해 전송된다. 가상 연결을 설계할 때에 이런 프로토콜을 사용해 스토리지에 액세스한다면 대역폭을 잘 설계해야 하며, 이런 장비에 전용 네트워크 경로를 만들어야 하는 경우도 있다. 그림 10.5에서는 스토리지 I/O 전용 가상 스위치를 사용하고 있다. 각 가상 머신은 스토리지 트래픽 전용 가상 NIC를 갖고 있다. 이 가상 NIC는 스토리지 가상 스위치에 연결돼 있다. 이 세 가지 유형의 스위치(내부와 외부, 스토리지)는 기능과 구성이 모두 동일하며, 여기에서는 각자의 기능을 구별하기 위해 다른 이름을 사용했을 뿐이다. 스토리지 스위치는 물리적 NIC를 통해 네트워크 스토리지 디바이스에 연결돼 있다. 이 간단한 모델에서는 하나의 스토리지 리소스에 하나의 스토리지 스위치만 연결돼 있다. 하지만 이전에 봤던 네트워크 분리를 사용하면 스토리지에 여러 개의 가상 스위치를 연결할 수 있으며, 각 스위치는 서로 다른 물리적 NIC에 연결되고 이 NIC는 다른 스토리지 리소스에 연결할 수 있다. 이렇게 함으로써 네트워크 액세스뿐만 아니라 가상 머신을 스토리지 리소스로부터 분리시킬 수 있다. 가상 NIC가 네트워크를 위한 사용자 데이터를 다루든, 아니면 스토리지 디바이스의 데이터를 다루든 상관없이 가상 머신 내부에서는 물리적 머신에서처럼 모든 것이 동일하게 보인다.

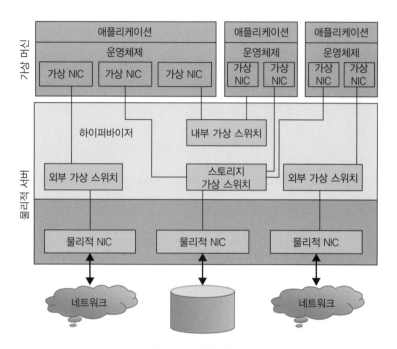

그림 10.5 스토리지 가상 스위치

가상 환경의 네트워크에 대해 더 알아둬야 할 것은 V모션^{VMotion}이다. V모션은 VM웨어의 용어로 물리적 호스트의 가상 머신이 운영 중인 상태에서 애플리케이션의 중단 없이 다른 호스트로 가상 머신을 이동하는 것을 말한다. 이 기술을 가능하게 하는 것은 근본적으로 가상 머신의 메모리 상태를 다른 가상 머신으로 가상 머신의 데이터 정합성과 사용자의 반응성을 손상하지 않을 수 있을 정도로 빠르게 복사할 수 있는 기술이다. 이 기능은 가상 머신에게는 투명하도록 하이퍼바이저가 관리한다. 다른 벤더들도 이런 라이브 마이그레이션^{live migration} 기능을 제공하며 이에 대해서는 13장, '가용성의 이해'에서 다룰 것이다. 이 기능은 VM웨어 플레이어에서는 사용할 수 없는 기능이다.

가상 스위치 역시 대응하는 물리적 스위치처럼 동작 방식을 설정할 수 있다. 한 가지 차이라면 가상 스위치는 스위치를 교체하지 않고도 포트 개수를 조절할 수 있다는 점이다. 다른 상태들은 정책으로 조절할 수 있다. 정책은 특정 상황에서 스위치가 어떻게 동작할지를 다루며 보안과 가용성, 성능과 관련된 이슈를 다룬다. VM웨어 플레이어는 가상 스위치를 만들고 조절하는 기능을 제공하지 않기 때문에 이 주제는 더 이상 다루지 않겠다.

시스템 주소에 대해 간략히 살펴보자. 네트워크에 연결된 모든 디바이스는 요청에 대한 응답을 올바로 받기 위한 고유한 주소를 갖는다. 가상 머신 역시 다른 기기와 마찬가지로 주소가 필요하며, 여러 NIC를 구성한 경우 각 NIC마다 주소가 있어야 한다. 시스템 주소를 설정하는 방법은 여러 가지가 있다. 네트워크 관리자가 물리적 서버나 가상 서버에 주소를 설정하고 이것을 계속 사용할 수도 있다. 또한 일정 기간 동안만 주소를 할당받는 디바이스도 있다. DHCP는 컴퓨터나 디바이스가 IP 주소를 요청하면 서버가 이를 할당해주는 프로세스다. 만일 독자가 와이파이Wi-Fi 네트워크를 설정하거나 사용하고 있다면, 독자의 디바이스가 DHCP를 통해 네트워크 주소를 얻었을 가능성이 크다. 요점은 가상 머신은 네트워크 주소가 필요하다는 것이다. 윈도우7 가상 머신을 사용한다면 다음과 같이 가상 머신의 주소를 확인할 수 있다.

1. 가상 머신에서 시작Start 버튼을 누른다. 프로그램 및 파일 검색Search Programs And Files 텍스트 박스에 'cmd'를 입력한다. cmd 아이콘을 선택한다. 명령행 윈도우가 열리면 'ipconfig'를 입력하고 엔터 키를 누른다.

   그림 10.6과 같이 점과 10진수로 표시된 네 개의 8비트(옥텟octet) 숫자로 구성된 시스템 IP 주소를 볼 수 있다.

2. 명령 윈도우를 닫는다.

그림 10.6 IP 주소 확인

다른 방법으로 가상 NIC를 살펴보자.

1. 가상 머신에서 시작^{Start} 버튼을 클릭한다. 프로그램 및 파일 검색^{Search Programs And Files}에 'device'를 입력한다. 장치 관리자^{Device Manager} 아이콘을 선택한다. 장치 관리자가 열리면 네트워크 어댑터^{Network Adapters} 아이콘 옆의 삼각형을 클릭해 어댑터 목록을 연다.

2. 네트워크 어댑터 목록에서 마우스 오른쪽 버튼을 클릭하고 속성^{Properties}을 선택한다. 그림 10.7과 같이 드라이버^{Driver} 탭을 선택한다.

마이크로소프트의 표준 드라이버를 사용하는 인텔 네트워크 어댑터를 볼 수 있다. 가상 머신의 관점에서 가상 네트워크 어댑터는 물리적 네트워크 어댑터와 동일하다.

3. Cancel을 클릭해 속성 윈도우를 닫고 장치 관리자를 종료한다.

그림 10.7 VM의 네트워크 어댑터 속성

호스트 시스템의 관점에서 네트워크 어댑터를 살펴보자.

1. 가상 머신이 아닌 호스트 윈도우 운영체제에서 시작Start 버튼을 클릭한다. 프로그램 및 파일 검색Search Programs And Files 텍스트 박스에서 'device'를 입력한다. 장치 관리자 아이콘을 선택한다. 장치 관리자가 열리면 네트워크 어댑터 아이콘 옆의 삼각형을 클릭해 어댑터 목록을 연다. 유선 및 무선 연결에 대한 두 개의 물리적 네트워크 어댑터와 함께 'VMware Virtual Adapter'라는 다른 두 개의 어댑터를 볼 수 있다.

2. VM웨어 어댑터에서 마우스 오른쪽 버튼을 클릭하고 속성Properties을 선택한다. 그림 10.8과 같이 드라이버Driver 탭을 선택한다.

   이 어댑터가 VM웨어 가상 어댑터라는 것을 알 수 있다. 다시 말해 이 어댑터는 가상 머신이 연결할 수 있는 소프트웨어로 구성된 어댑터다. VM웨어 플레이어의 경우 이 가상 어댑터는 타입 1 하이퍼바이저가 사용하는 가상 스위치와 연관돼 있다. 여기에서는 두 개의 어댑터가 있으며 세 번째 어댑터는 곧 보게 될 것이다.

3. Cancel을 선택하고 속성 윈도우를 닫는다. 장치 관리자를 종료한다.

그림 10.8 가상 네트워크 어댑터 속성

이제 네트워크에 연결할 때 선택할 수 있는 여러 연결 유형에 대해 알아보자.

1. VM웨어 플레이어로 돌아가 가상 머신Virtual Machine 메뉴에서 가상 머신 설정Virtual Machine Settings을 선택한다. 그리고 네트워크 어댑터를 선택한다. 그림 10.9는 네트워크 연결 선택사항을 보여준다.

    다음 절에서 브릿지드bridged, NAT, 호스트 온리host-only 등 세 가지 연결 유형에 대해 알아볼 것이다.

    LAN 세그먼트와 이 책의 범위를 벗어나는 고급 기능들은 다루지 않을 것이다. LAN 세그먼트는 가상 머신 간에 공유할 수 있는 개인 네트워크를 만드는 기능을 제공한다. 이에 대해서는 사용자 문서를 참고한다.

2. OK를 클릭해 가상 머신 설정 창을 닫는다.

그림 10.9 가상 머신 네트워크 어댑터 연결 유형

VM 네트워크 옵션 설정

세 가지 연결 유형은 각각 호스트 시스템의 기본 가상 어댑터 한 개와 관련이 있다. 호스트 온리 네트워크 연결을 사용하도록 설정된 가상 머신은 VMnet1에 연결된다. NAT 연결로 설정된 가상 머신은 VMnet8 가상 어댑터에 연결되고, 브릿지드 연결 가상 머신은 VMnet0 가상 어댑터에 연결된다. VMnet1과 VMnet8 어댑터는 본 적이 있지만 VMnet0는 보지 못했을 것이다. 이유는 VM웨어 플레이어는 애플리케이션 인터페이스에 일부 기능만 사용할 수 있게 돼 있으며, 기본 설정에서는 사용할 수 없는 기능들이 있기 때문이다. 가상 네트워크를 좀 더 살펴보기 위해서는 VM웨어 플레이어 패키지에 포함돼 있지만 기본적으로 설치되지 않은 유틸리티를 설치해야 한다.

1. 호스트 윈도우 운영체제에서 시작^{Start} 버튼을 클릭한다. 프로그램 및 파일 검색^{Search Programs And Files} 텍스트 박스에 'cmd'를 입력하고, cmd 아이콘을 선택한다. 명령행 윈도우가 열리면 4장, '가상 머신 만들기'에서 다운로드하고 설치한 VM웨어 플레이어 설치 패키지가 있는 디렉터리로 이동한다.

2. 그림 10.10과 같이 /e 옵션을 사용해 인스톨러를 다시 실행한다. 지정한 디렉터리에 인스톨러 패키지의 압축이 풀릴 것이다. 이 예제에서는 설치 파일이 있는 unpacked라는 디렉터리에 압축을 풀었다. 윈도우7에서는 이 명령을 수

행하기 위한 권한을 요청할 것이다. 권한 요청을 수락한다. 압축 해제가 끝나면 기본 설정을 사용해 재설치할 것인지 물을 것이다. Cancel을 선택하고 창을 닫는다.

3. 명령행 윈도우를 닫는다.

그림 10.10 아카이브 파일 압축 해제

이제 아카이브 파일이 파일시스템에 있으니 유틸리티를 찾아 압축을 해제하자.

1. 윈도우 탐색기를 사용해 unpacked 디렉터리로 이동한다. 그림 10.11과 같이 network라는 이름의 아카이브 파일을 찾는다.

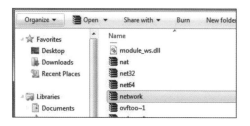

그림 10.11 네트워크 아카이브

2. network.cab 파일을 선택한 후 그림 10.12와 같이 윈도우 탐색기를 이용해 파일을 연다. 파일 이이콘에서 마우스 오른쪽 버튼을 클릭한 후 윈도우 탐색기를 사용해 열기Open With Menu To Choose Windows Explorer를 선택하거나 탐색기 윈도우의 상단에 있는 열기Open 메뉴를 사용해 파일을 연다.

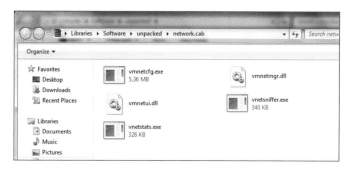

그림 10.12 아카이브 열기

3. vmnetcfg.exe를 마우스 오른쪽 버튼으로 클릭해 메뉴에서 지정된 폴더에 압축 풀기^{Extract to the specified folder}를 선택한다. 압축 해제 경로 윈도우에서 그림 10.13과 같이 바탕화면으로 이동한다.

4. OK를 선택해 데스크톱에 유틸리티를 푼다.

5. network.cab 윈도우를 닫는다.

6. 윈도우 탐색기에서 VM웨어 플레이어 설치 디렉터리로 이동한다. 64비트 시스템에서는 C:\Program Files (x86)\VMware\VMware Player\이고, 32비트 시스템에서는 C:\Program Files\VMware\VMwarPlayer\다. vmnetcfg.exe 파일을 이 디렉터리로 옮긴다. 윈도우에서 관리자 권한 허용 여부를 물어볼 것이다. 작업을 허용한다.

그림 10.13 network.cab에서 vmnetcfg.exe 압축 해제

7. 추출한 vmnetcfg.exe 파일을 더블 클릭해 가상 네트워크 에디터^{Virtual Network Editor}를 연다. 윈도우가 프로그램을 실행할 권한을 요청할 것이다. **Yes**를 클릭해 진행한다.

그림 10.14와 같이 가상 네트워크 에디터가 열리고 다른 툴에서는 보이지 않았던 VMnet0를 포함해 세 개의 가상 어댑터를 볼 수 있을 것이다(이유는 NIC에 연결되지 않았었기 때문이다).

그림 10.14 가상 네트워크 에디터

브릿지드 네트워크 설정에서 VMnet0 어댑터는 VMnet1, VMnet8 어댑터처럼 만들어지지 않는다. 이것은 물리적 어댑터에 연결된 프로토콜 스택이다.

브릿지드 네트워크는 호스트 외부에서 인식하고 접근할 수 있는 IP 주소를 가상 머신에 할당한다. 가상 어댑터(여기에서는 VMnet0)는 가상 스위치처럼 동작하며 단순히 외부로 나가는 트래픽을 연관된 물리적 NIC를 통해 물리적 네트워크로 보낸다. NIC를 통해 내부로 들어오는 트래픽이 발생하면 VMnet0는 다시 스위치 역할을 수행해 트래픽을 알맞은 가상 머신으로 보낸다. 그림 10.15는 브릿지드 네트워크 구성에 연결된 두 개의 가상 머신을 보여준다. 로컬 네트워크의 다른 시스템은 이 IP 주소를 통해 가상 머신에 접근할 수 있다. VM웨어 플레이어는 타입 2 하이퍼바이저이기 때문에 가상 어댑터는 타입 1 하이퍼바이저가 사용하는 가상 스위치와 같이 동작한다.

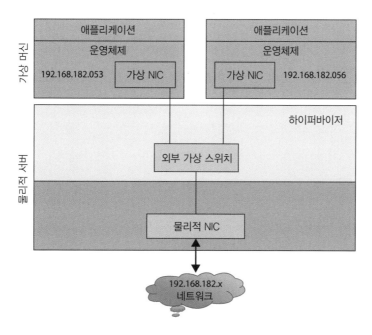

그림 10.15 간단한 브릿지드 네트워크

가상 네트워크 에디터에서 VMnet0를 선택하면 브릿지드 설정을 볼 수 있다. 기본적으로 외부 연결은 자동 브릿징Auto-bridging으로 설정돼 있으며, 이는 물리적 네트워크 연결을 가진 어댑터에 연결된다는 것을 의미한다. 브릿지드 연결에 사용할 물리적 네트워크를 선택하려면 브릿지드 옆의 풀다운 메뉴를 선택해 현재 자동 설정을 특정 네트워크 어댑터로 변경한다. 또한 그림 10.16과 같이 자동 브릿징 설정Automatic Bridging Setting에서 어댑터를 선택해 자동 브릿징 목록을 수정할 수 있다.

그림 10.16 자동 브릿징 설정

호스트 온리 네트워크는 인터널 온리 네트워크와 동등한 네트워크를 만들어 가상 머신이 이 네트워크 안의 가상 머신과만 통신하고 물리적 네트워크에는 연결할 수 없게 한다. 물리적 네트워크의 시스템은 이 가상 머신을 알지도 못하고 통신할 수도 없다. VM웨어 플레이어에서 호스트 온리 네트워크에 연결된 가상 머신은 로컬 머신의 서비스에 접근할 수 있으며, 로컬 머신도 가상 머신의 서비스에 접근할 수 있다. 가상 네트워크 에디터의 VMnet1을 선택하면 호스트 온리 네트워크 설정을 볼 수 있다. 그림 10.17과 같이 설정을 조정할 수 있다. 서브넷 IP 필드에서 호스트 온리 네트워크에 할당할 주소를 선택할 수 있다. 로컬 DHCP 사용 체크박스를 선택하면 로컬 호스트가 이 네트워크에 연결된 가상 머신에 자동으로 주소를 할당할 수 있게 한다. 기본 DHCP 설정을 확인하거나 수정하려면 DHCP 설정^{DHCP Settings} 버튼을 클릭한다. 주소와 리스 시간에 대한 현재 설정 파라미터가 표시되고 수정할 수 있다.

그림 10.17 호스트 온리 네트워크 설정

NAT는 네트워크 주소 변환^{Network Address Translation}을 뜻한다. NAT 네트워크는 호스트 온리와 브릿지드 네트워크의 혼합으로 볼 수 있다. NAT 네트워크에 연결된 가상 머신은 물리적 네트워크와 연결되지 않은 IP 주소를 가지지만 호스트 외부의 네트워크에 연결할 수는 있다. 그림 10.18은 NAT 연결을 사용하는 가상 머신의 예를 보여준다. 각 가상 머신은 내부 네트워크 안의 다른 가상 머신이 인지할 수 있는 IP 주소를 가지지만 이 주소는 호스트 밖에서는 볼 수 없다. 각 가상 머신은 외부 네트워크에 대한 물리적 호스트 IP 주소를 공유한다. 가상 머신이 호스트 외부에 요청을 보내면 하이퍼바이저는 내부에서 외부 네트워크로의 주소 변환 테이블을 유지한다. 네트워크에 데이터가 전송되면 물리적 NIC는 이를 하이퍼바이저에게 보내 주소를 다시 변경하고 이 정보를 알맞은 가상 머신에게 전달한다.

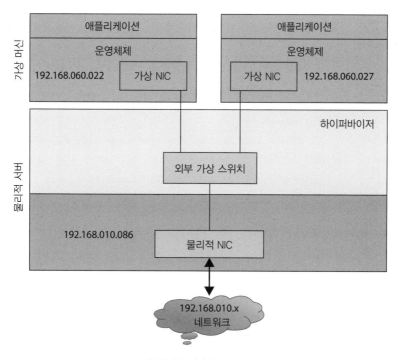

그림 10.18 간단한 NAT 구성

　가상 네트워크 에디터에서 VMnet8을 선택하면 그림 10.19와 같이 NAT 구성을 볼 수 있다. 그리고 호스트 온리 네트워크처럼 개인 서브넷을 만들 수 있다. 또한 호스트 온리 네트워크와 같이 DHCP 서비스가 NAT에 연결된 가상 머신에 자동으로 IP 주소를 할당할 수도 있다. VM웨어 플레이어에서 NAT가 가상 머신의 기본 설정이다. 이는 보안 및 안티바이러스 소프트웨어를 설치하기 전까지 외부로부터 새로 만든 운영체제를 보호할 수 있기 때문이다. NAT 네트워크는 네트워크 토폴로지를 보호할 수도 있다. 외부 네트워크에 한 개의 IP 주소만 사용하면 가상 머신의 개수와 기능을 외부로부터 숨길 수 있다.

그림 10.19 NAT 네트워크 구성 설정

가상 네트워크 튜닝

스토리지 가상화에서 봤듯이 물리적 네트워크 아키텍처의 좋은 사례 역시 가상 네트워크 환경에 적용된다. 물리적 네트워크에서는 스위치를 사용해 트래픽을 분리함으로써 성능을 향상시키고 보안을 강화한다. 이것은 가상 네트워크에도 적용 가능하다. 물리적 NIC에 연결된 가상 스위치는 가상 네트워킹에 물리적인 분리를 가능하게 하며, 가상 네트워크를 물리적 네트워크처럼 복잡하게 구성할 수도 있다. 비용과 유지의 관점에서 가상 네트워크의 장점은 케이블이 전혀 필요 없거나 최소한만 필요하다는 점이다.

메모리와 CPU 가상화에서 봤듯이 네트워크 가상화는 처리량 증가가 성능에 영향을 미친다. 열 개의 서버를 하나의 가상 호스트로 응집하기 위해서는 합쳐진 처리량에 대한 계획이 필요하다. 가상화 초기에는 여덟 개 또는 열 개, 혹은 그 이상의 NIC를 사용해 적당한 처리량과 성능을 제공하기 위한 충분한 대역폭을 확보하고자 했다. 각 NIC에 프로세서를 공급하고 소프트웨어가 데이터 흐름을 나눠 관리하도록 하기보다는 물리적인 경로를 따로 마련함으로써 네트워크 처리 성능을 높일 수 있다. 또한 성능을 저하시키며 여러 유형의 트래픽을 합치지 않도록 하는 것이 좋기도 하다. 그러나 오늘날에는 좀 더 적은 디바이스를 사용해 데이터를 처리하는 것으로 바뀌고 있다.

첫 번째 '고스트버스터즈Ghostbusters' 영화에서 해롤드 레미스Harold Ramis가 연기한 이곤 스펜글러Egon Spengler는 양자 팩을 준비하며 그의 동료에게 "빛을 교차시키지 말라."고 얘기한다. 이유를 물으면, 그는 단지 "안 좋을 거야."라고 얘기한다. 이것이 지금까지 하나의 NIC를 사용해 여러 트래픽 유형을 처리하는 것을 다룬 방식이다. 최근 새로운 NIC인 통합 네트워크 어댑터CAN, converged network adapter는 대역폭이 넓으며 다중 프로토콜을 다룰 수 있다. 이 어댑터를 사용하면 서버의 네트워크 카드를 줄일 수 있지만 대역폭 충돌의 문제는 그대로 남는다. 스토리지 I/O 관리에서 설명했듯이 하이퍼바이저에서 네트워크 I/O 제어에 동일한 기능을 사용할 수 있다. VM웨어의 하이퍼바이저는 네트워크 트래픽 유형(데이터, 스토리지, 기타)을 설정하고 네트워크 충돌이 발생하는 경우 각 유형별로 우선순위를 지정할 수 있다. 이것은 각 가상 머신 단계에서 설정할 수도 있고, 중요 애플리케이션을 구성하는 가상 머신 그룹, 특정 주소 집합으로부터의 트래픽 단위로 설정할 수도 있다. 지금 현재로는 이 기능을 제공하는 유일한 하이퍼바이저다. CNA 벤더에서 유사한 기능을 제공하기도 한다. 이 기술을 사용하면 여러 네트워크 트래픽 유형이 같은 대역폭을 공유할 수 있다. 물론 '고스트버스터즈'의 마지막에서 스트림을 섞지만 문제가 없었다. 여기서도 마찬가지다.

마지막으로 응집의 문제점 중 하나는 여러 가상 머신이 한 호스트에 존재한다는 점이다. 이들은 호스트 안의 가상 네트워크를 통해 같은 호스트에 있는 다른 가상 머신과 통신한다. 가상 머신이 다른 가상 머신에게 정보를 보낼 때에 외부 네트워크에서는 이 트랜잭션을 절대 볼 수 없다. 성능에는 좋지만 네트워크 관리나 디버깅 관점에서는 나쁠 수 있으며, 애플리케이션 사용자가 낮은 성능에 대해 불평할 때에 기존의 네트워크 툴로는 호스트 내부를 볼 수 없다. 네트워크 팀은 가상 네트워크의 설정과 관리를 가상화 팀에게 넘기곤 한다. 네트워크 팀은 가상 환경의 관리 툴에 대해 알지 못하고 가상화 팀은 네트워크 팀이 가상 호스트 내부를 보는 것을 탐탁지 않아 한다. 솔루션이 진화하며 네트워크 팀이 호스트 내부를 볼 수 있고, 가상 네트워크를 모니터링할 수 있는 툴이 등장했다. 시스코^{Cisco}는 하이퍼바이저에 플러그인할 수 있는 가상 스위치를 개발해 벤더의 가상 스위치를 대체했다. 시스코 가상 스위치는 시스코 스위치 운영체제에서 동작하며 물리적인 시스코 스위치의 모든 인터페이스와 툴을 사용한다. 이것은 네트워크 팀이 새로운 기술을 배우지 않아도 되고 가상화 팀은 네트워크 관리 책임을 걱정 없이 넘길 수 있음을 의미한다.

요점 정리

네트워크는 가상 인프라스트럭처에서 애플리케이션이 데이터를 주고받는 배관이며, 기존 네트워크의 중요 사례를 가상 환경에 적용할 수 있다. 응집은 여러 개의 가상 머신을 하나의 호스트에 모은다. 따라서 가상 환경에서 네트워크 아키텍처를 디자인할 때에는 대역폭의 제한에 대해 반드시 고려해야 한다. 스토리지 트래픽의 많은 부분이 공유 또는 전용 네트워크를 통해 전송되기 때문에 충분한 대역폭을 할당하지 않으면 성능 문제가 발생할 것이다. 가상 스위치는 호스트 내부의 네트워크 트래픽의 분할과 고립을 제공해 보안과 데이터 정합성을 보장한다. 하이퍼바이저 역시 네트워크 트래픽을 제어해 성능을 높이고 보안을 강화하는 여러 기능을 제공한다.

연습 문제

▶ 브릿지드 연결 유형에 두 번째 네트워크 어댑터를 추가하라. 가상 머신을 재부팅한 후 두 번째 가상 어댑터가 사용 가능하고 IP 주소를 할당받았는지 확인하라. 호스트에서 이 두 어댑터에 핑(ping)을 하면 어떤 결과가 발생하는가?

가상 머신 복사하기

가상 머신은 물리적인 장치보다 빠르고 편리하게 관리할 수 있도록 여러 개의 디스크 파일로 구성된다. 새로운 가상 머신을 만드는 것은 파일을 복사하고 설정을 변경하는 것으로 충분하다. 물리적 서버를 주문하고 공급하고 배치하는 데 며칠, 몇 주가 걸렸지만 새 가상 머신을 배치하는 데는 몇 분이면 충분하다. 시스템 관리자는 언제든지 찍어낼 수 있는 가상 머신의 표준 이미지를 템플릿으로 만들 수 있다. 시스템 관리자의 오랜 골칫거리인 백업과 복구도 가상 환경에서는 훨씬 간단하다. 물리적 서버에서 사용한 백업 솔루션과 전략 외에 전체 서버 설정과 데이터를 데이터 복사를 사용해서도 백업할 수 있다. 그리고 장애가 발생하면 가상 머신을 같은 방법으로 복구할 수 있다. 개발자는 스냅샷을 사용해 기존 환경에 대해 소프트웨어나 운영체제의 업데이트를 테스트할 수 있으며, 재테스트해야 하는 경우 서버를 재구축할 필요 없이 특정 시점으로 바로 롤백할 수 있다.

▶ 가상 머신 복제하기

▶ 템플릿 사용하기

▶ 가상 머신의 상태 저장하기

가상 머신 복제하기

정보를 백업하는 것은 컴퓨터가 등장하기 전부터 필요한 일이었다. 독자도 알다시피 오늘날의 시스템이 다루는 데이터의 양은 어마어마하며 계속해서 증가하고 있다. 이런 정보를 보호하는 작업은 간단하고 효율적이며 신뢰할 수 있어야 한다. 컴퓨터 디스크의 내용을 자기 테이프에 기록하던 가장 초기 시절부터 시스템의 데이터를 백업하는 여러 솔루션이 존재해왔다. 개인용 컴퓨터를 주기적으로 백업한다면 비슷한 방법을 사용할 것이다. 간단한 유틸리티나 파일 복사를 사용해 데이터 파일을 CD, DVD, USB 디스크 드라이브와 같은 다른 미디어로 복사하는 것이다. 모지^{Mozy}와 드롭박스^{Dropbox}, 카보나이트^{Carbonite} 등의 새로운 솔루션은 로컬 시스템에 있는 파일의 변경사항을 추적해 인터넷을 통해 다른 위치의 저장소로 옮긴다. 스마트폰과 태블릿, 다른 디바이스도 신뢰할 수 있는 컴퓨터나 클라우드 저장소와 동기화되며, 이 모두는 시스템 장애 시에도 데이터 손실을 방지한다.

가상 머신의 실제 물리적 형태는 데이터 파일의 집합이기 때문에 이들 파일을 다른 위치로 주기적으로 복사하면 쉽게 백업할 수 있다. 이 파일에는 애플리케이션 프로그램과 사용자 데이터, 운영체제, 가상 머신의 설정 등이 있기 때문에 백업을 만드는 것은 하이퍼바이저에서 정상 동작할 수 있는 새 가상 머신을 만드는 것과 같다. 가상 머신을 복사하는 것은 매우 간단하기 때문에 관리자는 이 기술을 새 가상 머신을 빨리 만드는 데 사용하기도 한다. 파일 사본을 만들고 고유한 시스템 이름과 네트워크 주소를 갖도록 설정을 변경하면 된다. 가상 머신을 만들었던 과정보다 빠르며, 물리적 서버를 구매하고 공급하고 배치하는 과정보다 훨씬 빠르다. 가상 프로비저닝의 다른 장점은 VM과 호스트 간에 가상 하드웨어가 동일하기 때문에 펌웨어의 비호환성과 같은 물리적인 불일치가 생길 가능성이 없다는 것이다. 기존의 사본을 이용해 새 가상 머신을 만드는 것이 얼마나 간단하고 빠른지 살펴보기 위해 직접 만들어보자.

이것이 가상 머신을 만드는 추천 방법은 아니다

4장, '가상 머신 만들기'에서 가상 하드웨어를 조정하기 위해 설정 파일을 수정하는 것은 자주 사용하지 않는다는 것을 배웠다. 이 예제에서는 몇 가지 이유에서 이렇게 했다. 우선, 운영 가상 머신이 아니기 때문에 문제가 생겨도 단순히 파일을 지우고 새 가상 머신을 만들면 된다. 두 번째 이유는 이렇게 작업해야 하는 경우가 생길 수도 있으며 설정 파일을 가지고 작업하는 경험을 얻을 수 있기 때문이다. 세 번째 이유는 VM웨어 플레이어는 가상 머신을 복제하는 기능이 없으며 이것 때문에 실습을 못하면 안 되기 때문이다.

---

1. 윈도우 탐색기를 열고 가상 머신이 위치한 디렉터리로 이동한다. 위치를 모르면 VM웨어 플레이어를 시작하고 가상 머신을 선택한 후 하드웨어 세팅에서 옵션^{Options} 탭을 선택한다. 오른쪽 패널에 Working 디렉터리가 나온다. 기본 설정은 C:\Users\⟨username⟩\Documents\Virtual Machines다. 이 디렉터리에서 각 가상 머신의 폴더를 볼 수 있다. 그림 11.1에서처럼 VM copy라는 새 디렉터리를 만든다.

그림 11.1 VM copy 디렉터리

2. 그림 11.2와 같이 윈도우 가상 머신이 있는 디렉터리로 이동한다. 가상 머신을 구성하는 여러 파일과 캐시 디렉터리가 있다. 가상 머신을 복사하는 데에는 이들 중 몇 개만 필요하다. 다른 파일은 가상 머신을 처음으로 시작하면 새로 만들어진다. 이번 작업에 중요한 파일은 설정 파일(.vmx)과 가상 디스크 파일(.vmdk)이다.

   파일 확장자가 안 보이면 확장자를 보이도록 해야 한다. 윈도우7에서는 윈도우 탐색기 메뉴에서 구성^{Organize}을 선택하고 폴더 및 검색 옵션$^{Folder\ And\ Search}$
^{Options}을 선택한다. 폴더 옵션$^{Folder\ Options}$ 윈도우가 열리면 보기^{View} 탭을 연다.
알려진 파일 형식의 파일 확장명 숨기기$^{Hide\ Extensions\ For\ Known\ File\ Types}$의 체크
를 해제한다. OK를 클릭한다. 파일 확장자를 볼 수 있을 것이다. 이 세 파일을
VM copy 디렉터리에 복사한다. 하드웨어에 따라 파일 복사는 약 5분 정도
걸릴 것이다.

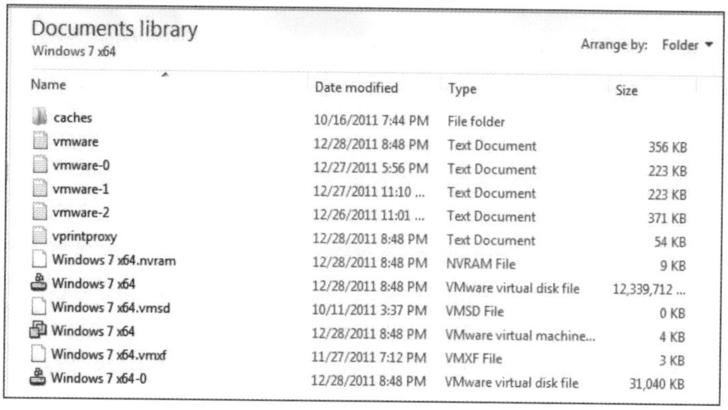

그림 11.2 가상 머신 파일

3. VM copy 디렉터리에서 설정 파일을 선택하고 윈도우 메모장으로 연다. 윈
   도우 탐색기에서 파일 윈도우 아래의 VM웨어 플레이어로 열기$^{Open\ With\ VMware}$
   ^{Player} 풀다운 메뉴를 보면 메모장 옵션이 있다. 목록에 메모장이 없다면 .vmx
   파일에서 마우스 오른쪽 버튼을 클릭하고 연결 프로그램$^{Open\ With}$에서 기본 프
   로그램 선택$^{Choose\ Default\ Program}$을 선택한다. C:\Windows\System32로 이동해
   notepad.exe를 선택한다. 그림 11.3은 설정 파일의 일부다.

4. 가상 머신의 이름을 바꿔야 하기 때문에 현재 이름을 변경하도록 한다. 예제
   에서 Window 7 x64 엔트리는 VM copy로 바꾼다. 수작업으로 할 수도 있지
   만 메모장의 편집^{Edit} 메뉴에 있는 바꾸기^{Replace} 기능을 사용할 수도 있다. 수
   작업으로 하는 경우 guestOS 엔트리는 변경하지 않도록 한다.

5. 설정 파일을 저장하고 닫는다.

그림 11.3 설정 파일 수정

6. VM copy 디렉터리로 돌아와 파일 이름을 VM copy로 바꾼다. 두 번째 디스크 드라이브는 그림 11.4와 같이 VM copy-0로 바꾸도록 한다.

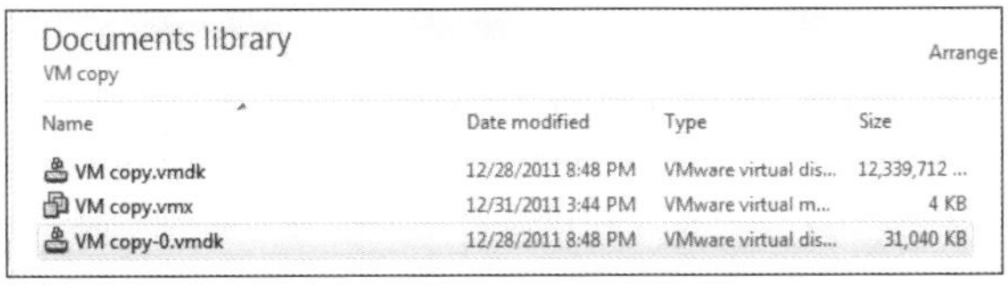

Documents library			
VM copy			Arrange
Name	Date modified	Type	Size
👤 VM copy.vmdk	12/28/2011 8:48 PM	VMware virtual dis...	12,339,712 ...
👤 VM copy.vmx	12/31/2011 3:44 PM	VMware virtual m...	4 KB
👤 VM copy-0.vmdk	12/28/2011 8:48 PM	VMware virtual dis...	31,040 KB

그림 11.4 가상 머신 파일 이름 변경

7. 설정 파일을 더블 클릭해 가상 머신을 연다. VM웨어 플레이어가 시작되고 가상 머신이 부팅될 것이다. 무언가 변경됐음을 알아차리고 그림 11.5와 같이 가상 머신이 옮겨지거나 복사됐는지 물어본다. 진행하기 위해 I copied it(복사했음)을 클릭한다.

가상 머신이 부팅되지 않으면 설정 파일을 잘못 수정한 것이거나 가상 디스크 .vmdx 파일과 맞지 않는 것이다.

변경을 다시 확인하거나 기존 설정 파일을 복사해 다시 시도한다. 한 가지 오류의 가능성이 있는 것은 4장, '가상 머신 만들기'에서 디스크 용량을 설정하는 부분을 빠트린 것이다. 가상 디스크를 하나의 파일로 저장하도록 하지 않았다면 두 개 이상의 .vmdx 파일이 있고 이를 모두 복사해야 한다. 파일 복사

외에도 설정할 것이 더 있다. 한 개의 .vmdx 파일은 다른 파일보다 훨씬 작을 것이며 가상 디스크의 여러 부분에 대한 포인터를 갖고 있다. 이 파일을 메모장으로 열어 포인터를 기존의 이름에서 VM copy로 바꾸고 저장해야 가상 머신이 성공적으로 부팅한다.

그림 11.5 이동 또는 복사 알림

이제 복사된 가상 머신을 살펴보고 기존의 가상 머신과 동일한지 확인해보자.

1. 윈도우가 부팅되고 원본 가상 머신과 같은 사용자 이름, 비밀번호를 물어본다. 비밀번호를 입력해 로그인한다.

2. 축하한다. 이제 가상 머신을 복사했다. 시작Start 버튼을 누르고 프로그램 및 파일 탐색Search Programs And Files 텍스트 박스에 'cmd'를 입력해 명령행 윈도우를 실행한다. cmd 아이콘을 선택해 명령행 유틸리티를 연다.

3. 그림 11.6과 같이 가상 머신의 네트워크 설정을 보기 위해 'ipconfig'를 입력한다. 원본 가상 머신과 동일하지는 않더라도 비슷해야 하고, 동일한 개수 및 유형의 어댑터와 연결이 있어야 한다. 이전에는 두 개의 이더넷 어댑터가 있었다. 같지 않은 것은 IP 주소다. 10장, '가상 머신의 네트워킹 관리'에서 DHCP 서버로부터 자동으로 IP 주소를 얻는다는 것을 배웠다. VM웨어 플레이어에게 가상 머신을 복사했음을 알렸을 때, 가상 머신에 새로운 고유 머신 ID를 부여한다. 가상 머신을 옮겼다고 하면 고유 ID는 변경되지 않는다. 가상 머신에 IP 주소를 입력한 경우에는 수작업으로 새 주소를 입력해야 하며, 그렇지 않으면 같은 시스템으로 인식돼 네트워크 장애가 발생할 수 있다.

4. 명령행 윈도우를 닫는다.

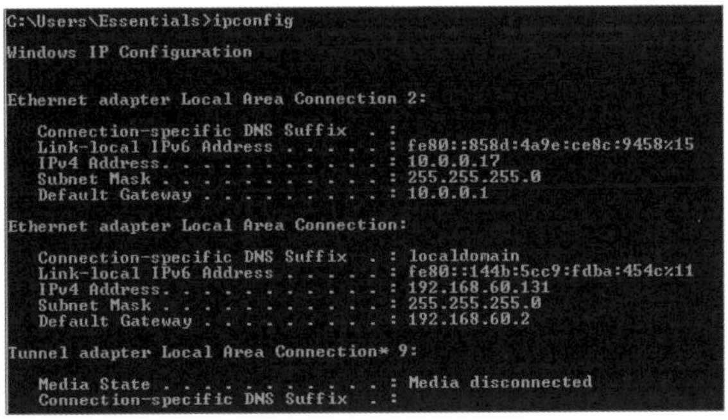

그림 11.6 네트워크 설정 보기

5. 시작^{Start} 버튼을 클릭해 제어판^{Control Panel}을 연다. 시스템 및 보안^{System and} ^{Security} > 시스템^{System}을 선택한다. 가상 머신의 정보는 모두 원본 가상 머신과 동일해야 한다. 컴퓨터 이름조차 같은데, 이는 실제 환경에서 문제가 될 수 있다. 여기서 시스템 이름을 변경할 수 있지만 이번 예제에서는 필요하지 않다.

6. 복사된 가상 머신을 좀 더 살펴볼 수 있다. 다 본 후에는 VM웨어 플레이어의 가상 머신^{Virtual Machine} > 전원^{Power} 메뉴에 있는 **Power off**를 선택해 전원을 끈다. VM copy가 가상 머신 라이브러리의 상단에 있음을 확인하자.

7. 이제 이 가상 머신으로 할 일은 다 했다. 가상 머신을 선택해 마우스 오른쪽 버튼으로 클릭하고 **Delete VM From Disk**를 선택해 삭제할 수 있다. 경고 창이 나타날 것이다. **Yes**를 선택하면 모든 파일이 제거된다. 부모 디렉터리는 따로 지워야 한다.

여기서는 한 개의 가상 머신만을 다뤘기 때문에 간단한 복사 작업을 성공적으로 수행할 수 있었다. 만일 1년 동안 수십 개의 가상 머신을 만든다 해도 해야 할 일이 많지 않기 때문에 크게 어렵지 않을 것이다. 그러나 100개, 500개의 가상 머신을 배치한다면 어떨까? 이 경우에는 수작업으로 하기에는 큰 일일 것이고 에러가 발행할 여지도 많을 것이다. 다행히 이 작업을 자동으로 할 수 있는 여러 방법이 있다. 한 가지는 스크립트다. 시스템 관리자가 방금 실행한 과정과, 복제된 가상 머신이 고유한 시스템 정보와 게스트 운영체제 내부 및 외부에서 고유한 네트워크 주소를 갖도록 하는 과정을 실행하는 스크립트를 작성할 수 있다. 다른 방법으로는 표준화된 작업을 수행하고 사용자 인터페이스가 갖춰진 프론트엔드를 가진 자동화 툴을 사용할 수 있다. 이런 툴은 벤더의 하이퍼바이저 관리 툴에 포함되거나 써드파티 공급자가 제공할 수도 있다.

||||||||||||||||||||||||||||||||||||||||||||||||||||||||||||||||||||||||||||||||||||||||||||||||||||

시스프렙이란?

윈도우 가상 머신을 복제할 때 신경 써야 하는 것은 복제된 가상 머신이 고유해야 한다는 점이다. 마이크로소프트는 이 과정에서 사용할 수 있는 시스프렙(Sysprep)이란 툴을 제공한다. 시스프렙은 윈도우 전용 유틸리티로, 관리자가 설치된 윈도우를 표준 이미지에서 운영체제의 고유한 사본으로 커스터마이징하도록 해준다. 고유 ID 정보를 만드는 것 외에도 시스프렙은 새로운 디바이스 드라이버와 애플리케이션을 새 이미지에 추가할 수 있다. 윈도우의 각 버전(NT, XP, 비스타 등)은 모두 자신만의 시스프렙을 갖는다. 대규모 배치는 이 책의 범위를 벗어나기 때문에 시스프렙에 대해서는 다루지 않는다.

템플릿 사용하기

이미 존재하는 가상 머신으로부터 새로운 가상 머신을 만드는 방법은 많은 시간과 노력을 절약할 수 있으며, 시스템 관리자가 물리적 환경에서 가상화 환경으로 전환하려는 가장 큰 이유 중 하나다. 복제하려면 복제의 대상이 되는 것이 필요한데, 여기서는 새 가상 머신을 만드는 데 형틀과 같이 사용할 표준 이미지다. 이를 위해 템플릿이라는 아이디어가 개발됐다. 이것은 물리적 서버를 프로비저닝하는 데에서 비롯됐다. 템플릿은 승인받은 표준 소프트웨어를 갖고 있는 미리 만들어두고 테스트한 이미지다. 관리자는 운영체제를 배치할 때에 애플리케이션과 툴도 같이 설치한다. 가장 최신의 패치를 적용한 후 이미지를 DVD와 같은 미디어에 기록한다. 새 서버가 도착하면 이미지를 만들 때에 적용한 여러 가지 설치 작업을 되풀이할 필요 없이 이미지를 적용하면 된다. 이미지를 읽기 전용 포맷으로 만들면 의도치 않은 변경을 막을 수 있다. 가상 환경에서도 이 기술을 사용하고 있다.

가상 머신을 만들 이미지에는 운영체제와 같은 소프트웨어뿐만 아니라 하드웨어 설정도 포함돼 있다. 가상 머신을 복제하는 것과 템플릿에서 만드는 것은 약간 차이가 있다. 복제할 때에는 항상 그런 것은 아니지만 템플릿이 아닌 가상 머신이 소스가 된다. 템플릿은 보통 전원을 켤 수 없는 가상 머신 이미지다. 다시 말해 다른 가상 머신을 위한 형틀일 뿐이다. 템플릿은 깨끗한 가상 머신을 만들고 하이퍼바이저 관리 기능이나 다른 툴을 사용해 변환함으로써 만든다. 예를 들어 그림 11.7은 VM웨어 v센터에서 가상 머신을 선택했을 때 나오는 VM웨어 ESX 인프라스트럭처를 관리하는 인터페이스 메뉴다. 여기에서 두 가지 옵션을 볼 수 있다. 하나는 선택한 가상 머신을 복사해 복사본을 템플릿으로 변경하는 것이고, 다른 하나는 선택한 가상 머신을 템플릿으로 변환하는 것이다.

그림 11.7 템플릿 생성 옵션

다음 예제는 템플릿으로부터 가상 머신을 새로 만드는 예제다. VM웨어 플레이어에서는 이 기능이 지원되지 않기 때문에 VM웨어 워크스테이션을 사용한다. 템플릿을 만들기 위해 가상 머신에 두 단계 과정을 수행한다. 먼저 가상 머신 세팅의 고급 옵션Advanced Options에서 템플릿 모드 활성화Enable Template mode 체크박스를

체크한다. 다음으로는 템플릿으로 사용할 가상 머신의 스냅샷을 만든다. 스냅샷
은 이번 장 뒷부분에서 다룬다. 그림 11.8은 가상 머신을 복제하기 위해 사용하는
메뉴를 보여준다.

그림 11.8 가상 머신 관리

그림 11.9는 가상 머신 복제 마법사^{Clone Virtual Machine Wizard}다. 첫 화면이 뜰 때
가상 머신 세팅의 템플릿 모드를 활성화할 것을 알려준다.

그림 11.9 가상 머신 복제 마법사

가상 머신이 템플릿 모드이기 때문에 복사본으로 사용할 스냅샷을 선택해야
한다. 이 예제에서는 그림 11.10과 같은 하나의 스냅샷만 있다.

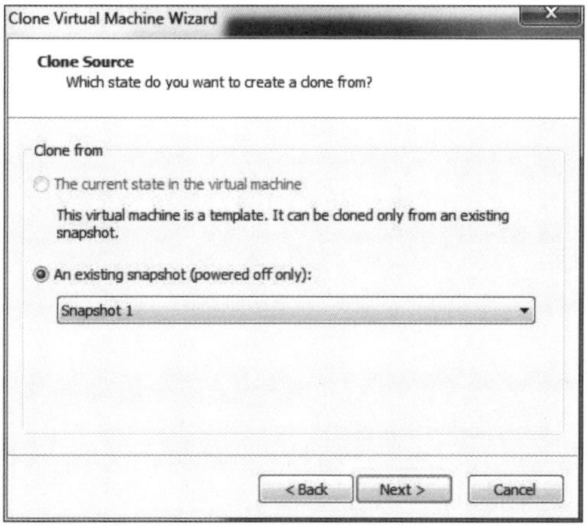

그림 11.10 복제 소스

그림 11.11에서는 생성할 수 있는 복제의 두 가지 유형을 보여준다. 전체 복제
full clone는 완전히 복사하는 것을 의미하며, 배치하기 위해서는 원본과 동일한 양
의 디스크 스토리지가 필요하다. 연결된 복제linked clone는 원본을 레퍼런스로 사용
하며 변경사항만 저장하므로 훨씬 적은 디스크 스토리지만을 사용한다. 연결된
복제는 전체를 복사하지 않기 때문에 원본 가상 머신이 사용 가능해야 한다. 이
예제에서는 전체 복제를 사용한다.

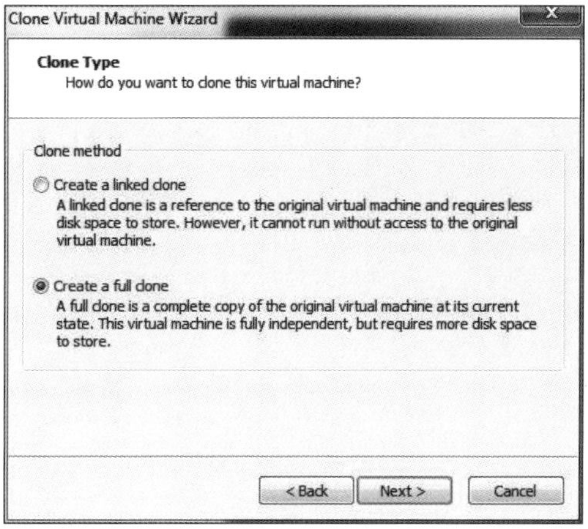

그림 11.11 복제 유형

마지막 단계는 그림 11.12와 같이 새 가상 머신의 이름을 만드는 것이다. 마법 사는 각 단계 목록과 복제 과정을 진행하며 진행 상황을 보여주는 진행 상황 바를 보여준다. 완료되면 가상 머신 목록에 새 가상 머신이 나타나고 시작할 수 있다. 간단히 살펴보면 템플릿과 동일한 설정을 갖고 있음을 알 수 있다. 이전의 수작업 에 비해 적당한 툴을 사용해 매우 간소화됐으며 오류가 발생할 여지도 줄어들었 음을 알 수 있다. 여러 개의 가상 머신을 동시에 만드는 것도 가능하나 복제 과정 의 상당 부분이 데이터 복사이므로 작업 성능은 스토리지 I/O 대역폭에 영향을 받는다.

그림 11.12 복제본 이름 생성

가상 머신의 상태 저장하기

가상 머신을 백업하는 이유는 여러 가지가 있다. 가장 중요한 이유는 재난 대비 다. 자연재해와 같은 예상치 못한 실제 재난이든 사람의 실수로 인해 발생한 사고 든 간에 정확하고 적합한 비즈니스 데이터를 복구할 수 있도록 하는 것은 예전부 터 해온 지침이며 비즈니스 영속성에 필수적이다. 가상 머신은 파일로 이뤄져 있기 때문에 물리적인 머신보다 백업하기가 간단하다. 이 주제는 13장, '가용성의 이해'에서 다룰 것이지만, 여기서는 가상 머신 복사의 관점에서 한 개의 유스케이스를 다루자.

많은 기업이 IT 부서와 애플리케이션의 일부를 애플리케이션 관리 업무에 할당한다. 관리는 실제 개발과 애플리케이션 모델 설계에서부터 벤더가 새로 업그레이드를 출시한 경우 수행하는 애플리케이션 모듈의 테스트, 새로운 운영체제의 패치로 인한 정규 테스트, 운영체제 시스템의 업그레이드 등까지를 고루 포함한다. 가상화를 사용하기 전에는 IT 부서로부터 실제 운영 환경에서 사용하는 동일한 운영체제와 패치, 애플리케이션 등을 모두 설치한 물리적 서버를 공급받았다. 그 후 애플리케이션이나 운영체제의 업데이트와 같은 변경사항을 적용한 후 운영체제에 변경사항을 적용할지를 결정할 테스트를 수행했다. 테스트에 사용한 하드웨어는 다음 테스트 때 다시 사용할 수 있다. 이 과정은 새로운 애플리케이션 모듈을 설치하거나 운영체제 시스템을 최신 상태로 만들기 위한 과정에서 병목이 되곤 한다. 수백 개의 애플리케이션을 가진 큰 기업의 경우 테스트 환경의 크기가 운영 시스템의 세 배에서 다섯 배까지 되며, 예산뿐만 아니라 데이터센터의 자원과 공간을 그만큼 사용하게 된다.

가상 머신을 사용하면 이런 시나리오를 해결할 수 있다. 애플리케이션 서버의 설정을 템플릿으로 만들면 운영 시스템 이미지의 사본을 수 분 내로 만들 수 있다. 그리고 새로운 패치를 적용해 테스트할 수 있다. 테스트 후 결과가 좋으면 갱신된 가상 머신을 운영 시스템을 업데이트하는 데 사용할 새로운 템플릿으로 만들 수도 있다. 템플릿이 없다면 운영 가상 머신을 복제해 애플리케이션에서 운영체제, (가상) 하드웨어 설정까지 모든 운영 시스템의 설정을 복사한 사본에서 테스트를 진행할 수 있다. 하이퍼바이저 관리 툴을 사용하면 이런 테스트를 위해 템플릿 작성과 가상 머신 복사, 가상 환경에의 배치 등과 같은 작업을 쉽게 할 수 있다. 또한 스냅샷이라는 기능은 관리자에게 매우 큰 도움이 된다.

스냅샷snapshot이란 이름 자체가 이 기능이 무엇인지 대부분 설명해준다. 이것은 복제와 템플릿 생성과 같이 가상 머신의 하드웨어와 소프트웨어 설정을 그대로 가져오며 또한 가상 머신의 상태도 보존한다. 스냅샷은 가상 머신을 특정 시점으로 돌아갈 수 있도록 해주는데, 이 기능은 테스트와 개발 환경에서 매우 유용하다. 스냅샷은 가상 서버의 실행 취소^{undo} 버튼 기능을 제공한다고 할 수 있다. 스냅샷은 가상 머신을 백업하는 용도로는 사용하지 않는다. 만일 이 기능을 백업 용도로 사용하면 가상 머신의 성능이 저하되며, 전체 가상 환경 또한 스토리지 성능과 사용성 면에서 좋지 않은 영향을 받게 된다. 대부분의 하이퍼바이저는 스냅샷 기능을 제공한다. 다음의 설명은 VM웨어의 스냅샷 기능에 대한 설명이지만 다른 솔루션에서도 전체적인 내용은 유사하다.

가상 머신의 스냅샷을 만들면 몇 개의 파일이 생성된다. 스냅샷의 모든 관련 정보를 가진 하나의 파일이 있다. VM웨어에서는 .vmsd 확장자를 갖는 파일이다. 가상 머신의 메모리 상태를 갖는 파일이 있는데 이는 .vmem 확장자를 갖는다. 가상 머신 스냅샷 파일(.vmsn)은 스냅샷을 만들 때 가상 머신의 상태를 저장한다. 또한 익숙한 .vmdk 확장자를 갖는 여러 개의 자식 디스크가 생성된다. 자식 디스크는 스패어 디스크^{spare disk}라고 한다. 이것은 스냅샷을 만들기 위해 전체를 복사하지 않아도 되게 해주는 스토리지 최적화 기법이다. 스패어 디스크는 원본 디스크에서 변경된 데이터 블록만을 저장하는 카피 온 라이트^{copy-on-write} 기법을 사용한다. 가상 머신은 데이터를 자식 디스크와 부모 디스크로부터 읽지만 기록은 자식 디스크에만 한다. 그림 11.13은 스냅샷의 예제다. 아래쪽의 부모 디스크에는 기록할 수 없으며 데이터 블록의 변경사항은 스패어 자식 디스크에 기록된다.

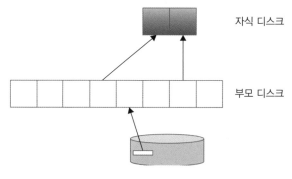

자식 디스크

부모 디스크

그림 11.13 첫 번째 스냅샷

그림 11.14는 두 번째 스냅샷을 만들 때 발생하는 일을 보여준다. 두 번째 자
식 디스크가 역시 스패어 형태로 생성된다. 원본 디스크나 첫 번째 자식 디스크에
변경사항이 생기면 두 번째 자식 디스크에 기록된다. 첫 번째 자식 디스크는 원본
디스크처럼 기록할 수 없으며 현재 정보를 읽을 때에만 사용한다. 너무 많은 스냅
샷을 만들거나 데이터 변경이 많아지면 디스크 스토리지를 상당히 많이 사용하게
됨을 알 수 있을 것이다. 또한 스냅샷이 너무 많으면 최신 데이터 블록을 찾는 경
로가 너무 길어져 가상 머신의 성능에 영향을 끼치게 된다.

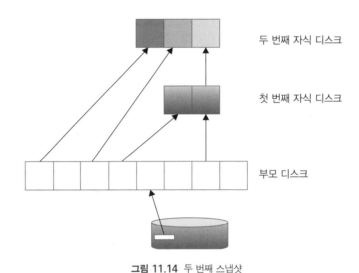

두 번째 자식 디스크

첫 번째 자식 디스크

부모 디스크

그림 11.14 두 번째 스냅샷

스냅샷 작성 방법

이번 예제에서는 스냅샷을 만들고 원본으로 롤백$^{roll\ back}$하는 과정을 설명한다. VM
웨어 플레이어는 이 기능을 제공하지 않기 때문에 VM웨어 워크스테이션을 사용
한다. 윈도우 가상 머신의 복제본을 사용해 가상 머신의 전원을 켜고 로그인한다.
기본 상태를 얻기 위해 스냅샷을 만든다. 워크스테이션 아이콘을 클릭하거나 메
뉴에서 선택해 스냅샷을 만들 수 있다. 스냅샷 마법사가 스냅샷의 이름을 물어본

다. 이 예제에서는 Snapshot v1으로 한다. 스냅샷을 만들고 파일을 만드는 동안 간단한 진행 상황 바가 나타난다. 메모리 상태 파일(.vmem)과 스냅샷 설정 파일 (.vmsd), 가상 머신 상태(.vmsn), 자식 디스크가 생기는 것을 확인한다. 원본 가상 머신의 두 개 디스크에 모두 자식 디스크가 생긴다. 각 자식 디스크는 스냅샷 이 터레이션 번호가 부여되며 여기서는 000001이다.

Name	Date modified	Type
Clone of Windows 7 x64.vmx.lck	1/1/2012 1:38 PM	File folder
564d9d2d-04a1-51a3-9886-14f70ce1880f....	1/1/2012 6:07 PM	File folder
caches	1/1/2012 6:09 PM	File folder
Windows 7 x64-0-cl1.vmdk.lck	1/1/2012 6:13 PM	File folder
Windows 7 x64-0-cl1-000001.vmdk.lck	1/1/2012 6:13 PM	File folder
Windows 7 x64-cl1.vmdk.lck	1/1/2012 6:13 PM	File folder
Windows 7 x64-cl1-000001.vmdk.lck	1/1/2012 6:13 PM	File folder
Clone of Windows 7 x64.vmxf	12/31/2011 4:26 PM	VMware team member
vmware.log	1/1/2012 6:07 PM	Text Document
564d9d2d-04a1-51a3-9886-14f70ce1880f....	1/1/2012 6:07 PM	VMEM File
vprintproxy.log	1/1/2012 6:08 PM	Text Document
Clone of Windows 7 x64.nvram	1/1/2012 6:13 PM	VMware virtual machine BIOS
Windows 7 x64-0-cl1.vmdk	1/1/2012 6:13 PM	VMware virtual disk file
Windows 7 x64-cl1.vmdk	1/1/2012 6:13 PM	VMware virtual disk file
Clone of Windows 7 x64.vmx	1/1/2012 6:13 PM	VMware virtual machine configuration
Windows 7 x64-cl1-000001.vmdk	1/1/2012 6:13 PM	VMware virtual disk file
Clone of Windows 7 x64.vmsd	1/1/2012 6:14 PM	VMware snapshot metadata
Clone of Windows 7 x64-Snapshot1.vmem	1/1/2012 6:15 PM	VMEM File
Clone of Windows 7 x64-Snapshot1.vmsn	1/1/2012 6:15 PM	VMware virtual machine snapshot
Windows 7 x64-0-cl1-000001.vmdk	1/1/2012 6:17 PM	VMware virtual disk file

그림 11.15 스냅샷의 물리적 파일

호스트 파일시스템에 생긴 새로운 파일 외에, 워크스테이션에는 스냅샷 관리 자에서 사용하는 맵이 생긴다. 그림 11.16은 현재 생성된 맵을 보여준다. 이 스냅 샷은 앞으로 발생할 가상 머신의 변경을 적용하는 첫 시점이다.

그림 11.16 워크스테이션 스냅샷 관리자

　가상 머신의 설정을 변경하지 않는다 해도 변경은 발생한다. 시간이 지나면서 타임스탬프를 가진 운영체제 로그와 모니터링 툴의 로그가 생긴다. 이 변경사항으로 인해 자식 디스크에 데이터 블록이 추가된다. 그림 11.17과 같이 메모장 문서를 만들어 저장해도 변경사항이 생긴다.

그림 11.17 가상 머신 변경

　이제 두 번째 스냅샷을 만들자. 첫 번째와 같이 이번 이터레이션은 Snapshot v2라고 한다. 메모장 문서의 내용을 바꿔 디스크에 저장한다. 그림 11.18과 같이 가상 머신의 물리적 파일이 생긴다. 이제 두 번째 메모리 상태와 시스템 상태 파일, 자식 디스크가 생겼다.

Windows 7 x64-0-cl1.vmdk	1/1/2012 6:13 PM	VMware virtual disk file
Windows 7 x64-cl1.vmdk	1/1/2012 6:13 PM	VMware virtual disk file
Clone of Windows 7 x64-Snapshot1.vmem	1/1/2012 6:15 PM	VMEM File
Clone of Windows 7 x64-Snapshot1.vmsn	1/1/2012 6:15 PM	VMware virtual machine snapshot
Clone of Windows 7 x64.nvram	1/1/2012 6:48 PM	VMware virtual machine BIOS
Windows 7 x64-0-cl1-000001.vmdk	1/1/2012 6:48 PM	VMware virtual disk file
Windows 7 x64-0-cl1-000002.vmdk	1/1/2012 6:48 PM	VMware virtual disk file
Windows 7 x64-cl1-000001.vmdk	1/1/2012 6:48 PM	VMware virtual disk file
Windows 7 x64-cl1-000002.vmdk	1/1/2012 6:48 PM	VMware virtual disk file
Clone of Windows 7 x64.vmx	1/1/2012 6:48 PM	VMware virtual machine configuration
Clone of Windows 7 x64.vmsd	1/1/2012 6:48 PM	VMware snapshot metadata
Clone of Windows 7 x64-Snapshot2.vmem	1/1/2012 6:50 PM	VMEM File
Clone of Windows 7 x64-Snapshot2.vmsn	1/1/2012 6:50 PM	VMware virtual machine snapshot

그림 11.18 두 번째 스냅샷의 물리적 파일

그림 11.19와 같이 워크스테이션 스냅샷 관리자^{Workstation Snapshot Manager}의 스냅샷 체인에 두 번째 시점이 생겼다. 이 시점으로 가상 머신을 복원할 수 있다. 이제 여러 선택사항이 있다. 스냅샷을 더 추가하면 스냅샷 파일이 더 생길 것이고 롤백할 수 있는 시점도 늘어난다. 하지만 성능이 저하되고 디스크 스토리지를 더 사용하게 된다. 지금까지 본 것처럼 스냅샷을 순차적으로 만들 수 있을 뿐 아니라 매우 큰 가지를 가진 맵을 만들 수도 있다. 이런 경우는 복잡한 테스트 모델을 지원하기 위해 사용한다. 첫 번째 스냅샷으로 돌아가 변경사항을 만들고 세 번째 스냅샷을 만들면 첫 번째 스냅샷에 두 개의 가지가 생기게 된다. 스냅샷을 만든 가상 머신에서 테스트 결과가 의미를 지녔다면 이 스냅샷을 원본 가상 머신에 머지^{merge}해 원본 가상 머신을 업데이트할 수 있다. 예제를 좀 더 진행해보자. 결국에는 이전 스냅샷으로 돌아가는 것이 가장 빈번하다.

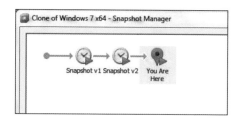

그림 11.19 두 번째 스냅샷

스냅샷을 만든 것과 같이, 이전 스냅샷으로의 전환은 워크스테이션 아이콘이나 메뉴, 또는 워크스테이션 스냅샷 관리자를 통해 할 수 있다. 그림 11.20과 같이 Snapshot v2로 쉽게 전환할 수 있다. 전환할 스냅샷에서 마우스 오른쪽 버튼을 클릭해 스냅샷으로 가기^{Go to Snapshot}를 선택하면 된다. 워크스테이션이 스냅샷을 만든 이후의 변경사항은 모두 사라질 것임을 알리는 메시지를 보여준다. 롤백 중 진행 상황 바가 보인다. 롤백이 끝나면 메모장으로 만든 문서가 이전 상태로 돌아갔음을 알 수 있다.

첫 번째 스냅샷으로 전환하면 같은 과정을 거치지만 이 시점의 가상 머신의 상태로 돌아가게 된다. 메모장 문서가 존재하지 않는다. 여러 테스트를 수행하고 필요할 때마다 얼마든지 이 시점으로 돌아올 수 있다.

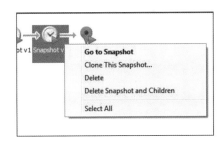

그림 11.20 이전 스냅샷으로의 전환

스냅샷 머지

원본 가상 머신을 업데이트해야 하는 테스트가 있다고 가정해보자. 이 운영체제의 패치가 애플리케이션의 운영에 해가 없음을 알게 됐고 이를 시스템에 반영하기로 했다. 이는 스냅샷을 원본 가상 머신과 합침으로써 수행할 수 있다. 워크스테이션에서는 체인의 스냅샷을 삭제하면 스냅샷의 변경사항을 원본 가상 머신에 적용하게 된다. 우선 그림 11.21과 같이 두 번째 자식 디스크의 데이터가 첫 번째 디스크에 합쳐진다. 첫 번째 자식 디스크는 이제 업데이트하기 위해 기록 금지가 풀린다. 두 번째 자식 디스크에만 있던 데이터 블록은 첫 번째 자식 디스크에 추가된다. 첫 번째 자식 디스크의 변경된 데이터 블록 중 두 번째 자식 디스크에 있는 데이터 블록은 첫 번째 자식 디스크에 변경사항이 반영된다.

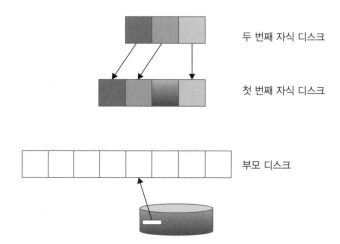

그림 11.21 두 번째 스냅샷의 삭제

다음 단계는 첫 번째 스냅샷의 자식 디스크를 두 번째 자식 디스크의 변경사항과 함께 부모 디스크에 반영하는 것이다. 그림 11.22는 이 과정을 보여준다. 이 과정은 원본 디스크의 크기를 증가시키지 않는다. 마지막 단계에서 관련된 모든 스냅샷 파일을 삭제한다. 모든 변경사항은 원본 가상 머신에 반영됐다. 각 자식 디스크는 부모 디스크만큼 커질 수 있기 때문에 주기적으로 스냅샷을 합치거나 삭제하지 않으면 디스크 스토리지를 많이 사용하게 되고 가상 머신의 성능이 저하된다. 스냅샷은 테스트를 위한 것이지 백업용이 아님을 상기하자.

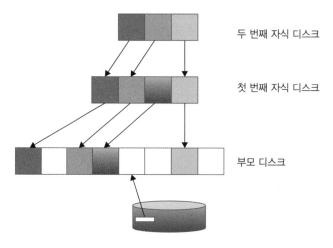

그림 11.22 첫 번째 스냅샷의 삭제

　　스냅샷 삭제와 관련해 VM웨어의 용어에 다소 혼동이 있지만, 사실 더 이상 필요하지 않은 스냅샷을 삭제하면서 원본 가상 머신에 머지하지 않을 수도 있다. 이렇게 하면 스냅샷 파일이 물리적 디스크에서 제거되며 스냅샷 관리자에서 스냅샷 엔트리가 없어진다.

요점 정리

가상 머신은 서버의 하드웨어와 소프트웨어 설정을 모두 가진 데이터 파일이기 때문에 백업과 복구가 물리적 머신보다 훨씬 간단하다. 서버를 복제하는 것은 파일을 복사하고 고유 정보를 수정하는 것으로 충분하다. 따라서 새 서버를 각 서버의 새로운 인스턴스를 만드는 것보다 빠르고 믿을 만하게 배치할 수 있다. 템플릿은 표준 이미지를 만들고 기업의 모든 서버에 대한 깨끗한 기본 모델을 제공할 수 있다. 이 두 기능을 사용하면 가상 서버의 공급과 배치를 빠르고 간단하게 할 수 있다. 이는 가상 확산(virtual sprawl)이라 불리는 상황으로 만들 수도 있는데, 너무 많은 가상 서버를 이런 무질서한 리소스 소비의 증가를 막아줄 생명주기 관리 없이 배치하는 것을 의미한다. 스냅샷은 특정 시점으로 되돌릴 수 있는 가상 머신을 만드는 것이다. 스냅샷은 운영체제의 패치나 애플리케이션의 코드를 적용하는 것과 같이 애플리케이션 운영 환경의 변경사항을 테스트하는 데 매우 유용하다. 복제와 템플릿, 스냅샷은 모두 최소한의 노력과 물리적인 환경에서보다 적은 리소스를 사용해 테스트 환경을 구축하고 배포하고 재사용할 수 있게 한다.

연습 문제

▶ 이번 장에서 설명한 방법으로 리눅스 VM을 복사한다. .vmx 파일을 수정할 때에 윈도우 가상 머신의 .vmx 파일과 비교해보자. 엔트리가 크게 다른가? 리눅스 머신이 제대로 복제됐는가?

▶ 원본 .vmx 파일을 복제된 가상 머신의 파일 옆에 열어보자. uuid.location 엔트리를 찾는다. 이 두 값이 같은가? 다르다면 왜 그런가?

▶ 복제한 가상 머신을 고유하게 만들기 위해 무엇을 더 수정해야 하는가? 이것을 변경하지 않으면 어떤 상황이 발생하는가?

가상 머신의 디바이스 관리

서버 가상화는 CPU와 메모리, 디스크 스토리지, 네트워킹에 주로 초점을 맞춘다. 이 네 개의 리소스는 가상 환경에서 좋은 사용자 경험을 제공하기 위해 필수적이다. 따라서 이 네 리소스에 초점을 맞추는 것은 당연하나, 이것만이 가상 머신에서 사용자와 애플리케이션이 필요로 하는 디바이스는 아니다. 하이퍼바이저는 직렬 및 병렬 디바이스 연결에서부터 최신의 USB 드라이버와 최신 그래픽 디스플레이까지 모든 디바이스 유형과 연결 방식을 지원한다. 벤더는 게스트를 강화하기 위한 소프트웨어 설치 등을 통해 디바이스를 최적화한다.

▶ 가상 머신 툴 사용하기

▶ 가상 디바이스의 이해

▶ CD/DVD 드라이브 설정

▶ 플로피 드라이브 설정

▶ 사운드카드 설정

▶ USB 디바이스 설정

▶ 그래픽 디스플레이 설정

▶ 기타 디바이스 설정

가상 머신 툴 사용하기

가상 머신을 준비할 때에 VM웨어 툴을 설치했었다. VM웨어 툴은 가상 머신의 성능 향상뿐만 아니라 툴로만 제공할 수 있는 사용자 경험을 제공한다. 툴을 설치하지 않아도 게스트 운영체제가 동작하지만 툴이 있을 때만큼 원활하지는 않다. VM웨어 툴은 운영체제 서비스와 강화된 디바이스 드라이버, 더 나은 사용자 경험을 위한 사용자 프로세스 등 세 가지로 배치된다. 윈도우 운영체제에서 VM웨어 툴 서비스는 vmtoolssd.exe라는 윈도우 서비스로 배치된다. 리눅스 시스템에서는 vmtoolsd 데몬이다. 이 둘은 가상 머신의 전원을 켜면 시작되며 다음의 기능을 제공한다.

▶ 커서 핸들링(윈도우)

▶ 게스트와 호스트의 시간 동기화

▶ 가용성을 위한 하트비트

▶ 가상 머신과 하이퍼바이저 간의 강화된 통신

▶ 디스플레이 동기화(윈도우)

▶ 가상 머신 운영체제를 정상적으로 셧다운하거나 시작하기 위한 명령어(윈도우)나 스크립트(리눅스) 실행

VM웨어 툴은 다음과 같은 강화된 디바이스 드라이버를 제공한다.

▶ 마우스

▶ SCSI 디바이스(버스로직^{BusLogic})

▶ 성능 향상과 높은 해상도 지원을 위한 SVGA 그래픽 디스플레이

▶ 네트워킹(vmxnet과 vmxnet3)

▶ 오디오

▶ 공유 폴더

▶ 가상 프린팅(윈도우)

- ▶ 자동 백업
- ▶ 메모리 제어

VM웨어 툴 사용자 프로세스는 윈도우에서 vmtoolssd.exe 서비스의 일부로 설치된다. 리눅스에서는 vmware-user 프로그램이며 X11 세션을 시작할 때 시작된다. 사용자 프로세스는 다음을 제공한다.

- ▶ 디스플레이 동기화(리눅스)
- ▶ 커서 핸들링(리눅스)
- ▶ 가상 머신의 텍스트 복사 및 붙여넣기
- ▶ 제품별 사용자 강화 기능

VM웨어 외에 다른 제품도 같은 방식을 사용해 가상 머신의 성능을 향상시킨다. 시트릭스 젠서버도 유사한 프로그램을 사용한다. 가상 머신을 위한 시트릭스 툴을 설치하면 네이티브 네트워크와 SCSI 디바이스 드라이버를 최적화된 버전으로 교체해 가상 머신과 하이퍼바이저 간의 대역폭을 증가시킨다. 이 드라이버가 없으면 성능이 저하되고 라이브 마이그레이션과 같은 기능을 사용할 수 없다. 이 툴은 윈도우 가상 머신에서 성능 측정을 위한 젠센터XenCenter 관리 스위트suite를 제공한다.

마이크로소프트의 하이퍼-V는 통합 서비스Integration Service라 불리는 추가 패키지를 제공한다. 이것을 설치하면 운영체제의 커널을 수정하고 새로운 가상 디바이스 드라이버를 설치해 가상 머신과 하드웨어 간의 통신을 향상시킨다. 디바이스 드라이버 외에 다음과 같은 기능도 제공한다.

- ▶ 시간 동기화
- ▶ 가상 머신 하트비트
- ▶ 운영 시스템 셧다운
- ▶ 데이터 교환

이 솔루션은 가상 머신을 최적화하고 사용자 경험을 증진시키며 강화된 디바이스 드라이버를 제공해 디바이스의 성능을 최적화한다.

가상 디바이스의 이해

새로 만든 가상 머신은 추가적인 설정을 하지 않은 기본적인 가상 디바이스를 갖는다. 이 디바이스는 생성 후 설정 가능하다. 주요한 네 개의 디바이스 외에 부가적인 디바이스도 사용할 수 있다. 개인용 컴퓨터를 사용한다면 키보드나 마우스와 같은 USB 디바이스를 사용할 수 있다. 여러 가지 방법으로 프린터를 연결할 수 있다. 그래픽 디스플레이나 사운드카드 등의 인터페이스도 사용 가능하다. 이 모든 것을 다 사용할 수 있다.

1. 가상 하드웨어 디바이스를 확인하기 위해 윈도우 가상 머신에서 가상 머신 설정^{Virtual Machine Settings}을 연다. 하드웨어 탭이 기본으로 선택돼 있으며 가상 머신의 디바이스를 보여준다. 이 예제에서는 가상 머신의 전원을 켠 상태다.
2. 가상 메모리 크기는 늘리거나 줄일 수 있다. 가상 프로세서의 개수도 늘리거나 줄일 수 있다. 네트워크 어댑터를 추가할 수 있으며 다양한 사용 용도와 네트워크 연결 유형에 따라 설정을 변경할 수 있다. 다양한 크기와 성질을 가진 하드디스크를 추가하고 설정할 수 있다.

CD/DVD 드라이브 설정

CD/DVD 드라이브는 가상 머신을 처음 만들 때부터 설정되는 표준 디바이스 중 하나인데 이유는 명확하다. 소프트웨어 애플리케이션과 운영체제를 로드하는 데 CD와 DVD는 아직까지 많이 사용되고 있다. 최근에는 소프트웨어를 전자상거래를 통해 구매하는 경우 ISO 포맷으로 파일을 다운로드하게 된다. 이 파일은 CD와

DVD를 위한 표준 포맷이다. 윈도우와 리눅스 운영체제를 로드할 때 봤듯이 ISO 이미지를 사용해 시스템을 부팅할 수 있다.

CD/DVD 드라이브를 선택한다. 그림 12.1과 같이 이전에 사용했던 ISO 이미지 파일이 아니라 물리적 CD/DVD로 연결돼 있다. 디바이스 상태^{Device Status}에서 디바이스가 연결돼 있으며 전원을 켜면 자동으로 연결되는 것을 확인한다. 이 예제에서와 같이 간단한 환경에서는 이런 설정이 괜찮지만 한 개의 호스트에서 여러 가상 머신을 운영하는 상황에서는 문제가 될 수 있다. 시스템의 가상 머신이 각자 이 디바이스에 연결하려고 하면 가장 먼저 부팅한 가상 머신만 연결될 것이고, 이 가상 머신이 셧다운되거나 관리자가 제어판에서 연결을 끊을 때까지 이 연결은 유지된다. 따라서 이 디바이스는 보통 전원을 켤 때 자동으로 연결하도록 설정하지 않는다.

연결^{Connection} 영역의 드롭다운 메뉴는 물리적 서버에서 사용할 수 있는 모든 CD/DVD 디바이스를 보여준다. 서버에 한 개 이상의 디바이스가 있으면 디바이스를 골라 선택할 수 있다. 고급 설정^{Advanced} 버튼을 클릭하면 디바이스에 대한 주소를 선택할 수 있다. 이것은 가상 머신의 전원을 내린 상태에서 해야 한다.

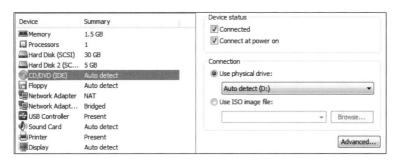

그림 12.1 CD/DVD 디바이스 설정

플로피 드라이브 설정

CD와 DVD는 상용 또는 개인적인 목적으로 여전히 사용되고 있지만 플로피디스크는 거의 사용되지 않는다. 플로피디스크는 원래 둥그런 자기 미디어를 사각형의 검은색 플라스틱 봉투에 넣은 형태로 만들어진다. 디스크와 봉투 모두 유연하기 때문에 플로피라는 이름을 갖게 됐다. 이것은 시스템 간에 데이터를 이동하기 위한 초기의 휴대형 스토리지 중 하나다. 1970년대에 처음으로 만들어진 플로피는 8인치 크기의 정사각형으로 1.2MB의 데이터를 저장할 수 있었다. 기술이 발달하며 거의 같은 용량을 담으면서 5.25인치로 줄어들었다. 1980년대 말에는 크기가 3.5인치까지 줄었으며 1.44MB의 데이터를 저장할 수 있었다. 이 디스크는 좀더 딱딱한 플라스틱 케이스를 사용해 더 이상 유연하지 않게 됐다. 최근에는 USB 플래시 드라이브나 SD 메모리카드, 제거 가능한 하드디스크 등과 같은 더 작고 용량이 크며 빠른 스토리지로 대체됐다.

그렇다면 왜 거의 없어진 스토리지를 지원하고 있는 것일까? 여러 가지 이유가 있다. 응집과 가상 환경이 기업에게 매력적인 이유 중 하나는 이 기술이 이전 운영체제와 하드웨어 디바이스를 사용할 수 있게 해준다는 것이다. 플로피디스크 이미지를 사용해 정보를 받는 윈도우NT 서버를 가상 환경에서 사용할 수 있다. 비록 최근에는 네트워크나 앞에서 말한 새로운 미디어를 통해 데이터를 주고받지만 여전히 가상 플로피디스크 이미지를 사용할 수도 있다. 현실적으로 거의 사용하지 않는다 해도 여전히 가능한 일이다.

플로피 드라이브를 선택하자. 그림 12.2는 가상 플로피디스크 드라이브의 설정 옵션을 보여준다. 디바이스 상태Device Status와 연결Connection 옵션은 CD/DVD와 거의 동일하지만 약간의 차이가 있다. 우선 읽기 전용 체크박스가 있다. 물리적인 플로피디스크는 쓰기 방지 탭이 있어 디스크에 있는 데이터의 수정을 막을 수 있다. 이 옵션은 이것과 같은 기능을 제공하며 디스크를 실수로 지우거나 덮어 쓰는 것을 방지한다. 두 번째는 생성Create 버튼이다. 가상 플로피디스크를 만들고 물리적 플로피디스크와 같이 파일을 복사할 수 있다. VM웨어 플레이어의 경우 플로피

디스크는 실제로는 호스트 파일시스템의 파일로 저장된다.

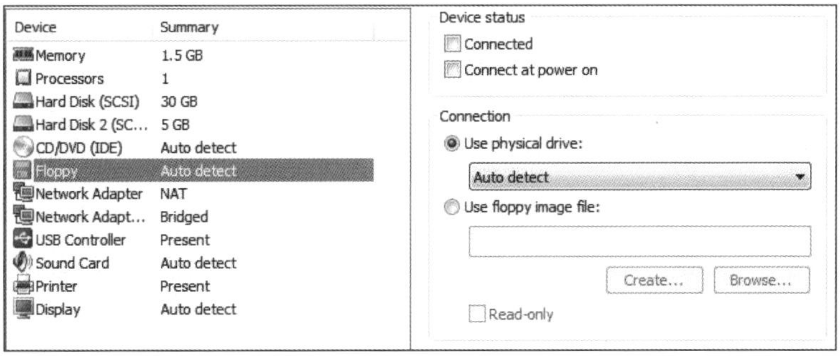

그림 12.2 플로피디스크 설정

1. VM웨어 플레이어 윈도우의 아래에 가상 머신에서 사용할 수 있는 가상 디바이스를 볼 수 있는 디바이스 패널이 있다. 플로피 아이콘(📁)이 있지만 회색으로 돼 있다. 플로피 드라이브를 연결하기 위해 디바이스 상태 박스에 있는 연결됨Connected과 전원을 켤 때 연결Connect at power on 체크박스를 클릭한다. 그리고 연결Connection 영역에서 플로피 이미지 파일 사용Use floppy image file 라디오 버튼을 선택한다.

2. 생성Create을 클릭하면 플로피 이미지 생성Create a Floppy Image 윈도우가 나타난다. 기본 폴더는 가상 머신이 있는 폴더다. 파일 이름으로 'Essentials'를 입력하고 Save를 클릭한다.

3. 변경사항을 저장하기 위해 OK를 클릭한다. 플로피 드라이브 아이콘(📁)이 이제 활성화되고 다른 것과 마찬가지로 사용할 수 있으며 마운트된 디바이스와 같이 I/O 활동을 표시하는 가상 녹색 LED가 보인다.

4. 가상 머신에서 윈도우의 시작Start 버튼을 누르고 컴퓨터Computer를 선택한다. 이제 플로피디스크 드라이브가 사용 가능하며 마운트돼 있다. 하지만 바로 사용할 수는 없다. 그림 12.3과 같이 플로피디스크 드라이브에서 마우스 오른쪽 버튼을 클릭한다. 메뉴에서 포맷을 선택한다. 디스크 포맷Disk Format 메뉴가

나오면 기본 선택사항으로 시작^{Start} 버튼을 클릭해 가상 플로피디스크를 초기화한다.

5. 새 플로피디스크를 지울 것이라는 경고 창이 뜬다. OK를 누른다. 잠시 후 포맷이 완료됐다는 메시지가 나온다. OK를 눌러 메시지를 닫는다. Close를 선택해 포맷 스크린을 닫는다.

그림 12.3 플로피디스크 관리 옵션

6. 플로피디스크 드라이브를 더블 클릭하면 윈도우 디렉터리로 열린다. 다른 디스크와 같이 파일을 복사할 수 있다. 작업을 마쳤으면 컴퓨터 윈도우를 닫는다.

7. 호스트에서 윈도우 탐색기를 열고 가상 머신이 있는 디렉터리로 이동한다. 그림 12.4와 같이 Essentials.flp라는 플로피디스크 이미지가 있으며 크기는 물리적 플로피디스크와 같은 1.44MB다. 다른 가상 머신의 가상 머신 설정 Virtual Machine Settings에 있는 플로피 이미지 파일 사용^{Use floppy image file} 옵션에서 이 파일을 선택하면 다른 가상 머신에서 이 파일을 열 수 있다.

8. 윈도우 탐색기를 닫고 가상 머신 설정을 다시 연다.

Windows 7 x64-0e8f09fb.vmem.lck	1/4/2012 10:12 PM	File folder	
Essentials.flp	1/4/2012 11:12 PM	FLP File	1,440 KB
vmware.lng	1/4/2012 10:12 PM	Text Document	0 KB

그림 12.4 플로피디스크 이미지 파일

사운드카드 설정

사운드는 가상 머신에서 필수적인 요소는 아니다. 대부분의 비즈니스 애플리케이션은 사용자에게 데이터를 제공하기 위해 오디오를 사용하지는 않기 때문이다. 그러나 상황이 바뀌고 있다. 가상 데스크톱과 새로운 소셜 미디어 애플리케이션, 교육 및 정보 전달용 오디오와 비디오 클립이 보급되며 컴퓨터 서비스에서 사운드가 차지하는 비중이 커지고 있다. 또한 소비자 서비스와 회사 서비스의 경계가 흐려지고 각 영역이 서로의 특징과 기대치를 채택하며 더욱 변화가 빨라지고 있다. 다행히 하이퍼바이저는 가상 사운드카드 기능을 제공하고 있다. 가상 사운드카드는 실제로는 가상 머신의 게스트 운영체제가 사용할 수 있는 로컬 사운드카드에 제어권을 넘겨준다. 데이터센터의 호스트 서버에서 운영 중인 윈도우7에서 동작하는 데스크톱 가상 머신은 사용자가 가상 머신에 액세스한 클라이언트 디바이스에 있는 물리적 사운드카드를 사용한다. 대부분의 하이퍼바이저는 이 기능을 사용하며 유사한 구조를 갖는다.

플로피 드라이브와 같이 VM웨어 플레이어 윈도우의 아래에는 사운드가 사용 가능하며 활성화 상태인지 여부를 알려주는 아이콘( )이 있다. 가상 머신을 만들 때 사운드카드는 기본으로 설치되는 디바이스이기 때문에 이 아이콘은 회색이 아니다. 그림 12.5와 같이 사운드카드를 선택하면 디바이스 옵션을 볼 수 있다. 플로피, CD/DVD 드라이브와 같이 디바이스 상태 설정은 가상 머신의 전원을 켤 때 자동으로 디바이스에 연결하도록 설정돼 있다. 가상 머신을 만든 후에도 가상 사운드카드의 설정을 변경할 수 있다. 연결^{Connection} 영역에는 두 가지 옵션이 있다. 첫 번째는 기본 호스트 사운드카드 사용^{Use default host sound card}이다. 호스트 사운드카드 지정^{Specify host sound card}을 선택하면 풀다운 메뉴에서 기본 설정을 변경할 수 있다. 이것은 두 개 이상의 사운드카드가 있어야 가능하다.

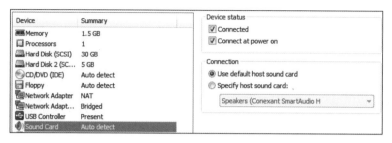

그림 12.5 사운드카드 옵션

USB 디바이스 설정

1980년대의 PC와 그 밖의 컴퓨터들은 스토리지와 인터페이스 디바이스 등에 연결하기 위한 여러 가지 방법을 가지고 있었다. 프린터는 처음에는 병렬 포트로 연결했다. 직렬 포트는 통신을 위한 모뎀에 사용했다. 마우스와 키보드를 위한 다른 커넥터도 있었다. 심지어는 조이스틱 전용 포트도 있었다. 이런 포트는 다른 포트와 기능 또는 형태상으로 전혀 호환성을 갖지 못했다. 1994년에 IBM과 마이크로소프트, 인텔 등의 PC 관련 기업들이 외부 디바이스 연결을 위한 통합적인 방법을 모색하기 시작했다. 2년 후 결과물로 범용 직렬 버스^{USB, Universal Serial Bus} 표준이 나왔다. USB는 하나의 연결을 만들었고 대역폭과 속도를 높였으며 디바이스에 전원을 공급할 수도 있다. 컴퓨터 주변기기를 연결하는 첫 세대의 연결 방법을 대체하며 USB는 현재 디바이스 연결의 실제적인 표준이 됐다.

플로피디스크는 휴대 가능한 소형 드라이브의 대표 자리에서 빠르게 물러났다. 독자들도 USB 드라이브를 사용해봤을 것이고 플러그 앤 플레이 방식의 편리함을 느꼈을 것이다. 요즘에는 마우스와 키보드, 프린터뿐만 아니라 디지털 카메라와 MP3 플레이어, 스피커까지도 USB 포트로 연결한다. 2000년에는 USB 2.0이 발표됐는데, 속도가 네 배 빨라져서 초당 60MB를 전송할 수 있게 됐다. 또한 모바일 디바이스에 대한 동기화와 USB를 통해 컴퓨터에 연결했을 때 충전할 수

지금은 USB 표준과 관련된 기업이 초기의 일곱 개 기업에서 더 늘어났다. 무선 USB를 포함해 향후 개발될 기술은 http://www.usb.org에서 확인할 수 있다.

있도록 하는 기능도 추가됐다. 블루투스와 와이파이[Wi-Fi]를 동기화에 사용하기도 하지만 무선 전력을 사용할 수 있기 전까지 충전은 유선 연결을 사용할 수밖에 없다. 가장 최신 버전은 2008년에 발표된 USB 3.0이다. 전송 속도가 초당 625MB까지 증가해 USB 2.0의 열 배 이상이 됐다. USB는 향후 로드맵에 추가적인 향상과 개선이 있으며 앞으로도 많이 사용될 것으로 보인다.

1. 그림 12.6은 가상 머신의 USB 연결 관리와 관련된 옵션을 보여준다. 연결[Connections] 박스에는 네 개의 체크박스가 있다. USB 2.0 디바이스에 대해 고속 연결 지원 활성화[Enable high-speed support for USB 2.0 devices] 옵션은 웹캠이나 마이크, 스피커와 같은 고속 기능을 필요로 하는 디바이스에 사용한다.

2. 자동으로 새로운 USB 디바이스 연결[Automatically connect new USB devices] 옵션은 가상 머신이 새로 연결된 디바이스에 연결하도록 해준다.

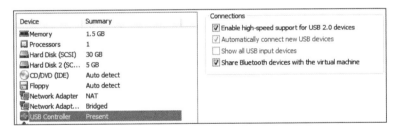

그림 12.6 USB 관리 옵션

3. 모든 USB 입력 디바이스 보이기[Show all USB input devices] 옵션은 연결된 USB 디바이스를 VM웨어 플레이어 윈도우 아래에 보여준다. 호스트에 이미 디바이스가 연결돼 있다면 아이콘이 나타나지만 회색이다. 그림 12.7과 같이 이 아이콘을 마우스 오른쪽 버튼으로 클릭하면 이 디바이스가 가상 머신에 연결된다. USB 디바이스는 한 번에 한 개의 컴퓨터에만 연결할 수 있기 때문에 게스트에 연결되기 전에 호스트 시스템과 연결이 끊길 것이다.

4. 가상 머신과 블루투스 디바이스 공유[Share Bluetooth devices with the virtual machine] 옵션은 호스트에 블루투스로 연결된 디바이스를 게스트에 연결할 수 있도록 해준다.

그림 12.7 호스트의 USB 디바이스에 연결

　타입 2 하이퍼바이저는 하이퍼바이저에서 호스트 운영체제를 이용할 수 있기 때문에 USB 디바이스에 대한 지원 기능이 우수하다. 이 기법으로 VM웨어 플레이어와 같은 솔루션은 타입 1 하이퍼바이저가 지원하지 못하는 블루투스 연결과 같은 기능을 제공할 수 있다. 초기 타입 1 하이퍼바이저는 라이브 모션 기능 등으로 인해 USB를 전혀 지원하지 못했다. 13장, '가용성의 이해'에서 운영 중인 가상 머신을 물리적 호스트 간에 옮기는 것에 대해 배울 것이다. 처음 물리적 서버에 USB 디바이스가 연결돼 있었다면, 가상 머신을 옮긴 후 두 번째 물리적 호스트에서는 사용할 수 없다. 새 버전에서는 어느 정도 이 기능을 지원하고 있다.

그래픽 디스플레이 설정

물리적 서버와 같이 가상 머신도 그래픽 디스플레이나 모니터를 지원한다. 마우스나 키보드, 다른 휴먼 인터페이스 디바이스^{HID, Human Interface Device}처럼 가상 머신은 자신만의 전용 모니터를 갖지 않는다. 대신 사용자는 기본 주변기기를 세션 기간 동안 가지는 가상 머신을 사용한다. 이것이 보통의 경우이지만 좀 더 특수한 설정을 필요로 하는 애플리케이션과 상황이 생기고 있다. 소프트웨어 개발자는 데스크톱 공간을 더 사용하기 위해 여러 스크린을 사용하는 경우가 많다. 최신의 운영체제는 기존의 640×480 화면 해상도보다 높은 비주얼 성능을 제공한다. 고화질 비디오를 사용하는 애플리케이션이 늘어나며 이런 종류의 기능을 제공하게 됐다. 하이퍼바이저는 이런 디바이스를 디스플레이 하드웨어 자체를 활용해 지원한다.

그림 12.8과 같이 디스플레이 디바이스를 선택하면 윈도우 다이렉트X^{DirectX}를 지원하는 3D 그래픽 가속 기능 체크박스를 볼 수 있다. 모니터 영역의 호스트 설정 사용하기^{Use host setting for monitors} 옵션은 호스트 머신의 설정을 사용하도록 한다. 이 옵션은 VM웨어 플레이어를 위한 것으로, 이 하이퍼바이저는 호스트 운영체제에 액세스한다.

　　모니터 설정 지정^{Specify monitor settings} 옵션은 가상 머신이 사용할 모니터의 개수와 각 모니터의 설정을 지정할 수 있다. 이렇게 해서 가상 머신이 여러 개의 고성능 그래픽 디스플레이를 사용할 수 있다.

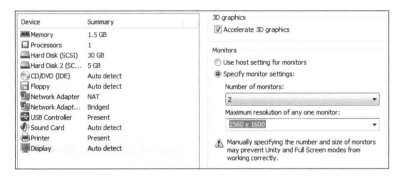

그림 12.8 디스플레이 디바이스 옵션

기타 디바이스 설정

처음 가상 머신을 만들 때 기본으로 설정되는 디바이스 외에 가상 머신에 설치할 수 있는 여러 디바이스 연결 유형이 있다. 이 디바이스들은 예전의 연결 방식이 아닌 USB와 같은 방식으로 연결되기 때문에 초기 설치에 포함되지 않는 경우가 많다. 직렬 또는 병렬 포트를 사용하는 디바이스가 여기에 포함된다.

　　직렬 포트는 정보를 한 번에 한 비트씩 직렬로 전송한다. 초기 컴퓨터에서 직렬 포트는 외부 모뎀을 이용한 인터넷 이전의 통신에 사용됐다. 최근에는 PC 모뎀이 필요하다면 마더보드에 주로 장착되며 RJ11 폰 잭을 이용해 연결된다.

병렬 포트는 여러 비트를 동시에 전송하며 케이블에 따라 전송 비트 개수가 다르다. 원래 프린터와 같은 기기를 위해 대역폭이 높은 연결을 제공하고자 개발 됐으며, 테이프 드라이브나 디스크 드라이브와 같은 외부 주변기기에서도 사용하 게 됐다. 지금은 USB 디바이스에 자리를 내줬으며 컴퓨터 하드웨어에 거의 포함 되지 않는다. 병렬 및 직렬 포트 모두 가상 머신에서 사용해야 할 경우가 있다.

64비트 마이크로소프트 윈도 우는 더 이상 **병렬 포트**를 지 원하지 않는다.

1. 보통 이 작업 전에 가상 머신의 전원을 내려야 하지만 실제로 직렬 포트를 추가할 것은 아니기 때문에 그렇게 하지 않아도 된다. 가상 머신 설정 Virtual Machine Setting 윈도우 하단의 **Add** 버튼을 클릭해 하드웨어 디바이스를 추가한 다. 직렬 포트 Serial port 옵션을 선택하고 **Next**를 클릭한다. 그림 12.9와 같이 세 개의 직렬 포트 유형을 선택할 수 있다.

2. 호스트의 물리적 직렬 포트 사용 Use physical serial port on the host 옵션은 이전에 설 명한 디바이스와 유사하다. **Next**를 클릭한다. 기본 설정이 자동으로 적용되나 시스템에 직렬 포트가 있다면 풀다운 메뉴에서 선택할 수 있다. 역시 가상 머 신의 전원이 켜졌을 때 자동으로 포트를 가상 머신에 연결하도록 하는 옵션 이 있다. **Back**을 클릭해 직렬 포트 유형으로 돌아간다.

3. 파일에 출력하기 Output to file 옵션을 선택하고 **Next**를 클릭한다. 이 스크린에서 포트로 연결할 파일을 선택하거나 정보 스트림을 기록할 파일을 만들 수 있 다. 이 기능은 시뮬레이션을 위해 사용한다. **Back**을 클릭해 직렬 포트 유형으 로 돌아간다.

4. 네임드 파이프로 출력하기 Output to named pipe 옵션을 선택하고 **Next**를 클릭한다. 네임드 파이프는 한 시스템 내에서 프로세스 간의 통신 또는 가상 머신 간의 데이터 전송에 사용된다.

5. **Cancel**을 클릭해 윈도우를 닫는다.

그림 12.9 직렬 포트 유형

이제 병렬 포트를 살펴보자. 이전과 마찬가지로 이 과정 역시 가상 머신의 전원을 내려야 하지만, 실제로 병렬 포트를 추가하지는 않을 것이기 때문에 그렇게 하지 않아도 된다.

1. 가상 머신 설정^{Virtual Machine Setting} 윈도우 하단의 **Add** 버튼을 클릭해 하드웨어 디바이스를 추가한다. 병렬 포트^{Parallel port} 옵션을 선택하고 **Next**를 클릭한다. 그림 12.10과 같이 두 개의 병렬 포트 유형을 선택할 수 있다.

2. 호스트의 물리적 병렬 포트 사용^{Use physical parallel port on the host} 옵션은 이전에 설명한 디바이스와 유사하다. **Next**를 클릭한다. 기본 설정이 자동으로 적용되나 시스템에 병렬 포트가 있다면 풀다운 메뉴에서 선택할 수 있다. 디바이스 설정^{Device Status} 아래에 가상 머신의 전원이 켜졌을 때 자동으로 포트를 가상 머신에 연결하도록 하는 옵션이 있다. **Back**을 클릭해 병렬 포트 유형으로 돌아간다.

3. 파일에 출력하기^{Output to file} 옵션을 선택하고 **Next**를 클릭한다. 이 스크린에서 포트로 연결할 파일을 선택하거나 정보 스트림을 기록할 파일을 만들 수 있다. 이 기능은 시뮬레이션을 위해 사용한다.

4. **Cancel**을 클릭해 윈도우를 닫는다.

그림 12.10 병렬 포트 유형

마지막으로 일반 SCSI 디바이스를 살펴보자.

1. 가상 머신 설정$^{Virtual Machine Setting}$ 윈도우 하단의 **Add** 버튼을 클릭해 하드웨어 디바이스를 추가하자. 일반 SCSI 디바이스$^{Generic SCSI device}$를 선택하고 **Next**를 클릭한다. 그림 12.11은 SCSI 디바이스 옵션을 보여준다. 연결 풀다운 메뉴에서는 CD 드라이브나 하드디스크를 선택할 수 있다. 다른 디바이스와 같이 파워 온 시 연결$^{Connect at power on}$ 체크박스는 가상 머신을 켰을 때 디바이스를 자동으로 연결한다.

2. **Cancel**을 클릭해 윈도우를 닫는다.

그림 12.11 일반 SCSI 디바이스 옵션

모든 디바이스를 가상 환경에서 사용할 수 있는 것은 아니다. 팩스 모뎀과 같은 특수한 PC 장비는 가상 환경과 관련이 없다. 특수 산업용 하드웨어(예를 들어 텔레폰 시스템)는 가상화할 수 없다. 이런 몇 가지 예를 제외하면, 오늘날 사용하는 대부분의 주변기기는 가상 머신에 연결하고 최적화할 수 있다. 기술과 하이퍼바이저가 진화하고 성숙해질수록 가상화할 수 없는 디바이스는 거의 없을 것이다.

요점 정리

CPU와 메모리, 디스크, 네트워킹 외에도 가상 머신에서 다른 주변기기를 사용할 수 있다. 애플리케이션이 올바로 동작하고 좋은 사용자 경험을 제공하기 위해서는 마우스와 키보드에서부터 CD/DVD 드라이브와 스테레오 스피커를 위한 사운드카드까지 이 모든 디바이스가 가상화돼야 한다. 이런 추가 기기를 최적화하기 위해 최적화된 디바이스 드라이버와 게스트 운영체제 프로세스를 가상 머신에 소프트웨어를 설치함으로써 추가해야 한다. 가상화의 장점 중 하나는 오래된 디바이스 기술을 지원해 애플리케이션을 하드웨어가 구식이 된 이후까지 연장하는 것이다. 주변기기가 진화하는 것과 함께 하이퍼바이저 역시 성숙하고 있으며, 구식 및 현재 그리고 향후의 디바이스와 연결 방식을 지원할 수 있게 됐다.

연습 문제

▶ 가상 머신 설정에서 USB 하드웨어 디바이스를 추가하라. 어떤 일이 생기는가? 두 번째 사운드카드를 추가하자. 그리고 프린터도 추가한다. 왜 이들이 USB 하드웨어 디바이스와 같은 방식으로 반응하는가?

▶ USB 디바이스를 가상 머신에 연결한다. 휴대용 드라이브나 유사한 스토리지 디바이스를 사용한다. 이 과정이 얼마나 복잡한가? 호스트 운영체제 시스템과 게스트 운영체제 간에 데이터를 쉽게 이동할 수 있는가?

가용성의 이해

정보 시대로 접어들며 우리는 서비스에 대한 기대치가 달라졌다. 인터넷은 24시간 서비스를 제공하며 최신 뉴스에서부터 최근의 은행 거래 내역까지 조회할 수 있다. 이런 정보를 제공하는 서버와 데이터센터는 100%에 가까운 가동률을 보여야 한다. 이것은 가상 환경에서도 마찬가지다. 기존의 가용성 솔루션을 사용해 한 개의 가상 머신을 물리적인 머신과 동등하게 안정적으로 만들 수 있다. 물리적 서버에서 사용할 수 없는 기능을 사용하면, 가상 머신은 물리적 서버보다 더 가용성을 높일 수 있다. 하나의 호스트에 여러 가상 머신을 둠으로써 하나의 호스트에서 발생한 장애로 인해 그룹 전체가 큰 영향을 받지 않는 새로운 기술이 있다. 마지막으로 가상화는 대규모 장애로 인해 중단이 발생하더라도 전체 데이터센터를 보호할 수 있는 저비용의 유연한 기법을 제공한다.

▶ 가용성 증진
▶ 가상 머신 보호
▶ 여러 가상 머신의 보호
▶ 데이터센터 보호

가용성 증진

최근 역사에서는 신기술이 우리의 일상생활에 꼭 필요한 리소스로 발전되는 일이 많아지고 있다. 토마스 에디슨^{Thomas Edison}이 1882년에 최초의 발전소를 만들었지만 미국의 모든 사람에게 전력을 공급하기까지는 70년이 걸렸다. 냉장고와 가전제품, 난방기, 조명 등은 전기가 없으면 사용할 수 없다. 전력 회사는 복잡한 전력 그리드를 사용해 전기가 끊기는 것을 막고자 하지만 여전히 종종 전기가 끊기곤 한다. 통신 서비스도 같은 상황을 따르고 있다. 1850년대 중반에 개발돼 시장에서 팔리기까지는 20년이 걸렸으며, 1910년 AT&T 시스템에는 600만 개의 전화가 있었다. 50년 후 80만 대로 늘어났으며 1990년대 초기에 휴대전화가 등장해 200만 대 이상 보급됐다. 전화 서비스가 필수가 되며 서비스를 지속적으로 제공하는 것이 매우 중요해졌다. 전화는 상대적으로 시스템이 간단하기 때문에 99.999%의 가용성을 이룰 수 있었으며 1년에 6분 미만의 다운타임을 가졌다. 이 정도 수준의 서비스가 여러 회사가 추구하는 수준이며, 이를 다이얼톤^{dial-tone} 가용성이라고 한다. 전화기를 들었을 때(휴대전화가 아닌) 다이얼톤을 듣지 못한 적이 과연 몇 번이나 있는가?

이제 기본 서비스는 필수품이 됐으며, 이것 없이는 단 몇 시간을 사는 것도 상상하기 힘들어졌다. 통신과 전기는 생명을 유지하는 데 매우 중요하다고 인식되지만 어떤 서비스는 이 정도로 중요하지 않은 것도 있다. 최초의 ATM은 1969년에 도입됐으며 지금은 미국 전역에 40만 개가 있다. 그 전까지는 은행 업무 시간에 지점을 방문해 은행의 행원에게 요청해야 했다. 마지막으로 행원을 만난 것은 언제인가? 지금은 트랜잭션을 언제든 처리할 수 있다고 기대한다. 계좌 잔고 확인과 이체, 공과금 납부까지 집에서 컴퓨터로 처리할 수 있다. 모바일 기기는 디지털 지갑 기능으로 금전 처리에 새로운 방식을 도입했는데 이는 일본에서 현재 널리 사용되고 있다. 하지만 ATM이 동작하지 않는다면 얼마나 심각해지는가? 실제로 ATM이나 은행의 웹사이트가 동작하지 않으면 불편할 것이다. 그러나 전력 차단만큼 심각하지는 않다. 그럼에도 불구하고 서비스 기대 수준은 비슷하다.

이런 새로운 요구사항은 ATM에만 국한된 얘기가 아니다. 현재의 정보 시대를 이끄는 모든 것과 관련 있다. 우리가 은행의 영업 시간에만 금융 관련 업무를 처리할 수 있기를 바라지 않는 것과 마찬가지로, 우리는 점점 기업의 모든 서비스를 24시간-7일-365일 동안 사용할 수 있기를 바라고 있다. 또한 기업 역시 이렇게 서비스를 제공하고 있다. 우리는 하루 중 어느 때나 애플의 아이튠즈[iTunes] 스토어에서 음악을 받고, 외국의 친구와 스카이프[Skype]를 하고, 아마존닷컴에서 영화를 스트리밍받고, 자동차의 보험을 구매하고, 누크[Nook]에 책을 다운로드하고, 구글에서 검색하고, 온라인 대학 수업을 들을 수 있다. 이들 서비스 공급자는 요구사항을 맞추기 위해 거대한 데이터센터를 운영하고 있으며 다이얼톤 가용성을 제공하는 것을 목표로 하고 있다. 표 13.1은 이런 목표와 비교할 수 있는 가용성 비율을 보여준다.

표 13.1 가용성 비율

가용성(%)	1년 중 다운타임
99	3.65일
99.9	8.8시간
99.99	53분
99.999 ('다섯 개의 9')	5.3분

앞에서 예로 든 서비스가 중단되더라도 ATM의 고장과 같은 정도의 불편함은 있겠지만 재난은 아니다. 만일 회사의 데이터센터에 자연재해로 인한 치명적인 장애가 발생했다면 그 회사는 망할 것이다. 13장의 마지막에서 이런 상황이 발생할 수 있는 확률에 대해 알아볼 것이다. 현실의 다른 예로 이메일과 블랙베리[Blackberry]를 생각해보자. 2004년에서 2011년까지 해마다 리서치인모션[RIM, Research In Motion]의 블랙베리 인터넷 이메일 서비스의 사용자는 여러 번 서비스 중단을 겪어왔다. 어떤 경우에는 며칠 동안 지속되기도 했다. 이런 서비스 중단은 매번 국내 또는 국제적인 뉴스가 됐다. 이메일이 없으면 불편하다. 비즈니스를 하는 경우

가상화 환경으로 전환하기 위한 비즈니스적 필요성을 조사하는 CIO 설문 조사에서 전환의 가장 큰 세 가지 이유에 응집과 비즈니스 기민성, 그리고 가용성의 증가가 항상 포함돼 왔다.

특히 그렇다. 그러나 더 큰 일은 RIM이 중단으로 인해 고객을 잃고 있었다는 것이다. 서비스의 중단은 수입의 감소와 같다. 한 연구에 따르면 다운타임이 발생하면 매시간 동안 평균 10만 달러의 손해가 발생한다고 한다. 큰 회사의 경우 장기간의 서비스 중단은 매우 큰 위험 요소다. 내부적으로는 시스템 다운타임이 생산성을 떨어뜨려 손실을 증가시킨다. 이런 서비스를 제공하는 회사가 가상화의 장점을 평가할 때에는 가용성의 증대가 가장 큰 동기가 된다. 또한 클라우드 컴퓨팅을 이끄는 엔진으로 가상 데이터센터를 사용하는 경우 가용성은 더욱 중요하다.

다운타임에 대해 더 생각해보자. 먼저 다운타임에는 계획된 다운타임과 계획하지 않은 다운타임이 있다. 계획된 다운타임은 시스템 관리를 위해 시스템을 오프라인하는 시간이다. 소프트웨어 업데이트를 하거나 하드웨어 업그레이드를 하기 위해서일 수 있으며, 어떤 이유든 간에 시스템을 사용할 수 없고 사용자에게 서비스를 제공할 수 없다. 계획하지 않은 다운타임은 장애가 발생한 경우다. 애플리케이션이 오동작하거나 하드웨어가 고장 나고 버튼을 잘못 누르거나 파워코드를 뽑은 경우와 같은 것이다. 이런 상황은 예상치 못하며 해결하기까지 몇 시간이 걸릴 수도 있다. 다음으로 생각해볼 것은 계획하지 않은 중단이 언제 발생할지 선택할 수 없다는 것이다. 99.9%의 업타임이라도 매년 아홉 시간의 다운타임이 발생한다는 얘기다. 소매상의 경우 머피[Murphy]의 법칙으로 인해 추수감사절 후의 금요일에 중단이 발생할 수 있으며 이런 경우 수백만 달러의 손해를 볼 수도 있다.

장애 감내 하드웨어의 제조사인 스트래터스 컴퓨터(Stratus Computer) 사가 1990년대 중반에 수행한 연구에 따르면 시스템 중단의 가장 큰 원인은 사람의 실수다.

가상 머신 보호

가상 환경에서의 가용성에 대해 생각해보자. 여기에는 단일 가상 머신과 호스트, 전체 데이터센터 이렇게 세 가지 레이어가 존재한다. 가상 머신과 호스트 외에도 전력과 냉방 시스템 등의 환경적인 요소뿐만 아니라 네트워크와 스토리지 시스템 등의 인프라스트럭처가 있다. 앞의 모든 영역들은 각자 자신만의 가용성을 높이기 위한 방법이 있으나 가상화와 관련된 경우를 제외하고는 다루지 않을 것이다. 각 가상 머신부터 시작해 가상 환경이 물리적인 서버에 비해 어떻게 가용성이 더 높은지 배울 것이다. 처음에는 이것이 잘 이해되지 않을 수 있다. 물리적 서버 하나가 중단되면 하나의 워크로드만 영향을 받는 반면에 가상 호스트가 중단되면 여러 가상 머신이 영향을 받는다. 가상 인프라스트럭처는 물리적 인프라스트럭처 보다 더 빠르게 워크로드를 자동으로 복구하고 보호할 수 있는 기능을 갖고 있다.

가상화의 다른 영역에서와 같이 물리적 서버에서 활용된 여러 가용성 전략을 가상화 환경에 적용할 수 있다. 여전히 백업과 복구보다 더 효율적인 방법은 없다. 자세히 다루진 않겠지만 물리적 서버에서 사용한 툴을 사용해 애플리케이션 파일을 백업하고 복구할 수 있다. 그러나 가상화 환경에서는 이 방법이 최선은 아니다. 파일을 백업하고 복구하는 것은 매우 리소스를 많이 사용하는 작업이므로 여러 가상 머신을 동시에 백업하게 되면 호스트의 프로세싱과 네트워크 대역폭을 매우 많이 사용하게 되기 때문이다. 11장, '가상 머신 복사하기'에서 배운 대로 가상 머신 역시 실제로는 파일이기 때문에 가상 머신 파일을 백업하면 애플리케이션 파일뿐만 아니라 가상 하드웨어 설정과 운영체제를 포함한 전체 서버를 보호할 수 있다. 가상화 벤더와 스토리지 공급자 그리고 써드파티 사에서 스토리지 레벨의 백업을 통해 가상 머신과 하이퍼바이저에 영향을 최소화하는 여러 애플리케이션을 공급하고 있다.

방어의 제1 전선은 개별 워크로드이며 여기서는 장애를 관리하고 복구하는 것에 초점을 맞추겠다. 물론 안티바이러스와 같은 악의적인 공격을 막기 위한 보안 수단과 적당한 사이징^{sizing}, 아키텍처, 성능 최고점과 증가에 대응하기 위한 용량 관리, 가상 서버 확산과 가상 좀비 서버, 자원 낭비를 막기 위한 생명주기 관리 등과 같은 주제들도 있다. 이 주제들은 모두 중요하지만 여기서 다루는 내용보다는 깊은 주제다. VM웨어의 하이퍼바이저에서 제공하는 기능과 솔루션은 아래에서 설명했다. 이는 VM웨어에만 적용되는 내용이 아니다. VM웨어의 새로운 버전마다 새로운 기능이 추가됐으며 마이크로소프트와 시트릭스 역시 마찬가지다. VM웨어가 많은 기능을 제공하고 시장의 80%를 차지하고 있기 때문에 여기서 VM웨어에 대해 다루는 것이 타당할 것이다.

고급 주제

가상 머신을 쉽고 빠르게 만들 수 있는 것은 매우 큰 장점이지만 마법사의 견습생(Sorcerer's Apprentice) 이야기에서처럼 쉽고 빠른 게 항상 좋지만은 않다. 기술을 도입하며 비즈니스 프로세스를 보강하지 않으면 기업에 가상 머신이 넘쳐나게 될 것이다. 개발자가 테스트 환경을 요청하면 한 시간 후에 만들어진다. 다음 주 또 다른 서버를 만든다. 결국 수십 개의 가상 머신이 언제 없어질지 모른 상태로 존재하게 되고 중요 비즈니스 워크로드에 사용해야 할 리소스를 낭비하게 된다. 이를 서버 확산(server sprawl)이라 한다. 이렇게 설치된 기간이 긴 반면에 사용 시간은 짧은 가상 머신은 대부분 셧다운되지 않는다. 이런 좀비 서버들은 최소한의 자원을 사용하고 있지만 실제로는 어떠한 유용한 작업도 수행하지 않는다. 이들은 요청한 사람들이 버렸거나 혹시 모를 일을 대비해 남겨둔 것이다. 가상 환경에서의 보안에 대한 정보도 풍부하다. 어떤 것은 물리적 환경과 겹치는 주제도 있다. 예를 들어 PCI(신용카드 프로세싱 표준)와 컴플라이언스, 환경 하드닝(Hardening), 침입 대비 보안 시스템과 안티바이러스 솔루션 같은 것이 있다. 각 벤더는 추천사항과 모범 사례를 제공하고 있다. 자세한 내용은 다음 사이트에서 볼 수 있다.

VM웨어: http://www.vmware.com/technical-resources/security/index.html

마이크로소프트: http://technet.microsoft.com/en-us/library/dd569113.aspx

시트릭스: http://support.citrix.com/article/CTX120716

새로운 가상 인프라스트럭처로 인해 이런 문제를 해결하기 위한 새로운 방법이 개발됐다. 예를 들어 안티바이러스의 경우 안티바이러스 엔진을 각 게스트에서 로드하는 기존의 방법은 스케일 문제가 발생한다. 모든 머신이 동시에 업데이트를 다운로드하고 시스템을 스캔한다고 생각해보라. VM웨어는 전체 호스트를 모니터링하고 써드파티와 함께 바이러스 정의와 게스트 스캐닝을 관리하는 가상 어플라이언스를 개발했다. 이는 기존 방법에 비해 훨씬 효율적이며 확장성도 뛰어나다.

가상 아키텍처는 하드웨어 고장으로 인해 가상 머신이 중단되는 것을 방지하기 위한 여러 전략을 사용하고 있다. 이런 기술 중 여러 가지는 물리적 환경에서 개발돼 사용되고 있는 것들이다. 9장, '가상 머신의 스토리지 관리'에서 소개한 RAID 기술은 디스크 드라이브 장애가 발생한 경우에 데이터 손실을 막기 위해 디스크 미러링과 디스크 스트라이핑 등의 기술을 사용해 디스크에 저장된 데이터의 가용성을 높인다. 이런 기술은 보호된 디스크의 데이터에 액세스하는 운영체제에게는 투명하게 제공된다. 이런 기술은 투명하기 때문에 가상 환경에서도 물리적 환경과 같이 동작할 수 있다. 디스크 공간을 제공하는 스토리지 어레이는 물리 서버와 가상 서버를 모두 지원하는 경우가 많다. 디스크 스토리지의 가용성뿐만 아니라 스토리지에서 호스트 시스템 그리고 가상 머신까지의 경로 역시 장애에 대비할 수 있다. 호스트와 스토리지 어레이 간에 여러 경로를 사용하는 다중 경로 multipathing 기술을 사용할 수 있고, 스토리지 어레이에 두 컨트롤러 사이의 환경과 별도의 네트워크 스위치, 호스트 서버에 두 개의 물리적 NIC를 사용함으로써 물리적 경로를 중복한다. 한 컴포넌트가 실패해도 가상 머신의 운영체제가 사용할 수 있는 다른 경로가 있다. 이 기능도 운영체제나 애플리케이션에게는 투명하다. 다중 경로는 경로 간의 데이터 전송을 로드 밸런싱함으로써 성능 향상을 얻을 수도 있다.

그림 13.1의 NIC 티밍teaming은 두 개 이상의 물리적 네트워크 어댑터를 하나의 그룹으로 묶는 것이다. 이 그룹은 대역폭을 높이기 위해 물리적 디바이스 간에 트래픽을 로드밸런싱할 수 있다. 하지만 더 중요한 것은 어댑터가 실패하더라도 네트워크 서비스를 계속할 수 있다는 것이다. 모든 물리적 NIC는 같은 가상 스위치에 연결돼야 한다.

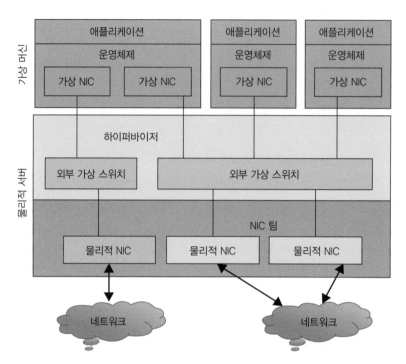

그림 13.1 NIC 티밍

가상 머신 내에서는 VM웨어 툴이 게스트 운영체제와 하이퍼바이저 간의 하트비트를 제공한다. 운영체제 문제로 인해 또는 애플리케이션으로 인해 운영체제가 중단된 경우 하이퍼바이저가 게스트를 재부팅할 수 있다. 끊임없이 재부팅이 반복되는 경우 사용자가 파라미터를 설정해 재부팅을 중단하기 위한 재부팅 시도 횟수를 정할 수 있다. 관리자에게 경고할 수 있는 알림 프로세스를 시작하도록 설정할 수도 있다. 애플리케이션을 모니터링할 수 있는 써드파티 툴도 있다. 운영체제 중단 없이 애플리케이션만 중단된 경우 사람의 관여 없이 애플리케이션을 자동으로 재시작할 수 있다.

이런 기술과 기능, 솔루션을 사용하면 가상 머신과 가상 머신이 제공하는 워크로드의 업타임을 늘릴 수 있다. 그러나 가상 머신과 하이퍼바이저는 여전히 서버 하드웨어에 의존하고 있다. 가상 호스트 서버가 실패하면 어떻게 할 것인가?

여러 가상 머신의 보호

서버 중단을 최소화하기 위한 솔루션이 있다. 1980년대부터 장애 감내를 위한 소프트웨어 기반의 상용 솔루션이 있었으며 서버 중단을 위한 하드웨어도 등장했다. 장애 감내 하드웨어는 중복 시스템을 사용하는데 쿨링팬과 전원 장치까지도 사용했으며 다른 전력 그리드에 연결된 여러 전원 코드를 사용하는 경우도 있었다. 이와 같은 디자인을 사용하면 컴포넌트 하나가 고장 나더라도 애플리케이션이 중단되지 않는다. 이런 시스템은 응급 서비스나 항공 제어 시스템과 같이 극단적인 업타임을 요구하는 조직을 위해 개발됐다. 그러나 곧 심각한 트랜잭션 윈도우를 가진 비즈니스에서도 사용하기 시작했다. 금융 서비스 회사에서는 거래 시간 동안 다운타임이 발생하면 시간당 수백만 달러의 손실이 생길 수도 있고, 교통 서비스가 중단되면 정체가 발생하며, 홈쇼핑의 경우에도 한 시간 동안 주문을 받지 못하면 큰 손실이 생길 수 있다. 이런 시스템은 여전히 존재하지만 상용 서버가 점점 안정적이게 되고 다른 솔루션도 등장하면서 사용하는 곳이 많이 줄었다.

다른 솔루션 중 하나는 클러스터링clustering이다. 두 개 이상의 서버를 물리적 네트워크나 공유 스토리지, 클러스터링 소프트웨어를 사용해 연결함으로써 클러스터를 구성하면 한 개의 서버가 고장 나도 애플리케이션을 빠르게 복구할 수 있다. 주 서버가 어떤 이유에서든 중단되면 클러스터 소프트웨어가 애플리케이션 트래픽을 세컨더리 서버로 보내 프로세싱이 계속된다. 클러스터 소프트웨어가 여러 서버를 하나의 리소스로 보이게 하지만 관리하기가 어렵고, 때로는 애플리케이션을 고쳐야 하는 경우도 있으며 전문 지식을 필요로 한다. 이런 예로는 마이크로소프트의 클러스터 서비스Cluster Services와 시만텍 클러스터 서버Cluster Server, 오라클 리얼 애플리케이션 클러스터Real Applications Clusters가 있다. 다른 솔루션들과 같이 이 솔루션들을 가상 환경에서 사용할 수 있으며 이 경우 역시 가상화로 인해 여러 새로운 기능을 구현할 수 있다. 가상 머신들로만 클러스터할 수 있는 것이 아니라 물리적 서버와 가상 머신을 클러스터로 구성할 수도 있다. 클러스터를 사용해봤지만 아직 가상화에는 익숙하지 않은 회사에서 후자의 방법을 사용하기도 한다. 그러나 이건 하나의 물리적 또는 가상 서버에 한 개의 애플리케이션이 있는 경우다. 가상화 호스트의 경우에는 어떨까?

가상화 솔루션은 클러스터링을 사용해 고가용성(HA) 아키텍처를 어느 정도 사용하고 있다. 그림 13.2의 간단한 가상 클러스터는 두 개 이상의 물리적 서버와 공유 스토리지 리소스, 네트워크 리소스로 구성돼 있다. 각 호스트마다 하이퍼바이저가 있으며 각 하이퍼바이저에 가상 머신이 탑재돼 있다. 가상화 호스트에 장애가 발생하면 이 곳에 있던 모든 가상 머신 역시 중단된다. 공유 스토리지 덕분에 HA가 가상 머신의 파일에 접근할 수 있고, 실패한 가상 머신을 클러스터의 다른 호스트에서 재시작해 몇 분 후 정상 가동하게 된다. 성능 알고리즘을 사용해 가상 머신을 추가하기 전에 호스트에 충분한 용량이 있는지 확인해야 한다. 가상 환경 설정을 결정할 때에는 HA를 위한 여분의 용량을 고려해야 한다. 이 프로세스가 복구이긴 하지만 아키텍처에 대한 큰 장점도 있다. 물리적 환경에서 이 기능은 특별한 소프트웨어와 추가적인 하드웨어를 필요로 하며 한 개의 애플리케이션을 보호할 뿐이다. 가상 환경에서는 이 기능이 아키텍처에 반영되기 때문에 호스트의 모든 가상 머신을 보호하며 게스트 운영체제와 애플리케이션에 대해 투명하다. 과거에는 비용의 제약으로 인해 보호하지 못했던 애플리케이션 워크로드도 가상화 환경을 사용한다는 것 때문에 늘어난 가용성의 혜택을 받을 수 있다. 결국 호스트 서버에 장애가 발생하면 가상 머신 역시 실패하지만, 이것에 한 가지 예외가 존재한다.

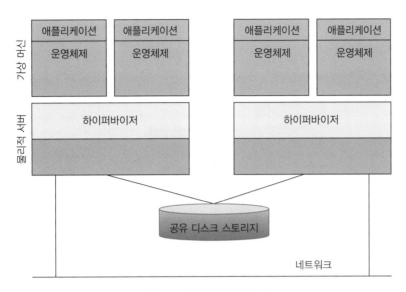

그림 13.2 가상 플랫폼 클러스터

　장애 감내[FT, fault tolerance]는 클러스터링 소프트웨어와 비슷하지만 더 많은 가용성을 제공한다. 장애 감내 가상 머신은 다운타임이나 사용자 애플리케이션에 대한 영향 없이 가상 호스트 장애를 견딜 수 있다. 그림 13.3은 장애 감내 가상 머신의 예를 보여준다. 장애 감내를 사용하면 두 번째 가상 머신을 주 가상 머신과는 다른 호스트에서도 시작한다. 세컨더리 가상 머신은 신속하게 주 가상 머신의 상태를 복제한다. 또한 주 가상 머신에 변경사항이 발생하면 같이 세컨더리에 반영된다. 두 가상 머신은 서로의 하트비트를 모니터링하며 주 호스트에 장애가 발생하면 세컨더리가 즉시 넘겨 받아 주 가상 머신이 된다. 다른 호스트에 새로운 세컨더리를 만들어 가상 머신을 계속 보호한다. 트랜잭션 손실도 없으며 사용자에게 영향을 주지 않는다. 리소스 용량을 계획한다면 장애 감내 가상 머신은 인프라스트럭처에 두 개의 사본이 있기 때문에 리소스 사용량이 두 배가 된다는 것을 기억해야 한다. 가상 머신의 변동사항을 지속적으로 전송하기 위한 추가 네트워크도 필요하다. HA와 같이 특별한 소프트웨어는 필요로 하지 않는다. 하이퍼바이저에 이미 기능이 있으며 체크박스를 통해 활성화할 수 있다. 리소스 사용량이 늘어나기 때문에 매우 중요한 워크로드만 장애 감내 기능을 사용해야 한다. 이 글을 쓰고 있는 시점에서는 VM웨어 제품이 이 기능을 제공한다.

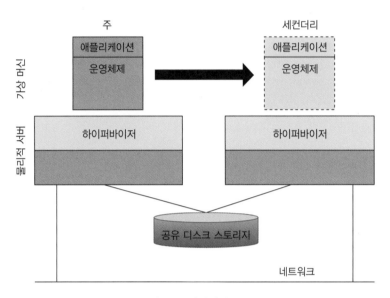

그림 13.3 장애 감내 VM

앞에서 라이브 마이그레이션 기능에 대해 배웠는데, 이 기능은 가상 머신을 다운타임이나 애플리케이션에 대한 영향 없이 한 호스트에서 다른 호스트로 이동하는 것이다. 이 기능은 매우 놀라운 기능이지만, 물리적 서버에 장애가 발생한 상황이라면 가상 머신을 옮기기에 이미 늦은 상태다. 이 기능이 가용성을 높이는 경우는 계획된 다운타임의 경우이다. 물리적 환경에서 서버를 관리하거나 교체하는 경우 애플리케이션은 관리나 업그레이드가 끝날 때까지 오프라인이 된다. 예외가 있다면 클러스터 솔루션을 사용하는 경우 관리 시간 동안 애플리케이션을 세컨더리 서버로 옮길 수 있는 경우다. 가상 환경에서는 서버를 꺼야 하는 경우 모든 가상 머신을 클러스터의 다른 호스트로 마이그레이션할 수 있다. 그림 13.4는 이 과정을 보여준다. 호스트 관리가 끝나면 다시 서버를 클러스터에 추가하고 가상 머신을 되살린다. 애플리케이션 다운타임도 없고 사용자도 영향을 받지 않는다. 호스트는 클러스터에서 투명하게 교체할 수 있다. 관리 작업이 개별 가상 머신에 영향을 주지 않기 때문에 관리 스케줄을 잡는 대신 언제든 수행할 수 있다. 이것이 클라우드 컴퓨팅 서비스가 제공할 수 있는 유연함이다.

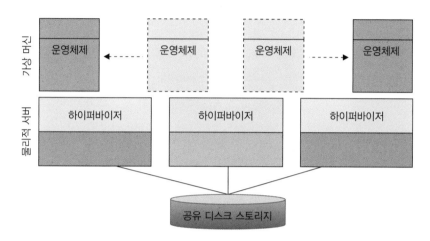

그림 13.4 관리 기간 동안의 VM 마이그레이션

라이브 마이그레이션은 가상 호스트 관리 기간 동안 가상 머신의 가용성을 제공할 수 있다. 하지만 이것은 인프라스트럭처의 일부일 뿐이다. 관리나 교체를 위해 스토리지 어레이를 오프라인으로 해야 하는 경우도 있다. 다행히 가상 머신의 스토리지에 대해 유사한 기술이 있다. 그림 13.5는 스토리지 마이그레이션의 예를 보여준다. 라이브 마이그레이션이 메모리 구조를 중심으로 운영 중인 가상 머신을 호스트 간에 이동하는 반면, 스토리지 마이그레이션은 물리적 파일을 디스크 간에 옮기는 것으로 다운타임이나 애플리케이션에 대한 영향 없이 가상 머신이 운영 중에 수행하게 된다. 이 기능은 다운타임 없이 가상 머신의 파일을 이전 어레이에서 새로운 어레이로 옮기는 스토리지 어레이 교체 시 유용하다. 이 용량은 성능에 도움이 되지도 않는다. 디스크가 데이터의 불균형한 분포로 인해 성능이 나빠진 경우 관리자가 스토리지 마이그레이션을 사용해 가상 머신의 파일을 재분배해 좀 더 균일한 성능을 얻을 수 있다. 스토리지 마이그레이션의 최신 버전은 이런 작업을 자동으로 수행할 수 있으며 I/O 경합으로 인한 성능 문제를 미리 해결할 수 있다.

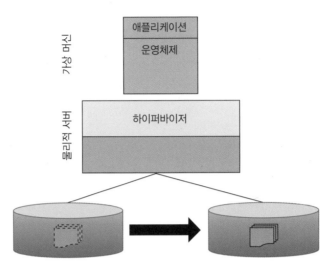

그림 13.5 스토리지 마이그레이션

마지막 시나리오는 부분 호스트 장애와 관련 있다. 특정 호스트로부터 네트워크 경로나 스토리지 경로를 잃은 경우 가상 머신이 동작하지만, 데이터에 액세스할 수 없거나 사용자와 통신할 수 없게 된다. 가상 호스트도 동작하고 있을 수 있다. VM웨어 ESX의 새로운 버전은 클러스터 내의 다른 호스트의 경로가 사용 가능한지 판단할 수 있다. 만일 그렇다면 HA 기능이 영향을 받고 있는 가상 머신을 네트워크나 스토리지 리소스를 사용할 수 있는 다른 호스트로 옮긴다. 경로를 사용할 수 없거나 HA를 지원할 수 있는 충분한 리소스가 없는 경우에는 아무런 작업을 하지 않는다.

데이터센터 보호

인프라스트럭처를 보호한다고 하더라도 어찌할 수 없는 일들이 있다. 자연재해 또는 인재는 경고 없이 발생하며 이런 일들에 대해 할 수 있는 것은 거의 없다. 이런 사건의 결과는 기업에게는 더욱더 큰 재앙이 될 수 있다. 단기간의 중단이 대

중에게 부정적인 영향을 남기는 것과는 달리, 데이터센터의 손실은 기업의 존재를 위협하기도 한다. 국립 문서 기록보관소에 따르면 10일 동안 데이터센터를 잃은 기업의 93%가 1년 내에 파산했다고 한다. 짧은 손실도 치명적이다. 가트너 보고서에 따르면 재난으로 인해 기업의 정보에 24시간 이상 액세스하지 못한 기업은 40%의 확률로 사업에 실패하게 된다. 기업들은 어떻게 이런 위험을 감소시킬 수 있을까?

많은 기업이 이런 시나리오에 대비해 재난 복구DR, disaster recovery 계획을 갖고 있다. 여분의 데이터센터를 가지고 있거나 재난 발생 시 복구할 때까지 비즈니스에 필수적인 최소한의 기능을 위한 인프라스트럭처를 제공하도록 서비스 제공자와 계약하는 경우도 있다. 이런 사례는 물리적 환경과 가상화 모두에 적용되지만 가상화 환경에서는 좀 더 흥미로운 것들이 있다. 일반적으로 IT 스탭의 일부를 이런 계획을 테스트하도록 시스템 백업과 함께 DR 사이트로 보내는 것이다. 이런 테스트에서 스탭들은 애플리케이션의 기능에 대한 사본을 만들어야 한다. 이들은 제대로 동작하는 환경을 복구하기 위해 필요한 과정을 테스트하고 얼마큼의 노력이 필요한지 측정한다. 중복 하드웨어는 대응되는 주변기기 인프라스트럭처와 매칭될 수 있어야 하며 NIC의 펌웨어 패치와 같은 사항까지도 잘 맞아야 한다. 또 다른 단점은 실제 비상 상황에서 필요한 인프라스트럭처의 일부만을 테스트한다는 것이다. 성공적인 DR 테스트는 필요한 인프라스트럭처의 10% 이하를 복구하며 3~5일 정도의 비즈니스 데이가 소요되고 매우 제한적인 애플리케이션 테스트를 수행한다. 테스트 팀의 출장비와 일상 근무에서 벗어나는 시간 등을 고려하면 자금적인 영향도 고려해야 한다.

가상화에서는 아무것도 변경하지 않는다고 해도 원본과 똑같은 방식으로 인프라스트럭처를 복구할 수 있게 한다. 하이퍼바이저는 게스트로부터 물리적 하드웨어를 추상화하기 때문에 어떤 하드웨어 서버 플랫폼도 복구할 수 있다. 셋업 과정을 보면, 호스팅 업체가 가상화 환경을 갖추지 않은 경우 하이퍼바이저를 설치하고 그 후 가상 머신 파일을 백업 미디어에서 디스크 스토리지로 복사하면 된다.

이 정도로 간단하지는 않을 수 있지만 거의 이 정도에 가깝다. 벤더들은 데이터센터를 보호하거나 최소한 중요 시스템을 보호하기 위한 솔루션을 개발해왔다. 애플리케이션 솔루션에는 데이터 복제와 세컨드 사이트로의 니어 타임$^{near-time}$ 또는 실시간 정보 전송을 포함한다. 스토리지 벤더 역시 복제를 사용하는데 스토리지 어레이의 데이터 블록을 DR 사이트의 스토리지 어레이로 전송한다. 이들은 보통 애플리케이션과 무관하게 동작하며 스토리지 어레이를 통해 관리되고 동작하기 때문에 CPU에 부담을 주지 않는다. 가상화 벤더는 재난 발생 시 데이터 손실을 방지하기 위해 기존에 존재하는 채널을 사용한다. 그림 13.6은 VM웨어의 사이트 복구 매니저를 보여주는데, 가상 머신의 파일을 DR 사이트로 복구하고 이를 최신으로 유지하기 위해 스토리지와 프로세서를 복제한다. 재난이 발생해도 DR 사이트에 이미 가상 머신이 존재하며 전원을 켤 준비가 돼 있다. DR 테스트는 모든 가상 머신이 사용 가능하고 데이터 역시 최신이기 때문에 포괄적이게 된다. 또 다른 장점은 DR 사이트는 로컬에 있을 수도 있고 가상 인프라스트럭처를 가진 원격의 호스팅 제공자여도 된다는 점이다. 기업은 개별 DR 사이트를 구축하고 운영할 필요가 없다. 이와 같은 기능을 제공하는 다른 솔루션들도 있다.

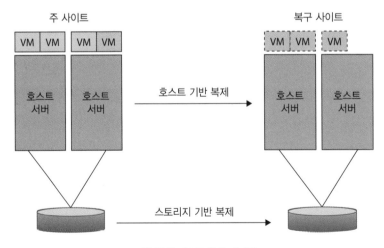

그림 13.6 사이트 복구 매니저

최근 새로운 솔루션이 등장하고 있다. 스토리지와 네트워크 벤더들은 '장거리 V모션'이라 불리는 기술에 대해 연구하고 있다. 이는 애플리케이션의 중단 없이 장거리 간에 가상 머신을 이동시키는 기술이다. 이렇게 해서 전체 데이터를 중단 없이 이동할 수 있으며 애플리케이션의 기능과 무관하게 워크로드를 사용자 또는 리소스가 있는 곳으로 보낼 수 있다. 재난 복구와 관련해서는 데이터센터를 위험이 없는 곳에 둠으로써 복구 자체가 필요치 않게 된다. 이 기능은 이미 발표됐다. 그러나 널리 사용되기 위해서는 현재보다 네트워크 대역폭이 더 커야 한다.

서비스 중단 없이 워크로드를 동적으로 이동하는 기능은 클라우드 컴퓨팅을 배치하는 데 필수적이다. 아직은 초기 단계지만 이런 기술을 사용하는 기업들의 필요성과 높은 기대사항을 갖고 있음을 볼 수 있었다. 2011년 아마존 EC2^{Elastic} $^{Compute\ Cloud}$ 서비스는 두 번의 큰 중단을 겪었으며 최소 한 번은 자연재해로 인한 것이었다. 마이크로소프트 역시 오피스365와 핫메일 등의 온라인 서비스를 자신들의 클라우드 서비스로 옮겼는데 네트워크 이슈뿐만 아니라 자연재해로 인해 같은 문제를 겪었다. 메모리 관리 이슈로 인해 수백만의 구글 독스 사용자가 자신의 클라우드 기반 문서에 접근하지 못했다. 현재 산업계가 여전히 클라우드 스케일의 아키텍처를 배우고 있는 과정이라는 것은 명확하다. 그러나 가상화가 클라우드 서비스 인프라스트럭처에 엔터프라이즈 수준의 가용성과 유연성, 기민성을 제공할 것임은 확실하다.

요점 정리

애플리케이션 가용성은 비즈니스 운영과 고객 만족에 있어서 필수적이다. 우리가 살고 있는 정보 시대에 서비스는 기술 채널을 통해 제공되기 때문에 이런 채널을 제공하는 플랫폼을 보호하는 것이 가장 높은 우선순위를 갖는다. 가상화는 물리적 세상에서 개발되고 증명된 이미 존재하는 가용성 솔루션과 가상 머신에서만 제공할 수 있는 새로운 기능을 조합할 수 있다. 단일 가상 머신에서부터 호스트 클러스터에 존재하는 가상 머신의 그룹, 전체 데이터센터까지 가상 인프라스트럭처는 다양한 수준의 가용성을 제공한다. HA가 물리적 서버에서는 다루지 못했던 많은 워크로드에 대해서도 이제는 가용성을 제공할 수 있게 돼 전체 데이터센터의 가용성을 증가시키고 있다. 더 많은 비즈니스가 그들의 고객에게 서비스를 제공하기 위해 클라우드 컴퓨팅을 사용하게 되고 이런 편리함이 필수적인 것이 되면서 이런 서비스에 항상 접속할 수 있다는 기대감으로 인해 비즈니스가 이런 솔루션을 더욱더 많이 채택하게 될 것이다.

연습 문제

▶ 독자가 몸담은 기업의 데이터센터가 최근 전력 중단을 겪으면서 애플리케이션을 이틀 동안 사용하지 못했다고 하자. 독자에게 이런 중단이 또 발생할 경우 빠르게 운영을 재개할 전략을 세울 임무가 주어졌다. 어떤 가용성 유형(HA/DR/FT)을 선택할 것이고 그 이유는 무엇인가?

▶ 일상 운영에 매우 중요한 애플리케이션의 가용성을 높이라는 요구를 받았다. 다운타임이 발생하면 시간당 10만 달러의 손해가 발생한다. 어떤 가용성 유형(HA/DR/FT)을 선택할 것이고 그 이유는 무엇인가?

▶ 비즈니스에 중요한 애플리케이션을 가진 사용자에게 이를 가상 환경으로 옮기도록 어떻게 설득할 것인가? 소유주는 다른 가상 머신과 서버를 공유할 경우 가용성에 영향이 있는 것은 아닌지 걱정하고 있다.

가상 머신에서의
애플리케이션 이해

14

가상화 및 가상화의 혜택으로 인해 인프라스트럭처를 디자인하고 배치하는 방법이 바뀌고 있지만 결국 중요한 것은, 애플리케이션이다. 애플리케이션은 기업의 비즈니스를 이끄는 프로그램으로 기업 경쟁력을 제공하며 최종적으로 기업이 생존하고 성장하기 위한 수익이 발생하도록 한다. 기업의 생명줄을 위험에 빠트릴 수도 있기 때문에 애플리케이션 소유자는 기존의 애플리케이션 배치 모델을 가상 인프라스트럭처로 옮기는 것을 꺼려 한다. 하지만 가상 환경이 성능과 보안, 가용성 면에서의 위험을 감소시킬 수 있다는 것을 이해하면 기꺼이 전환하려 한다. 하이퍼바이저는 물리적 인프라스트럭처를 사용해 성능 리소스를 보장하려 한다. 여러 개의 가상 머신을 그룹화해 좀 더 빠르고 안정적으로 구성할 수 있다. 기업 및 사용 서비스가 클라우드 컴퓨팅 모델로 전환되며 가상 플랫폼에서 제공되는 애플리케이션의 안정성과 확장성, 보안을 보장하는 것이 성공적인 애플리케이션 환경을 위해 매우 중요하게 됐다.

- ▶ 가상 인프라스트럭처의 성능 측정
- ▶ 가상 환경에서의 애플리케이션 배치
- ▶ 가상 어플라이언스와 v앱스의 이해

가상 인프라스트럭처의 성능 측정

지금까지는 가상 머신과 가상 환경에 초점을 맞춰왔다. 이것 자체를 살펴보는 것도 의미가 있지만, 물리적 서버에 설치된 애플리케이션을 이런 가상 환경에 옮기고 앞서 살펴본 기능들로 인해 혜택을 얻을 수 있어야 한다. 애플리케이션이란 사용자에게 서비스와 정보를 제공하는 프로그램의 그룹을 말한다. 이런 서비스와 정보로 인해 기업의 이윤이 발생하게 된다. 이런 애플리케이션을 운영하는 그룹(애플리케이션 소유자)은 서비스에 해를 끼칠까 걱정해 애플리케이션 환경을 바꾸는 것을 꺼린다. 애플리케이션 소유자는 애플리케이션의 가용성과 확장성, 보안에 영향을 끼칠지 모르는 변화에 따른 위험 부담을 감수하려 하지 않는다. 13장, '가용성의 이해'에서 가상 환경이 애플리케이션의 업타임을 증가시키는 방법에 대해 배웠다. 가상 머신에 리소스를 추가하는 것이 쉽기 때문에 물리적 환경에 비해 가상 머신은 좀 더 확장성이 있다. 라이브 마이그레이션이나 스토리지 마이그레이션과 같은 다른 가상 기술들은 가상 환경의 애플리케이션의 확장성과 기민함을 더해준다. 가상화의 장점이 부각되는 다른 영역으로는 템플릿과 클론을 이용한 가상 머신의 생성과 관리다. 이 기능은 애플리케이션의 배치 시간과 설정 오류를 크게 줄일 수 있으며, 이 두 가지 모두 기업의 수익과 관련 있다. 이 모든 것들이 중요하지만 가장 중요한 것은 애플리케이션의 성능일 것이다.

성능이 나쁜 애플리케이션은 여러 가지 면에서 비즈니스에 영향을 주기 때문에 금방 사라질 것이다. 이들이 작업을 완료하는 데 걸리는 시간을 늘리고 효율성을 떨어뜨리는 점을 제외하더라도, 느린 애플리케이션은 기업 내외부의 사용자를 지치게 만들어 기업의 수익을 떨어뜨릴 수 있다. 이것은 다시 사용자의 기대치가 늘어난 것과 관계 있다. 독자의 온라인 서비스 경험을 떠올려보라. 결제에 20분이나 걸리는 웹사이트에서 상품을 구매하기 위해 기다리겠는가, 아니면 좀 더 편리한 다른 벤더를 찾겠는가? 이것은 애플리케이션 소유자가 가상화를 꺼리는 이유 중 하나이기도 하다. 이들은 좀 더 비싸고 비효율적이더라도 그들의 애플리케이션에만 전용으로 사용하는 현재의 플랫폼을 가상 호스트로 옮겨 리소스를 공유하는 것에 대해 확신을 갖지 못한다.

　가상화에는 좀 덜 중요한 가상 머신을 희생시켜 비즈니스에 중요한 애플리케이션이 필요한 자원을 빠르고 효율적으로 얻을 수 있는 여러 기술이 있다. 앞서 얘기했듯이 여기서는 VM웨어의 ESX 솔루션의 모델에 대해 다루고 있다. 이 기능이 모든 벤더의 가상화 솔루션에 포함돼 있진 않지만 제품이 발전하면 미래에 추가될 것이다. 이 기능의 첫 번째는 리소스 세팅이다. 각 가상 머신은 CPU와 메모리의 리소스 사용을 조절할 수 있는 세 개의 세팅을 갖는다. 그림 14.1은 가상 머신 세팅 옵션(공유, 예약, 한계)을 보여준다.

　첫 번째 세팅은 공유^{share}다. 이것은 다른 가상 머신과의 우선순위를 결정하기 위한 값이다. 어떤 가상 머신이 다른 가상 머신의 CPU 공유 값의 반을 가졌다는 것은 이 자원의 절반만을 할당받는다는 것을 의미한다. CPU 경합이 발생하면 더 많은 공유 값을 가진 가상 머신이 CPU 시간을 더 차지할 것이다. 예약^{reservation}은 리소스가 부족한 상황에서도 보장받는 최소한의 값이다. 리소스가 부족해 예약 값을 보장받을 수 없는 가상 머신은 전원을 켤 수 없으며 클러스터 내의 다른 호스트에서 부팅해야 한다. 한계^{limit}는 가상 머신이 할당받을 수 있는 최대량을 의미한다. 이것은 가상 머신에 할당한 리소스(메모리나 프로세서 개수)가 한계치이기 때문에 보통 사용되지 않는다.

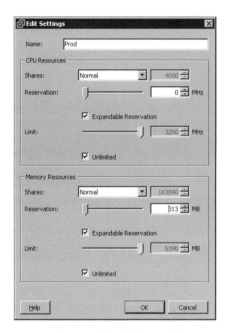

그림 14.1 가상 머신 리소스 세팅

한 개의 가상 호스트에서 하이퍼바이저는 이 세팅 값을 사용해 메모리와 CPU 리소스를 분배한다. 리소스 경합이 발생하지 않으면 모든 가상 머신은 그들이 필요한 때에 필요한 리소스를 모두 사용할 수 있다. 이것은 가장 이상적인 시나리오다. 가상 머신이 물리적 호스트가 제공할 수 있는 것보다 많은 양을 요구하기 시작하면 하이퍼바이저는 리소스 세팅 값을 사용해 룰에 맞게 리소스를 할당한다. 세팅 값이 올바로 설정됐다면 중요 애플리케이션을 포함한 가상 머신은 성능을 유지할 수 있는 충분한 리소스를 받을 수 있다. 덜 중요한 애플리케이션은 성능 저하가 발생할 수 있으나 비즈니스에 영향을 주지 않는다.

이 모델은 단일 가상 호스트에서는 충분한 모델이지만 가상 클러스터에도 적용할 수 있을까? 이 경우에는 리소스 풀을 사용한다. 그 이름 자체가 리소스의 풀이라는 기능을 정확히 말해준다. 리소스 풀은 단일 가상 호스트뿐만 아니라 클러스터 내의 여러 호스트에도 적용되는데, CPU 사이클과 메모리를 모아 가상 머신들 간 또는 가상 머신의 그룹 간, 부서와 같은 엔터티 간에 공유하도록 한다. 리소스 풀은 좀 더 작은 자식 리소스 풀로 나뉘어 관리자가 리소스 할당을 좀 더 작은 단위에서 할 수 있게 한다. 리소스 풀을 관리하는 옵션은 가상 머신 세팅과 유사하며 리소스 공유, 예약, 한계를 정의한다. 차이점은 이 리소스 풀을 여러 가상 머신에 할당할 수 있으며 리소스 풀이 여러 가상 호스트에 걸쳐 사용된다는 것이다. 반복하지만 중요 애플리케이션은 여러 개의 가상 머신으로 구성하며 한 개 이상의 가상 호스트를 사용해 항상 충분한 리소스를 사용할 수 있도록 해야 한다. 그림 14.2는 클러스터에 두 개의 리소스 풀이 있는 예를 보여준다. 각각은 전체 리소스의 일부가 할당돼 있으며 확장과 단기간의 성능 부하를 위해 약간의 여분 용량을 갖는다. 동적으로 변경할 수 있기 때문에 리소스 풀을 조정해야 하는 경우에도 성능에 영향을 미치지 않는다.

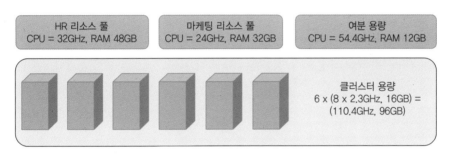

그림 14.2 리소스 풀

　가상 환경에서 애플리케이션의 성능을 향상시키는 다른 기능으로는 라이브 마이그레이션이 있다. 물리적 서버의 애플리케이션을 위한 리소스가 부족해지면, 애플리케이션을 오프라인으로 하고 서버에 추가 리소스를 장착하거나 다른 더 큰 머신으로 교체해야 한다. 앞에서 가상 머신에 리소스를 추가 장착하는 것은 운영체제의 핫애드 기능에 따라 다운타임이 없거나 최소한의 다운타임만을 야기하기 때문에 가상 머신이 좀 더 빨리 대처할 수 있음을 확인했다. 그러나 대부분의 물리적 리소스가 현재 호스트되고 있는 가상 머신에 의해 쓰여지고 있고 VM이 리소스를 더 요청하는 상황에서는 어떤 일이 벌어질까? 이런 경우에는 가상 머신을 클러스터 내의 다른 가상 호스트로 옮겨 리소스가 부족한 가상 머신을 위한 리소스를 확보하게 된다. 리소스 요구를 만족시키고 전체 리소스 요청 상황이 이전 수준으로 낮아지면 가상 머신을 다시 마이그레이션해 올 수 있다. 게스트를 다른 곳으로 옮기기 위해서는 그곳에 리소스가 충분해야 한다. 클러스터에 리소스가 더 이상 없다면 클러스터에 호스트를 추가해야 한다. 그렇다면 가상 머신을 마이그레이션하기 위해서는 가상 인프라스트럭처의 관리자가 클러스터의 성능을 항상 모니터링해야 하는 것일까? 다행히 그렇게까지는 하지 않아도 된다. 가상 인프라스트럭처 솔루션에 아키텍처의 일부로 로드 밸런싱 기능이 추가돼 있다. 클러스터의 리소스 활용도의 균형이 깨지게 되면 가상 머신이 자동으로 다른 가상 호스트로 마이그레이션돼 가용한 리소스를 최적으로 균형 있게 활용하게 된다.

이것은 사실 매우 복잡한 성능 로드 밸런싱 메커니즘을 간단히 설명한 것이다. 관리자가 프로세스를 감독할 수 있는 수준을 설정하거나 완전히 자동 마이그레이션을 사용하도록 할 수 있다. VM 어피니티^affinity와 같은 복잡한 애플리케이션 룰을 사용하면 특정 가상 머신들이 항상 같은 물리적 서버에서 운영되도록 해 한 개의 가상 머신이 마이그레이션될 때 다른 가상 머신도 마이그레이션되도록 할 수 있다. 이렇게 하는 이유는 이 두 개의 가상 머신이 지속적으로 대량의 데이터를 주고받기 때문이다. 같은 가상 호스트에 있으면 이 트래픽은 가상 네트워크를 통해 고속으로 전송되지만, 물리적 호스트 사이에서는 더 느린 물리적 경로를 통해 전송된다. 반대로 안티 어피니티^anti-affinity를 설정하면, 두 개의 가상 머신이 같은 가상 호스트의 게스트가 될 수 없도록 한다. 이 기능은 중요한 애플리케이션 서비스를 여러 가상 머신에서 중복해 제공할 때에 가상 호스트에 장애가 발생하더라도 서비스가 제공되도록 하기 위해 사용한다. 13장, '가용성의 이해'에서는 스토리지 마이그레이션에 대해 배웠다. 라이브 마이그레이션과 마찬가지로 스토리지 마이그레이션도 자동화될 수 있으며, 가상 인프라스트럭처가 스토리지 어레이와 통신해 관리자의 발견과 진단, 해결 없이 자동으로 디스크 성능 문제를 해결한다.

앞에서 설명했던 기능이지만 여기서 다시 두 개의 기능을 살펴본다. 9장, '가상 머신의 스토리지 관리'에서 스토리지 I/O 컨트롤이라는 튜닝 기능에 대해 설명했는데, 이 기능은 가상 머신별로 스토리지 처리량을 조정하는 서비스 품질 관리 기능이다. 중요 애플리케이션의 가상 머신에 높은 우선순위를 할당함으로써 이 애플리케이션에 대해 디스크 I/O 경합으로 인한 병목이 발생하지 않도록 한다. 물론 이 요청을 처리할 수 있는 충분한 물리적 리소스가 있다고 가정한 경우다. 우선순위는 리소스 풀과 같이 공유와 한계로 관리한다. 이와 비슷하게 10장, '가상 머신의 네트워크 관리'에서 네트워크 처리량에 대해 우선순위를 설정하는 방법을 배웠다. 네트워크 I/O 컨트롤 역시 공유와 한계로 관리하며 트래픽 유형과 가상 머신 그룹, 개별 가상 머신에 적용할 수 있다. 이 두 기술은 모두 리소스가 부족한 상황에서 중요 애플리케이션의 성능을 보장하기 위해 사용한다. 또 다른 효과로는 관리자가 이런 성능 이슈를 모니터링하고 관리할 시간과 노력을 아껴 효율성을 개선하기도 하는 점을 들 수 있다.

이것들 외에도 가상 머신의 애플리케이션 성능을 보장하기 위한 기능들이 더 있다. 앞서 CPU와 메모리, 네트워크, 스토리지 등의 인프라스트럭처 영역에서 물리적 시스템의 좋은 설정이나 아키텍처가 가상 시스템에도 적용됨을 확인했다. 여기서도 마찬가지다. 더 빠르고 좋은 디스크를 사용하면 스토리지 디바이스의 응답 속도를 높일 수 있다. 대역폭을 높이면 네트워크 경합을 줄일 수 있다. 가상화 기능은 가용성과 유연함, 성능을 높이지만 이것들만이 가상화를 사용하는 이유는 아니다.

가상 환경에서의 애플리케이션 배치

애플리케이션을 잘 운영하기 위해서는 애플리케이션의 리소스 사용에 대해 이해하고 이 리소스 사용을 규칙적으로 측정하는 것이 중요하다. 필요 조건을 이해하고 나면 애플리케이션을 가상 환경에 배치할 계획을 세울 수 있다. 이때 몇 가지 중요한 것이 있다. 물리적 환경에서 올바로 설계되지 않았던 애플리케이션이라면 가상 환경으로 옮겼다고 해서 성능이 개선되리라 항상 기대할 수 없다. 이런 애플리케이션이 올바로 동작하는 것을 보장하는 최선의 방법은 가상 머신에 충분한 리소스를 할당해 리소스 경합을 방지하는 것이다. 간단한 예를 살펴보자.

애플리케이션은 그림 14.3과 같은 3-티어 아키텍처로 배포되는 경우가 많다. 그림의 설정 파라미터 값은 단순히 예일 뿐이다. 데이터베이스 서버는 애플리케이션의 정보를 저장하고 관리한다. 보통 오라클, 마이크로소프트 SQL 서버, 혹은 오픈소스 솔루션인 MySQL을 사용한다. 이 서버는 보통 세 개의 티어 중 가장 큰 서버이며, 여러 개의 프로세서와 질의응답을 빠르게 하기 위해 데이터베이스의 캐시 정보를 저장하는 대용량 메모리를 가지고 있다. 데이터베이스 서버는 메모리와 CPU, 특히 I/O 처리량과 같은 리소스를 많이 필요로 한다. 다음 티어는 애플리케이션 코드, 즉 애플리케이션을 정의하는 비즈니스 프로세스를 실행하는 애플리케이션 서버. 보통 자바 솔루션이 많은데 IBM 웹스피어^{Websphere}와 오라클(BEA) 웹로직^{WebLogic}, 오픈소스인 톰캣^{Tomcat}이 있다. 마이크로소프트 환경에서는 C#과 .NET 프레임워크를 사용하지만 다른 여러 프레임워크와 애플리케이션 언어를 사용할 수도 있다. 애플리케이션 서버는 CPU를 많이 사용하지만 스토리지는 많이 사용하지 않으며 평균적인 메모리 소비량을 갖는다. 마지막으로 웹 서버가 있다. 웹 서버는 사용자와 애플리케이션 사이의 인터페이스이며 HTML 페이지를 이용해 애플리케이션의 겉모습을 제공한다. 웹 서버로는 마이크로소프트의 IIS와 오픈소스인 아파치 HTTP 서버가 있다. 웹 서버는 빠른 응답 속도를 위해 페이지를 캐싱하기 때문에 메모리를 많이 사용한다. 디스크 스와핑^{swapping}이 발생하면 응답 시간이 길어지게 되고 사용자가 페이지를 리로드할 수도 있다.

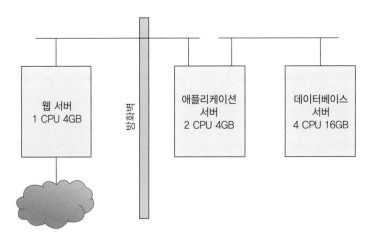

그림 14.3 3-티어 아키텍처: 물리적

웹사이트에 방문하면 웹 서버는 상호작용할 HTML 페이지를 전송한다. 계정 정보를 갱신하거나 쇼핑 카트에 아이템을 추가하는 등의 페이지 기능을 선택하면 프로세싱을 담당하는 애플리케이션 서버로 정보가 전달된다. 연락처 정보나 구매하고자 하는 아이템의 재고 상황과 같은 페이지를 구성하는 데 필요한 정보는 데이터베이스에서 가져온다. 이 정보를 가져오면 애플리케이션 서버를 통해 HTML 형태로 사용자에게 전달된다. 물리적 환경에서는 각 티어가 자신의 서버 하드웨어와 리소스를 갖기 때문에 업무와 자원의 분할이 명확하다. 하지만 가상 환경에서는 다르다.

그림 14.4는 이런 모델의 한 아키텍처를 보여준다. 여기에서는 모든 티어가 같은 가상 호스트에 있다. 실제 업무에서는 이렇게 사용하지는 않겠지만 작은 사이트에서는 사용 가능하다. 가장 먼저 고려해야 할 사항은 가상 호스트에 전체 애플리케이션을 위한 충분한 CPU와 메모리가 있어야 하고, 각 가상 머신은 잘 동작하기 위해 필요한 충분한 자원을 호스트가 가진 자원 중에서 가져야 한다는 점이다. 이전에 설명한 가상 머신의 리소스 파라미터(공유, 한계, 예약)를 사용해 리소스 공유를 조정할 수 있다. 물리적 모델에서 모든 네트워크 통신은 네트워크 망을 통해 이뤄진다는 점을 상기하자. 가상 환경에서 가상 머신 간의 통신은 가상 호스트 내

에서 빠르게 이뤄진다. 또한 DMZ의 웹 서버와 애플리케이션을 방화벽으로 나누는 것도 가상 네트워크에서 구현할 수 있다. 애플리케이션 서버와 데이터베이스 서버가 웹 서버와 같은 호스트에 있지만, 방화벽이 있기 때문에 물리적 환경에서처럼 외부의 침입으로부터 보호할 수 있다. 이 서버는 외부 네트워크에서 직접 액세스할 수 없고 방화벽을 통해서만 접근할 수 있다.

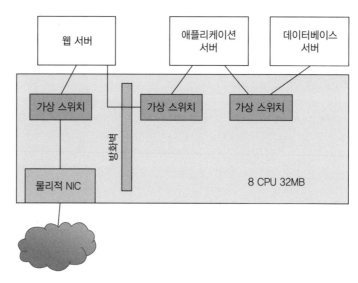

그림 14.4 3-티어 아키텍처: 가상화

애플리케이션의 성능 요구사항이 바뀌면 이에 따라 모델을 쉽게 조정할 수 있다. 사용자가 많은 애플리케이션은 웹 서버와 애플리케이션 서버를 여러 개 사본으로 운영할 수 있다. 물리적 환경에서는 이런 애플리케이션을 지원하기 위해 블레이드 서버를 수십 개 사용하곤 한다. 로드 밸런서는 티어들 사이에서 트래픽 흐름을 균등하게 하고 웹 서버나 애플리케이션 서버 장애 시 다른 곳으로 리다이렉트한다. 가상 환경에서도 로드 밸런서를 가상 머신으로 배치할 수 있다. 큰 차이점 중 하나는 가상 환경에서는 부하가 늘어나 새로운 웹 서버나 애플리케이션 서버가 필요할 때 기존 템플릿으로 클론을 만들어 가상 환경에 배치하고 바로 사용할 수 있다는 것이다. 한 호스트에서 같은 운영체제를 사용해 애플리케이션을 운

영하는 많은 가상 머신 사본이 있다면 페이지 공유를 통해 메모리 자원을 매우 많
이 절약할 수 있다. 가상 클러스터에서 자원에 대한 경합이 발생하면 가상 머신을
자동으로 마이그레이션해 물리적 자원을 최대로 잘 활용할 수 있다. 라이브 마이
그레이션은 물리적인 관리를 위해 애플리케이션을 중단하지 않게 해준다. 마지막
으로 서버 장애 시 다른 가상 호스트의 웹 서버 및 애플리케이션 서버 사본을 사
용해 애플리케이션을 계속 서비스할 수 있으며, 고가용성 기능은 장애가 발생한
가상 머신을 클러스터 내의 다른 서버에서 복구할 것이다.

여러 레이어가 존재하고 경합 요소도 다양하게 존재하는 상황에서 어떻게 애
플리케이션의 문제를 파악할 수 있을까? 시스템의 활동을 모니터링하고 추후 분
석과 과거 내역에 대한 비교를 위해 정보를 기록하는 툴이 존재한다. 이 정보를
사용해 용량 모델링에서 증가 추세를 분석하고 추가 하드웨어를 적절한 시기에
구매해 자원이 부족한 상황을 방지할 수 있다. 가상화 벤더는 기본 성능 관리 및
트렌드 툴을 기본 관리 툴로 제공한다. 추가 기능은 구매할 수 있는 애드온 솔루
션으로 제공한다. 늘 그렇듯 쉐어웨어^{shareware}나 프리웨어^{freeware}로 제공되는 툴도
많으며 쉽게 다운로드할 수 있다. 어떤 것을 사용할지는 사용자의 유스케이스에
따라 달라진다. 요점은 어떤 환경에서든 성능을 측정하고 애플리케이션이 어떻게
동작하는지 이해하는 것이 조직의 애플리케이션 관리 프로세스의 중요한 부분이
라는 것이다.

1. 가상 머신의 성능을 측정하기 위해 6장, '가상 머신에 리눅스 설치하기'에서
   만든 리눅스 가상 머신을 켠다.
2. 가상 머신에 로그인한다.
3. 브라우저를 열고 http://dacapobench.org/로 이동한다. 다카포^{DaCapo}는 리눅
   스 가상 머신에 부하를 주기 위한 벤치마크 툴이다.
4. 페이지의 왼쪽에 있는 **Download** 링크를 클릭한다. decapo jar 파일을 다운로
   드한다. 그림 14.5와 같이 다운로드 윈도우가 나타나면 **Save File**을 선택하고
   OK를 클릭한다. 다운로드 파일이 크며(160MB 정도) 네트워크에 따라 수 분이

걸릴 것이다. 파일 전송이 끝나면 다운로드 윈도우와 브라우저를 닫는다.

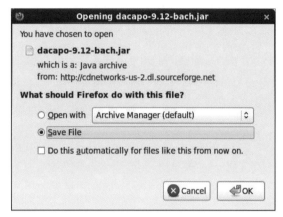

그림 14.5 jar 파일 저장

5. 애플리케이션^{Application} ❯ 시스템 툴^{System Tools} 메뉴에 있는 터미널을 실행한다. jar(자바 아카이브) 파일을 다운로드한 디렉터리로 이동한다. 기본 다운로드 디렉터리는 /home/⟨user⟩/Downloads에 있는 Downloads 디렉터리다.

6. `java -jar decapo-9.12-bach.jar h2` 명령어로 벤치마크를 실행한다. 이것은 가상 머신에 부하를 줄 인메모리 벤치마크 테스트다. 이 프로그램은 벤치마크 테스트를 실행한 후 그림 14.6과 같이 테스트에 대한 결과를 보여준다.

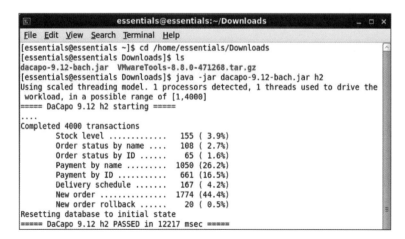

그림 14.6 벤치마크 테스트 실행

7. 마지막 화면에서 정보가 별로 없어 실망할 수도 있다. 가상 머신의 리소스를 모니터링하면 벤치마크 애플리케이션이 시스템에 어떤 영향을 미치는지 알 수 있다. 애플리케이션^{Application} ➤ 시스템 툴^{System Tools} 메뉴의 시스템 모니터 System Monitor를 실행한다. 그림 14.7과 같이 리소스^{Resources} 탭을 선택한다.

8. 화면에 지난 60초간의 CPU 사용량과 메모리 및 스왑 사용량, 네트워크 I/O 내역이 나온다. 벤치마크가 메모리 기반이기 때문에 앞의 두 영역에 대한 활동을 볼 수 있다. 터미널로 돌아가 명령을 입력하고 시스템 모니터를 살펴본다.

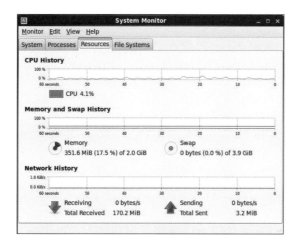

그림 14.7 시스템 모니터

9. 벤치마크 테스트를 다시 실행한 후 변화를 살펴본다. 그림 14.8에서와 같이 CPU 사용량이 100%로 치솟은 후 테스트 동안 유지되는 것을 볼 수 있다. 메모리 사용량도 올라가지만 50%를 넘지 않으며, 따라서 이 가상 머신에 할당된 2GB의 메모리가 충분함을 알 수 있다. 스와핑과 네트워크 I/O는 변화가 없다.

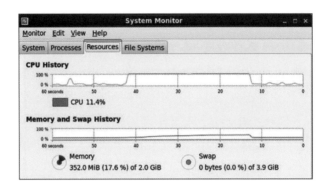

그림 14.8 벤치마크의 영향

10. 가상 머신 내에서 관찰하는 것과 할당된 리소스를 살펴보는 것이 전부는 아니다. 다음은 이런 활동이 가상 호스트에 어떤 영향을 미치는지 살펴볼 것이다. 데스크톱의 가상 머신 윈도우 크기를 조절해 다른 윈도우를 위한 공간을 확보한다.

11. 윈도우의 시작^Start 버튼을 클릭하고 프로그램 및 파일 검색^Search Programs And Files에서 'perf'를 입력한다. 상단에 성능 모니터^Performance Monitor 프로그램이 나타날 것이다. 프로그램을 더블 클릭해 실행한다. 그림 14.9와 같이 성능 모니터와 가상 머신을 볼 수 있도록 배치한다.

12. 성능 모니터에서 모니터링 툴^Monitoring Tools 폴더를 열고 성능 모니터 아이콘을 선택한다. 처음의 기본 화면에서는 CPU 성능과 CPU 사용량을 볼 수 있다. 성능 차트에서 마우스 오른쪽 버튼을 클릭하고 메뉴에서 Clear를 선택하면 모니터 윈도우를 지울 수 있다.

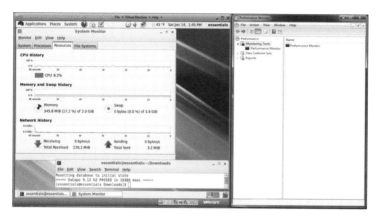

그림 14.9 가상 호스트 보기

13. 리눅스 가상 머신에서 벤치마크 테스트를 다시 시작한다. 리눅스 시스템 모
니터는 이전과 같을 것이다. 테스트 기간 동안 CPU 사용량은 100%일 것이
다. 그림 14.10의 성능 모니터에서도 CPU 사용량이 올라가긴 하지만 다 사용
하지는 않는다. 이것은 실제 애플리케이션 환경에서는 가상 머신에 vCPU를
한 개 이상 더 추가해 성능을 높여야 함을 보여준다.

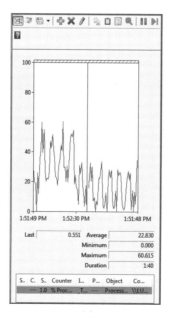

그림 14.10 호스트의 성능 모니터

여기서 사용한 툴과 테스트는 매우 간단하지만 더 큰 멀티티어, 멀티시스템 애플리케이션 배치에서도 같은 원리가 적용된다. 가상 환경에서, 성능 측정을 가상 머신 내부에서 하면 어떤 리소스가 부족하고 애플리케이션 성능에 어떤 영향을 미치는지 알 수 있다. 가상 호스트와 클러스터 레이어에서도 측정하면 성능에 대해 전체적인 그림을 얻을 수 있다. 많은 조직이 중요 애플리케이션에 대해 성능 측정을 지속적으로 해 그들 환경이 어떻게 동작하는지 계속 파악한다. 이들은 애플리케이션에 이슈가 생겨 문제가 발생한 후 이를 관리하기보다는 이 정보를 가지고 리소스 부족을 사전에 막을 수 있다.

가상 어플라이언스와 v앱스의 이해

앞에서 설명한 3-티어 애플리케이션은 규모가 작은 경우에는 한 사람이 만들 수도 있지만 보통 IT 부서의 여러 사람들이 함께 작업을 한다. 가상화 관리자가 가상 머신을 만들어 여러 기본 설정을 세팅한다. 운영체제 엔지니어는 각 가상 머신에 운영체제를 설치하고 최신 패치로 업데이트한다. 이때 기업의 기본 툴들도 설치한다. 애플리케이션 개발자나 전문가가 웹 서버와 애플리케이션 서버, 애플리케이션 코드, 데이터베이스와 같은 애플리케이션 구성 요소를 설치하고 설정한다. 가상 머신을 하나의 애플리케이션 단위로 검증하고 부하를 주기 위한 통합 테스트를 수행한다. 모든 테스트를 마치고 변동사항을 적용하면 이것을 템플릿으로 만들어 운영 가상 머신을 만들기 위한 이미지로 사용한다. 가상 머신을 사용하면 이런 공급 과정을 수 배 빠르게 할 수 있음을 앞에서 배웠다. 하지만 아직은 근본적인 변화가 아니라 물리적 서버 공급 과정을 가상 인프라스트럭처로 바꾼 것일 뿐이다. 가상 어플라이언스는 이런 모델을 바꾸기 위한 것이다.

가상 어플라이언스는 애플리케이션을 배치하는 데 필요한 모든 것을 가지고 있는 미리 만들어둔 가상 머신이다. 운영체제는 보통 오픈소스 배포판이나 특별히 제작한 씬thin OS를 사용한다. 이것은 JeOS(Just Enough Operating System이라는 뜻으로 '주스'라고 발음한다.)라 불리며 애플리케이션이 필요로 하는 것만을 가진 운영체제다. 따라서 가상 어플라이언스는 기존 운영체제 기반 시스템에서 필요한 패치 업데이트나 관리 작업이 필요하지 않다. 새 버전이 나오면 전체 가상 머신을 교체하기 때문에 새로운 릴리스를 배치하는 시간을 최소화할 수 있다. 가상 머신을 다운로드해 가상 호스트에 패키지를 풀고 전원을 켜고 스토리지와 네트워크에 연결하기 위한 최소한의 설정 작업만 하면 된다. 가상 어플라이언스는 보통 OVF 형식으로 배포되기 때문에 어떤 하이퍼바이저 솔루션에서도 빠르게 배치할 수 있다.

가상 어플라이언스는 어디서 구할 수 있는가?

소프트웨어 솔루션을 가상 어플라이언스로 공급하는 애플리케이션 공급사들이 생기고 있다. 이렇게 하면 기존 방법보다 솔루션을 얻고 배치하는 것이 매우 간단해진다. 다음은 가상 어플라이언스 리파지토리다.

VM웨어: http://www.vmware.com/appliances/directory/

점프박스^{JumpBox}: http://www.jumpbox.com/library

마이크로소프트: http://www.microsoft.com/en-us/server-cloud/datacenter/virtualization-trial.aspx

오라클: http://www.oracle.com/technetwork/community/developer-vm/index.html?ssSourceSiteld=ocomen

또한 인터넷 검색을 통해 찾을 수 있는 수천 개의 여러 소프트웨어 공급사로부터도 얻을 수 있다. 오라클과 같이 독점적인 포맷인 경우도 있지만 OVF 형태로도 많이 제공된다. 가상 환경에서 안티바이러스와 보안 모델이 바뀌면서 트렌드 마이크로(Trend Micro)와 같은 벤더도 자신의 솔루션을 가상 어플라이언스로 제공하고 있다. 가상 어플라이언스로 제공되는 오픈소스 툴도 많다. 예를 들어 스트레스리눅스(StressLinux, http://www.stresslinux.org/)와 아파치 카우치DB(CouchDB, http://wiki.apache.org/couchdb/FrontPage)가 있다.

　다음 단계는 애플리케이션을 구성하는 여러 개의 가상 머신을 하나의 컨테이너로 패키지하는 것이다. 이 컨테이너는 v앱^{vApp}이라 하며, 앞서 설명한 3-티어 애플리케이션을 구성하는 세 개의 가상 머신으로 구성할 수도 있다. 가상 어플라이

언스와 같이 v앱도 OVF 포맷으로 만들어 이식성을 높일 수 있다. 애플리케이션의 네트워킹과 가용성, 보안 요구 조건과 관련한 정보 역시 패키지에 포함한다. 화물 운송 선박의 컨테이너를 생각해보자. 선박이 정박하면 수천 개의 컨테이너를 하역하고 빠르고 효율적으로 수천 곳의 목적지로 이동한다. 부두의 작업자들은 컨테이너의 바코드를 읽는 기술을 사용하는데, 이것은 물품 목록과 고객, 소유자, 이동 경로 등의 정보를 갖고 있다. v앱은 배포와 관련된 모든 정보를 컨테이너 안에 갖고 있다. v앱 애플리케이션을 가상 환경에 배치하면 애플리케이션을 클러스터에 공급할 수 있으며 관리자의 관여 없이 필요한 수준의 가용성과 보안, 네트워크 구성 정보를 제공할 수 있다.

이런 기능(애플리케이션의 가용성과 확장성, 보안, 관리성에 대한 서비스 레벨을 유지하며 신속하게 애플리케이션을 복제하고 배치, 이동할 수 있는 기능)은 클라우드 컴퓨팅의 가장 큰 장점이다. 새로운 서비스를 빠르고 효율적으로 공급하며 보안과 확장성, 가용성을 유지하는 것은 다음 세대 컴퓨팅으로의 진화를 촉진시킬 것이다. 가상 머신에서 봤던 기능을 가진 전체 데이터센터를 제공하는 새로운 클라우드 컴퓨팅 모델이 곧 등장할 것이다. 이런 모델의 기반에 가상화가 있다.

요점 정리

데이터센터의 많은 부분이 가상화의 혜택을 받을 수 있지만 가장 큰 수혜자는 가상 머신에서 동작하는 애플리케이션이다. 중요 애플리케이션은 안전하고 가용성이 높은 환경에서 운영해야 하며 그렇지 못하면 기업은 큰 위기에 빠질 수 있다. 라이브 마이그레이션과 탬플릿을 이용한 빠른 공급, 높은 가용성은 모두 애플리케이션에게 유연한 인프라스트럭처와 물리적 환경에서는 제공하지 못한 새로운 장점을 제공한다. 애플리케이션 소유자는 가상 머신에서의 애플리케이션 성능 때문에 가상화를 채택하는 데 주저하고 있다. 모니터링 툴을 사용해 올바로 설정하면 물리적 환경을 능가하거나 동일한 성능을 얻을 수 있다. 가상 어플라이언스를 사용해 애플리케이션을 배포하면 비용과 설치 시간을 훨씬 더 줄일 수 있다. 클라우드 컴퓨팅이 확산되면서 애플리케이션이 점점 가상 데이터센터에 배치돼 대규모의 물리적 인프라스트럭처의 리소스 풀을 나눠 사용하게 될 것이다. 이런 새 모델이 우리가 사용하는 서비스를 제공하게 될 것이며, 가상화가 이런 기술을 지원할 것이나.

연습 문제

▶ 앞의 리파지토리에서 가상 어플라이언스를 하나 다운로드하고 전원을 켜보자. 앞에서 가상 머신을 만들고 운영체제를 설치한 것보다 더 쉬운가? 간단한 어플라이언스로 MySQL 어플라이언스를 시도해볼 수 있다. 이것은 가상 머신과 운영체제뿐만 아니라 애플리케이션도 제공한다.

▶ 리눅스 가상 머신에 두 번째 프로세서를 추가하고 다카포 h2 벤치마크를 다시 수행하자. 성능에 어떤 변화가 있는가? CPU 사용량이 여전히 100%인가? 그렇다면 벤치마크에 대해 어떤 점을 말해주는가? 단일 vCPU 테스트에서는 CPU가 병목 지점이었다. 다른 병목 지점을 발견할 수 있는가? 물리적 호스트의 리소스는 어떤 영향을 받는가?

연습 문제 해답　부록

1장

▶ 2000년 이후 12년 동안 프로세서 속도는 18개월마다 약 두 배 향상됐으며 또는 3년마다 네 배가 돼 전체적으로 약 1,000배의 속도 향상을 이뤘다. 이런 추세가 계속된다면 10년 후에는 지금보다 500배 빨라질 것이다.

▶ 현재 서버 가상화 솔루션은 20개 정도가 있다. 물론 상위 세 개의 솔루션이 시장점유율 95%를 차지하고 있다. 두 개의 아키텍처가 주로 사용되고 있으며 그 외에도 몇 개의 틈새 솔루션이 있다.

▶ 서버 개수가 작을수록 투자 수익(ROI)을 얻는 시간이 길어지겠지만 가상화를 적용할 수 있는 서버 개수의 최소값은 없다. 인프라스트럭처에서 물리적 서버를 대체함으로써 얻는 비용은 가상화 투자 비용을 제외하더라도 향후 매년 기업의 수익으로 직결되며, 전력과 데이터센터 부지 축소 등과 같은 환경적인 이득도 발생한다. 유연성의 향상과 가용성의 증진, 신속하고 기민한 공급 능력은 프로세스 변경 비용을 상쇄하고도 남는다. 초기 투자 비용이 초기의 비용 절감보다는 클 수 있지만 지속적으로 혜택을 얻을 수 있다.

2장

▶ 타입 2(또는 호스트) 하이퍼바이저는 여러 개가 있다. 몇 개의 예를 들자면 VM
웨어 플레이어와 VM웨어 워크스테이션, VM웨어 퓨전, 마이크로소프트 가상
서버, 오라클(썬) 버추얼박스, 패러럴즈 데스크톱이 있다. 하이 레벨에서 보면
이런 솔루션은 같은 기능을 제공한다. 사용자가 자신의 서버에서 여러 개의
가상 머신을 운영할 수 있게 해준다. 사용자가 용도에 따라 선택하는 기준이
달라진다. 어떤 솔루션은 프리웨어이므로 비용이 중요하다면 이런 솔루션을
선택할 것이다. VM웨어 퓨전이나 패러럴즈 데스크톱과 같은 솔루션은 맥 OS
와 같은 특정 운영체제에서만 실행된다. 애플리케이션 개발자와 같은 좀 더
전문적인 사용자는 버추얼박스나 워크스테이션을 선호할 것이다.

▶ 현재는 서버 가상화에 집중돼 있지만 스마트 디바이스를 위한 여러 브랜치
도 등장하고 있다. 셀 폰과 태블릿은 게스트의 형태로 여러 사용자를 다룰 수
있다. 한 직원이 소유하고 있는 모바일 기기에 쉽게 두 번째 사용자를 등록할
수 있다. 이 작업 공간은 기업에 속하며 기업이 관리한다. 이 영역은 디바이
스의 개인 영역과 섞이지 않으며 악성 앱이 기업의 인프라스트럭처에 영향을
줄 수 없다. 스마트 TV나 자동차와 같은 다른 기기도 미리 설치할 수 있는 다
중 사용자 기능을 제공할 수 있으며, 각 사용자는 서로 독립적이어서 디바이
스를 개인화할 수 있고 다른 사용자와 겹치지 않는다.

▶ 첫 번째 문제와 마찬가지로 이 역시 핵심 요구사항에 따라 결정된다. 가격이
높고 기능을 많이 가진 솔루션은 비즈니스 경쟁력을 높일 기능을 제공하거나
비즈니스에 중요한 가용성을 개선할 수 있다. 반대로 기업에서는 이런 부가
적인 기능이 필요하지 않으며 더 저렴한 솔루션이 필요한 모든 기능을 제공
할 수도 있다. 이런 경우에는 비용을 아껴 다른 프로젝트에 투자할 수도 있다.
여러 벤더들은 솔루션을 여러 다른 에디션 버전으로 출시한다. 핵심 기능만
을 가진 에디션과 함께 온갖 부가 기능을 가진 에디션도 있다. 자동차의 이코

노미 버전과 럭셔리 세단을 생각하면 될 것이다. 기본 티어에서 시작해 기업의 요구사항이 발전함에 따라 고급 기능을 추가하도록 업그레이드하면 될 것이다.

3장

▶ 가상 머신을 사용하지 않을 이유는 거의 없다. 비용 절감 하나만으로도 물리적 환경에서 가상 환경으로 전환하는 충분한 이유가 된다. 가용성과 관리성의 이점 역시 가상화로의 전환에 정당성을 부여해줄 뿐이다. 세 가지 영역에서 예외가 존재한다. 첫 번째는 사이즈가 크거나 리소스를 많이 사용하기 때문에 가상화를 할 수 없는 경우다. 이 책을 쓰고 있는 시점에서 VM웨어는 한 개의 가상 머신에서 32개의 가상 CPU와 1테라바이트의 메모리를 지원한다. 이 두 개 모두 현재 시점에서 사용 중인 물리적 x86 서버의 99%를 지원할 수 있는 크기다. 두 번째로는 가상화할 수 없는 물리적 서버 디바이스를 가진 시스템이다. 팩스보드Faxboard가 이 예에 해당한다. 또한 라이선스 체크를 위해 물리적 컴포넌트를 확인하기 때문에 물리적 서버를 사용해야 하는 경우도 있다. 시간이 지나며 이런 디바이스와 체크 기능이 가상 환경으로 추가되고 있다. 마지막으로 가상화보다도 자신의 서버에 대한 최소한의 품질 한계를 필요로 하는 경우가 있다. 가상화가 조직에 득이 된다는 것을 나타낼 최소값은 없다. 적은 개수의 서버를 가진 조직도 가상 환경으로 전환함으로써 운영 및 자금 측면의 이득을 지속적으로 얻을 수 있다.

▶ 이 책을 쓰는 시점에 가상 어플라이언스를 검색하고 다운로드할 수 있는 수십 개의 사이트가 있다. OVF 포맷을 지원하는 사이트가 많지만 모두 그런 것은 아니다. 몇몇 애플리케이션 공급자는 자신의 어플라이언스를 특정 하이퍼바이저에서 사용할 수 있는 포맷으로 제공한다. 이것은 가상화 기업과 유지

하고 있는 파트너십 또는 연합 때문이거나 단지 여러 버전을 관리할 리소스가 부족해서인 경우도 있다.

▶ OVF 패키지의 필요 조건은 매우 간단하다. 최소한의 조건으로 패키지와 콘텐츠를 설명하는 XML 문서인 OVF 디스크립터만를 필요로 한다. 추가사항은 옵션이다. 추가사항은 설정 파일, 가상 디스크 파일과 같은 가상 머신 파일의 형태를 갖는다. OVF 패키지에는 한 개 이상의 가상 머신이 있을 수 있다. 이 패키지는 TAR 포맷을 사용해 패키지 내용을 묶어 한 개의 파일로 저장하고 전송할 수 있다.

4장

▶ 최소값은 선택한 게스트 운영체제와 운영체제 벤더가 추천하는 값에 따라 다르다. 최대값은 전체 가용한 물리적 메모리에서 VM웨어 플레이어와 운영체제를 위한 용량을 뺀 값으로 결정한다. 32비트 호스트에서 한 VM에 할당할 수 있는 메모리의 최대값은 8GB다. 그리고 64비트 호스트에서 한 VM에 할당할 수 있는 메모리의 최대값은 32GB다.

▶ 만든 가상 머신은 하드웨어가 지원하는 가장 최소한의 사양에 가깝다고 할 수 있다. 플로피 드라이브와 사운드카드, 프린터를 제거해도 시스템에 영향을 주지 않을 것이다. 이 장치를 남겨둬도 거의 영향이 없다. 가상 머신이 많으면 사용하지 않는 하드웨어 디바이스는 메모리와 저장 공간을 차지한다. 현재 빠진 디바이스는 없다. 추가적인 하드웨어는 이후에 추가할 것이다.

▶ .vmx 파일은 관리 인터페이스 밖에서 가상 머신을 어떻게 설정했는지 알 수 있는 일반 텍스트 파일이다. .vmx 파일을 수정해 가상 머신을 재부팅하면 가상 머신의 설정을 바꿀 수 있다. .vmx 파일에 오류가 있으면 가상 머신이 부팅되지 않으며 때로는 되돌릴 수 없는 손상이 발생할 수도 있으므로 이 방법

은 추천하지 않는다. 활성화되지 않는 디바이스와 디바이스 파라미터를 위한
엔트리도 있다.

5장

▶ 첫 번째 질문에 대한 솔루션은 여러 개가 있다. 우선 마이크로소프트의 하이
퍼-V(http://technet.microsoft.com/en-us/library/cc794868%28WS.10%29.aspx)
가 있다. 이 책을 쓰는 시점에서 이 솔루션은 윈도우2000 서버 SP4에서 윈도
우 서버 2008 R2 SP1까지 12개의 윈도우 운영체제와 두 개의 센트OS^{CentOS}
리눅스 버전, 두 개의 수세 리눅스 버전, 레드햇 엔터프라이즈 리눅스의 여섯
개 버전, 윈도우XP에서 윈도우7 SP1까지 다섯 개의 데스크톱 윈도우 버전 등
총 27개 버전의 다섯 가지 운영체제를 지원한다. 두 번째 질문의 답은 '그렇
다.'이다. 오래된 운영체제를 가상 머신으로 지원하면 기업이 더 이상 지원되
지 않는 운영체제 또는 신뢰하거나 수리할 수 없는 하드웨어에서 운영 중인
아직 가치 있는 애플리케이션의 생명을 연장할 수 있게 해준다.

▶ 어떤 운영체제를 어느 정도로 지원하는지는 각 가상화 벤더마다 다르다. 대
부분은 마이크로소프트의 윈도우와 유명한 여러 리눅스 배포판을 지원한
다. 시트릭스의 젠서버(http://docs.vmd.citrix.com/XenServer/6.0.0/1.0/en_gb/
guest.html#creatingVMs_supported_OS_minimums)는 마이크로소프트 외에도
데비안과 우분투 리눅스를 지원한다. VM웨어(http://partnerweb.vmware.com/
GOSIG/home.html)는 23개의 운영체제를 지원하며 윈도우 3.1에서부터 14개
의 윈도우 버전을 포함해 수백 개의 버전을 지원한다. 애플리케이션 운영체
제에 대해 좀 더 다양한 요구사항을 가진 경우에는 이런 사항이 가상 플랫폼
을 선택하는 데 영향을 줄 것이다.

6장

▶ VM웨어 플레이어는 바로 머신 상태를 저장하고 복구하지만 운영체제 재부팅
은 발생하지 않는다. 시스템 모니터 유틸리티의 값을 갱신하려면 유틸리티를
닫고 재시작해야 하지만 메모리는 추가됐다.

▶ 일반 사용자에게는 이 사용자로 실행되는 데몬이 많지 않다. 그놈^{Gnome} 파일
시스템과 관련된 데몬(gvfsd)이나 이전에 설명한 vmtoolsd와 같은 다른 유틸
리티(씨호스-데몬; 키 매니저, 알림-데몬; 시스템 메시지)를 볼 수 있을 것이다. 루
트로 접속하면 이것보다는 더 많은 데몬을 볼 수 있다. 루트는 슈퍼유저 계정
이기 때문에 모든 시스템 데몬이 루트 계정으로 실행된다. 일반 사용자가 이
런 서비스를 요청하면 루트 프로세스가 요청을 처리하지만, 일반 사용자는
이것에 영향을 줄 수 없으며 어느 정도의 보안을 제공한다.

7장

▶ 물리적인 쿼드코어 CPU가 네 개 있다면 16개의 CPU를 프로세싱 리소스로
갖고 있는 것이다. 물리적 CPU마다 18개의 vCPU를 할당하면 288개의 단일
vCPU 가상 머신을 지원할 수 있다. 20%의 리소스를 예비로 남겨두면 280개
로 줄어든다. CPU가 제한적인 리소스인 경우는 거의 없으며 대부분의 호스
트는 이렇게 많은 게스트를 가지지 않는다. 메모리가 제한적인 경우가 많다.

▶ 48개의 코어 프로세서가 있다면 32개의 물리적 CPU를 사용할 수 있다. 각 물
리적 CPU마다 18개의 vCPU를 사용하면 576개의 단일 vCPU 게스트를 지원
할 수 있다. 20%를 여유로 남겨두면 460으로 줄어든다. 17개의 새로운 게
스트가 있으면 68로 줄어들며 392개의 단일 vCPU 가상 머신을 지원할 수
있다.

8장

- 일곱 개. 가상 머신과 하이퍼바이저 오버헤드에 일곱 개 머신당 4GB를 사용
- 열 개. 각 가상 머신에 할당한 메모리의 1/4을 과다 사용하면 실제로는 3GB를 사용한다. 가상 머신과 하이퍼바이저 오버헤드로 3GB씩 열 개의 머신이 사용한다.
- 38개. 각 머신이 1GB의 3/4 또는 768M만을 사용한다. 3/4과 38개 가상 머신과 하이퍼바이저 오버헤드의 합을 곱한다.
- 35개. (31GB의 90%)×1.25. 모든 가상 머신이 같은 운영체제와 동일한 애플리케이션을 실행하기 때문에 메모리 과다 사용률을 매우 보수적으로 할 수 있다. 애플리케이션의 구성과 성능에 따라서 이런 방법은 현실적으로 가능할 수도 있고 그렇지 않을 수도 있다.

9장

- 24개의 코어가 있으면 24개의 가상 머신에 코어 하나를 할당할 수 있다. 256GB의 메모리에 과다 할당을 사용하지 않으면 32개의 가상 머신을 배치할 수 있다. 1테라바이트의 스토리지가 있다면 열 개의 가상 머신을 공급할 수 있다. 하이퍼바이저에 디스크 스토리지가 필요할 수도 있지만 그리 크지 않아 무시할 수 있기 때문에 열 개의 가상 머신을 만드는 데는 문제없다. 여기서 제한 요소는 스토리지 용량이다.
- 가상 머신마다 30G를 할당하면 첫 배치보다 23개가 많은 33개의 가상 머신을 공급할 수 있다. 이렇게 하면 메모리가 부족할 수 있지만 페이지 공유를 이용하면 배치가 가능하다. 33개 가상 머신은 또한 24개의 프로세서보다 많다. 14개의 가상 머신을 추가하기 전에 CPU 리소스를 어떻게 사용하는지 알아야 한다. 한 호스트에 여러 개의 가상 머신을 설치하지 않는 여러 가지 이

유가 있다. 하나의 호스트만 사용하면 장애가 발생할 경우 서비스에 심각한 중단이 발생할 수 있다. 가상 환경에 익숙해질 시간을 갖고 어떻게 가용성을 향상시킬 수 있는지 조사해야 한다. 또한 충분한 시간을 갖고 여러 가지 조건을 변경해가며 물리적 호스트가 모든 요구사항을 충족시킬 수 있는지 판단해야 한다. CPU나 메모리 같은 리소스가 부족하다면 경합이 발생해 성능이 저하되고 고객의 불만이 생길 것이다. 하나의 호스트에 사용할 수 있는 리소스는 한정돼 있기 때문에 이 용량이 충분한지 항상 확인해야 한다.

10장

▶ 가상 머신 설정 수정^{Edit Virtual Machine Settings}을 이용해 두 번째 네트워크 어댑터를 추가하고 브릿지드 옵션을 선택한다. 가상 머신을 재부팅한다. 재부팅 시 윈도우에 디바이스가 추가된다. cmd.exe를 통해 명령행 윈도우를 열고 'ipconfig'를 입력한다. 두 개의 이더넷 어댑터 연결이 있으며 각자 IP 주소가 할당돼 있을 것이다.

11장

▶ .vmx 파일은 게스트 운영체제와 독립적이기 때문에 엔트리는 사실상 동일하다. 차이점은 가상 하드웨어 설정이 다르기 때문에 발생한다. 단계를 올바로 수행했다면 리눅스 가상 머신이 성공적으로 켜질 것이다.

▶ 원본 가상 머신과 클론 가상 머신의 UUID 엔트리는 다를 것이다. 전원을 켤 때 가상 머신이 옮겨졌는지 또는 복사됐는지 묻는 메시지 창에서 I copied it을 선택하면 클론의 UUID가 변경된다. I moved it을 선택하거나 클론 가상 머신의 전원을 아직 켜지 않았다면 UUID는 동일할 것이다.

▶ 다른 시스템이나 애플리케이션이 가상 머신을 식별하기 위해 사용하는 것은 모두 변경해야 한다. 여기에는 시스템 이름, 네트워크 연결에 할당된 IP 주소, 하드코딩된 시스템이나 사용자 애플리케이션 코드의 네트워크 주소 참고가 포함되며 이것만 있는 것은 아니다. 네트워크 디렉터리 테이블(DNS)에 새 가상 머신을 추가해야 이 시스템으로 네트워크 요청이 라우팅될 것이다.

12장

▶ 가상 머신 하드웨어가 가상 머신의 설정에 몇 개의 디바이스를 추가할 수 있는지 결정한다. 이것은 물리적 서버에서 PC 인터페이스 카드에 있는 슬롯의 개수가 물리적인 제한을 가하는 것과 비슷하다. USB 디바이스의 경우 한 포트당 127개의 USB 디바이스를 연결할 수 있기 때문에 이것은 문제가 되지 않는다. 이것은 현실적인 케이스는 아니지만 가능한 일이다. 프린터의 경우 최신 프린터는 이더넷 네트워크나 USB 포트를 통해 연결할 수 있다.

▶ USB 디바이스는 물리적 및 가상 환경 모두에서 연결하고 연결을 해제하기 쉽다. USB 표준에 따라 설계됐기 때문에 여러 운영체제 간에 재포맷 없이도 이동할 수 있다. 호스트 운영체제에서 USB 디바이스로 파일을 옮기고 이 디바이스를 게스트 운영체제에 연결한 다음 이 파일을 게스트 파일시스템으로 옮기는 것은 매우 간단하다. VM웨어 플레이어에서는 호스트와 게스트 운영체제 간에 공유 디렉터리를 설정하면 이 과정을 피할 수 있다. 공유 디렉터리에 있는 파일은 두 곳에서 모두 볼 수 있고 액세스할 수 있다. 가상 머신 설정 Virtual Machine Settings의 옵션Options 탭에서 공유 폴더Shared Folders를 활성화하면 이 기능을 설정할 수 있다.

13장

▶ 이런 유형의 중단은 로컬 리소스를 사용할 수 없기 때문에 장소를 변경해야 한다. 재난 복구 솔루션을 구현해 기업 운영에 매우 중요한 애플리케이션 워크로드를 포함시키는 것이 좋다.

▶ 어떠한 다운타임도 매우 심각하기 때문에 장애 감내(FT)가 필요하다. 다른 요소에 따라 재난 복구 옵션도 사용 가능하다.

▶ 가상 환경이라고 해서 물리적 환경보다 가용성이 떨어지는 것은 아니다. 중요한 애플리케이션이라면 HA 솔루션을 이미 사용하고 있을 것이다. 이 솔루션은 가상 환경에서도 사용할 수 있다. 물리적 머신과 가상 머신의 경계를 이어주며 전환을 부드럽게 하고 물리적 서버를 두 대 유지하는 것보다 좀 더 저렴한 다른 옵션을 사용할 수 있다. HA 솔루션을 사용하고 있지 않다면 새로 제안할 수도 있으며, 정말 중요한 애플리케이션이라면 장애 감내를 제공할 수도 있다. 개별 가상 머신이 물리적 서버에 영향을 줄 수는 없기 때문에 가상 호스트를 공유하는 것이 가용성을 해치지는 않는다.

14장

▶ 턴키^{TurnKey} 리눅스 MySQL 가상 어플라이언스는 http://www.turnkeylinux. org/mysql에서 다운로드할 수 있다. 여러 다른 개발 스택을 설치하고 이미 설정해둔 많은 가상 어플라이언스가 제공된다. 우분투 리눅스 기반의 가상 머신을 다운로드하고(~210MB이며 4분 정도 소요) 새로운 가상 머신 디렉터리에 패키지를 푼다. .vmdk와 .vmx 파일이 있는 디렉터리로 이동한다. .vmx 파일에서 마우스 오른쪽 버튼을 클릭하고 VM웨어 플레이어로 열기^{Open With VMware Player}를 선택한다. 가상 머신이 부팅될 것이다. 루트 운영체제 비밀번호와 MySQL 비밀번호를 물을 것이다. 허브 서비스에 대한 제안은 넘어가도

된다. 보안 업데이트를 설치한다. MySQL 어플라이언스 서비스 윈도우를 기록해두거나 캡처해둔다. 고급^{Advanced} 메뉴로 들어가서 종료한다. 리눅스 로그인 프롬프트(mysql login:)에서 root로 로그인한다. 루트 프롬프트(root@mysql ~#)에서 셋업 과정의 서비스 윈도우에 나온 대로 mysql -u root -h 10.0.0.19 -p를 입력해 mysql에 접속한다. 비밀번호를 입력한다. status 명령어나 show databases;(마지막에 세미콜론을 입력한다.) 명령으로 데이터베이스가 운영 중인지 확인할 수 있다. 나가기 위해서는 exit를 입력한다. 가상 머신을 만드는 과정보다 매우 간단하고 빠르다.

▶ 벤치마크에서 테스트를 실행하기 위해 사용한 두 번째 스레드를 볼 수 있다. 리눅스 시스템 모니터 보기^{Watching the Linux System Monitor}에서는 vCPU 사용량이 100%로 올라가지만 여기에 계속 머물지는 않는 것을 볼 수 있다. 세 번째 vCPU를 사용할 수도 있고 성능이 괜찮다면 사용하지 않을 것이다. 메모리는 같은 속도로 사용되고 있으며 네트워크는 이 테스트에 영향을 주지 않는다. 따라서 성능에 영향을 주는 새로운 병목은 없다(저자의 물리적 호스트에서는 CPU 사용량이 거의 80%까지 올라갔지만 필요시 사용할 수 있는 여분의 용량은 있었다).

용어 사전

가상 머신(virtual machine) 또는 VM

물리적 서버를 추상화한 소프트웨어에서 게스트 운영체제와 애플리케이션을 실행하는 컨테이너. 전원이 꺼진 가상 머신은 단순히 가상 하드웨어와 가상 머신을 구성하는 데이터를 기술하고 모아둔 파일의 집합일 뿐이다.

가상화(virtualization)

물리적 서버를 소프트웨어 컨스트럭트(software construct)로 추상화하고, 물리적 대응 파트와 그들의 관점에서 동일하게 보이고 행동하게 만들 프로세스

게스트(guest)

가상 머신 또는 VM. 호스트 서버에서 실행되기 때문에 게스트라 한다.

네트워크 스위치(network switch)

컴퓨터와 프린터, 파일 서버, 기타 디바이스를 연결해 서로 효율적으로 통신할 수 있게 한다. 스위치는 그들이 관리하는 네트워크를 만들고 정의한다.

다중 경로(multipathing)

데이터 스토리지에서 서버 간의 경로에 I/O 컨트롤러와 네트워크 스위치, NIC를 여러 개 사용해 경로를 다중화한다.

대역폭(bandwidth)

네트워크 성능의 지표로 네트워크를 통해 일정 기간 동안 이동할 수 있는 데이터의 양으로 정의된다. 보통 초당 비트 수로 계산한다.

데몬(daemon)

백그라운드 프로세스로 수행되는 유닉스 또는 리눅스 프로그램. 데몬은 cron(crond)이나 시스템 스케줄러, ftp 관리(ftpd)와 같은 시스템 작업을 수행한다.

데이터센터(datacenter)

큰 컴퓨터 방 또는 빌딩의 전체 층, 외부에 별도로 있는 빌딩으로, 기업 컴퓨팅 인프라스트럭처의 안정성과 환경 유지를 위해 설계된다.

로드 밸런서(load balancer)

여러 소스로부터의 트래픽을 조정해 한 경로에 과부하가 걸리지 않도록 균형을 맞추는 하드웨어 또는 소프트웨어 어플라이언스. 로드 밸런서는 경로 장애 시 트래픽을 다른 곳으로 보낼 수도 있다.

리눅스(Linux)

유닉스 계열의 오픈소스 운영체제다. 낮은 비용이나 공짜로 사용할 수 있으며, 메인프레임 컴퓨터와 서버, 데스크톱, 모바일 디바이스, 케이블/위성 박스, 비디오 게임 콘솔 등 다양한 하드웨어에서 사용한다.

리소스 풀(resource pool)

가상화 관리자가 가상 머신이나 가상 머신의 그룹, 사용자 그룹에게 리소스를 할당할 수 있는 리소스의 집합

멀티코어(multicore)

한 개 이상의 프로세싱 유닛을 가진 마이크로프로세서

메모리 과다 사용(memory overcommit)

메모리 관리 최적화를 사용해 가상 머신이 존재하는 호스트의 물리적 메모리보다 많은 가상 메모리를 가상 머신에 할당하는 하이퍼바이저의 기능

모뎀(modem)

디지털 시그널을 아날로그 시그널로 바꾸거나 그 반대로 하는 디바이스. 모뎀을 사용해 전화선을 전송 매개체로 삼아 다른 컴퓨터에 연결한 후 데이터를 공유할 수 있다. 기반 기술이 진화했지만 아직 많은 곳에서 사용되고 있다.

벌루닝(ballooning)

하이퍼바이저가 가상 머신 운영체제에게 메모리 페이지를 디스크로 플러시하도록 해 물리적 메모리를 회수하는 과정

베어메탈(bare-metal)

운영체제를 설치하지 않은 컴퓨터 서버

봉쇄(containment)

물리적 서버 하드웨어를 구매하고 공급하고 배치하기보다는 가상 머신에 새 애플리케이션을 배치하는 과정

브릿지드 네트워크(bridged network)

가상 머신 어댑터가 고유 IP 주소를 갖고 물리적 네트워크에 직접 연결되는 연결 유형

스냅샷(snapshot)

특정 시점의 가상 머신 상태를 보존하고 있는 파일의 집합으로, 주어진 상태로 반복해 돌아갈 수 있다. 한 가상 머신은 여러 개의 스냅샷을 가질 수 있다.

압축(compression)

메모리를 디스크 스토리지로 스왑하기보다는 메모리 페이지를 압축해 물리적 메모리의 지정된 위치의 캐시에 저장하는 메모리 최적화 기술

응집(consolidation)

여러 물리적 서버를 가상화를 사용해 하나로 모으는 과정

응집 비율(consolidation ratio)

개별 서버에 있는 가상 머신의 개수로 계산하는 응집 지표

중복 제거(deduplication)

스토리지 기술로 데이터를 압축하고 중복된 정보를 제거해 디스크 공간을 회수한다. 사본은 단 하나만 존재하며 이 사본에 대한 포인터로 추가 사본을 대체한다. 중복 제거는 바이트나 블록, 파일 단위로 이뤄진다.

코어(core)

마이크로프로세서에는 여러 개의 프로세싱 유닛이 패키지로 있다. 각 프로세싱 유닛을 코어라고 한다.

클론(clone)

가상 머신의 동일한 사본. 클론한 새 가상 머신은 고유 아이디 값을 갖도록 최종 설정을 해야 한다.

템플릿(template)

공통 설정으로 사용되는 거푸집 역할을 하는 가상 머신. 템플릿으로부터 배치한 가상 머신은 시스템 이름과 네트워크 정보 등을 설정해야 한다.

파이버 채널(Fibre-Channel)

스토리지 영역 네트워크에서 컴퓨터로 연결하기 위해 정의된 표준 프로토콜

페이지 공유(page sharing)

메모리에 있는 동일한 페이지를 단일 사본으로 저장하고 여러 가상 머신이 공유해 사용하도록 하는 메모리 최적화 기술. 가상 머신 내의 동일한 페이지에 대해서도 동작한다. 디스크 스토리지의 중복 제거와 유사하다.

페이징(paging)

컴퓨터에서 디스크로부터 메모리 또는 그 반대 방향으로 블록 또는 페이지를 복사하는 과정

하이퍼바이저(hypervisor)

가상 머신 매니저라고도 불렸으며 운영체제와 가상 머신 사이에 설치되거나 하드웨어에 직접 설치되고, 또는 '베어메탈'로 설치된다. 가상 머신이 운영되는 환경을 제공한다.

하이퍼스레딩(hyper-threading)

프로세싱 스케줄을 효율적으로 함으로써 성능을 향상시키는 인텔의 마이크로프로세서 기술로, 이전에는 하나의 스레드만 스케줄했던 것과 달리 두 개의 스레드를 스케줄한다.

BCDR(Business Continuance and Disaster Recovery)

비즈니스 지속성 및 재난 복구. 기업이 어떻게 그들의 중요 프로세스를 보호하고, 자연재해 및 인재로부터 데이터센터의 서비스가 심각히 중단되거나 파괴되는 것을 막을지 다루는 가용성 주제 영역

CIFS(Common Internet File System)

공용 인터넷 파일시스템은 NFS와 비슷하나 마이크로소프트 윈도우 환경에 더 초점을 맞추고 있다.

CNA(Converged Network Adapter)

통합 네트워크 어댑터. 다중 네트워크 프로토콜을 지원하고 NIC보다 더 큰 대역폭을 제공하는 단일 네트워크 어댑터

CPU

중앙 처리 장치. 코어 또는 컴퓨터의 두뇌로 사용자와 시스템 명령어를 수행한다. 오늘날 컴퓨터는 마이크로프로세서 기술을 사용하며 프로세서는 CPU와 용어적으로 혼용돼 쓰인다.

DAS

직접 연결 스토리지. 물리적 컴퓨터 내부에 있는 디스크 드라이브

DHCP

동적 호스트 설정 프로토콜은 서버가 컴퓨터나 네트워크의 다른 디바이스에 IP 주소를 할당하기 위해 사용하는 표준이다.

DMZ

인터넷에 연결하기 위한 회사의 방화벽 외부에 있는 네트워크 영역. 이 영역에는 리소스가 거의 없으며 이 리소스는 악성 공격에 보호돼 있고, 중요한 정보가 없으며 방화벽을 통해 보호된 네트워크로 연결된다.

FT

장애 감내(Fault Tolerance). 서버의 컴포넌트가 실패해도 데이터 손실이나 서비스 중단이 없도록 하는 하드웨어나 소프트웨어 솔루션을 말한다.

HA

고가용성(High Availability). 컴퓨팅 인프라스트럭처의 업타임을 높이거나 회복력을 강화시키는 하드웨어 또는 소프트웨어 솔루션

HBA

호스트 버스 어댑터(Host Bus Adaptor). 호스트 어댑터라고도 하며, 컴퓨터와 네트워크 또는 스토리지 네트워크에 연결하는 하드웨어 디바이스다. 원래는 파이버 채널 연결과 관련이 있었다.

HID

휴먼 인터페이스 디바이스(Human Interface Device)는 인간으로부터 정보를 받거나 전달하는 데 사용하는 컴퓨터 주변 장치를 가리키는 넓은 의미의 용어다. 마우스나 터치패드, 조이스틱 등이 대표적이다. 최근에는 Wii 리모콘과 엑스박스의 키넥트(Kinect)가 있다.

IP 주소

인터넷 프로토콜 주소. 컴퓨터나 네트워크의 다른 디바이스를 식별하기 위한 고유의 32비트 숫자. 32비트를 8비트 또는 1바이트의 세그먼트로 분리해 표기한다. 각 바이트는 10진수로 표시하며 마침표로 네 숫자를 구분한다(예: 192.168.000.001).

iSCSI

인터넷 소형 컴퓨터 시스템 인터페이스는 스토리지 디바이스가 이더넷 네트워크를 통해 컴퓨터에 연결하고 SCSI 명령어를 사용해 데이터를 전송하는 방법을 정의한 표준이다.

ISO 이미지

CD나 DVD와 같은 광학 디스크의 정확한 이미지를 담고 있는 표준 데이터 포맷 파일. 운영체제나 애플리케이션 파일의 설치를 위해 사용한다.

NAS

네트워크 연결 스토리지(Network Attached Storage)는 CIFS나 CFS와 같은 파일 기반 프로토콜을 사용해 여러 컴퓨터에 연결된 디스크 스토리지다. 파일 기반 시스템이므로 네트워크 연결 스토리지는 컴퓨터 시스템 외부에서 만들어지고 관리되는 파일시스템을 가지고 있다.

NAT

네트워크 주소 변환(Network Address Translation). 가상 머신이 물리적 네트워크에서 다른 가상 머신과 IP 주소를 공유할 수 있게 하는 연결 유형이다. 각 가상 머신은 고유 로컬 주소를 갖는데, 이는 외부 트래픽에 대해서는 공유 주소로 변경되고 안으로 들어오는 데이터 전송 시에는 다시 이전으로

변경한다.

NFS

네트워크 파일시스템(Network File System)은 컴퓨터가 네트워크 연결 스토리지 시스템에 액세스할 때 사용하는 공개 산업 표준 프로토콜이다.

NIC

네트워크 인터페이스 카드(Network Interface Card). 컴퓨터가 네트워크에 연결되도록 한다. 네트워크 어댑터라고도 한다.

NTP

네트워크 시간 프로토콜(Network Time Protocol)은 컴퓨터가 인터넷 시간 서버나 다른 서버와 동기화할 수 있도록 하는 공개 표준이다.

OVF

오픈 가상화 포맷(Open Virtualization Format). 가상 머신의 패키지와 배포를 위한 포맷을 정의하는 플랫폼 독립적인 업계 표준이다.

P2V

'물리적에서 가상으로(Physical to Virtual)'의 준말이다. 물리적 서버의 데이터를 가상 머신으로 옮기는 자동 또는 수동 프로세스다. 데이터에는 운영체제와 애플리케이션 파일, 모든 데이터 파일이 포함된다.

RHEL

레드햇 엔터프라이즈 리눅스(Red Hat Enterprise Linux)의 줄임말. 레드햇은 리눅스 배포판을 공급하는 회사로, 라이선스 판매가 아닌 서비스 지원으로 수익을 얻는다. 엔터프라이즈 리눅스는 이 회사가 제공하는 하나의 에디션이다.

SAN

스토리지 영역 네트워크(Storage Area Network). 네트워크 리소스와 디스크 어레이의 조합으로 컴퓨터의 데이터 스토리지를 제공한다. 여러 컴퓨터가 물리적(또는 가상) 서버의 외부에 있는 SAN에 액세스할 수 있다.

SCSI

소형 컴퓨터 시스템 인터페이스(Small Computer System Interface). 스토리지 디바이스의 연결과 데이터 전송을 규정하는 표준이다.

SMP 가상화

대칭적 다중 처리(Symmetric Multiprocessing). 여러 개의 프로세서와 공유 메모리를 동시에 사용해 성능을 향상시키는 컴퓨터 아키텍처

USB

범용 직렬 버스(Universal Serial Bus). 외부 디바이스를 컴퓨터에 연결하기 위한 업계 표준이다. 이 표준은 물리적 연결뿐만 아니라 지원할 수 있는 여러 가지 디바이스에 대한 기능도 정의하고 있다. 데이터 전송 외에 USB 디바이스는 컴퓨터로부터 전력을 끌어와 모바일 디바이스의 경우 내부 배터리를 충전하는 데도 사용할 수 있다.

vCPU

가상 CPU. 컴퓨터 프로세서의 가상화된 표현이다.

VM 어피니티 또는 안티 어피니티

여러 개의 가상 머신이 같은 가상 호스트에 존재하도록 묶는 규칙. 안티 어피니티(anti-affinity)는 두 머신이 같은 가상화 호스트에 있지 않도록 한다. 자동 또는 수동 라이브 마이그레이션과 고가용성 복구 때 이 규칙을 따른다.

VM웨어 툴

가상 머신의 사용자 경험을 강화하고 가상 머신의 성능을 높이며 가상 머신을 관리하는 데 도움이 되는 디바이스 드라이버와 프로세스의 모음. VM웨어 툴은 VM웨어에서 제공하는 것이지만 다른 벤더도 유사한 툴을 제공한다.

찾아보기

에이콘출판의 기틀을 마련하신 故 정완재 선생님 (1935-2004)

가상화 세상 속으로
가상화 기본 개념부터 가상 머신 구축 및 관리까지

인 쇄 | 2016년 4월 22일
발 행 | 2016년 4월 29일

지은이 | 매튜 포트노이
옮긴이 | 김 기 성

펴낸이 | 권 성 준
편집장 | 황 영 주
편 집 | 오 원 영
　　　　전 진 태
디자인 | 이 승 미

에이콘출판주식회사
서울특별시 양천구 국회대로 287 (목동 802-7) 2층 (07967)
전화 02-2653-7600, 팩스 02-2653-0433
www.acornpub.co.kr / editor@acornpub.co.kr

Copyright ⓒ 에이콘출판주식회사, 2016, Printed in Korea.
ISBN 978-89-6077-855-9
ISBN 978-89-6077-279-3 (세트)
http://www.acornpub.co.kr/book/virtualization-essentials

이 도서의 국립중앙도서관 출판시도서목록(CIP)은 서지정보유통지원시스템 홈페이지(http://seoji.nl.go.kr)와
국가자료공동목록시스템(http://www.nl.go.kr/kolisnet)에서 이용하실 수 있습니다.(CIP제어번호: CIP2016010217)

책값은 뒤표지에 있습니다.